·光明文丛系列·
光明文丛
Guangming Wencong series

基金项目：本书为湖北高校省级教研项目“民族高校思政课教学本土红色资源开发利用研究——以湖北民族大学为例”（2020549）、湖北高校马克思主义中青年理论家培育计划（第六批）（省社科基金前期资助项目）“少数民族大学生中华民族共同体意识教育研究”（19ZD120）的研究成果。

湖北民族大学
思想政治理论课教学案例丛书

讲好恩施故事 赓续红色血脉

恩施红色资源融入高校“概论”课教学案例集

袁琳 ◎主编

光明日报出版社

图书在版编目（CIP）数据

讲好恩施故事　赓续红色血脉：恩施红色资源融入高校“概论”课教学案例集 / 袁琳主编. -- 北京：光明日报出版社, 2024.4
ISBN 978-7-5194-7933-6

Ⅰ. ①讲… Ⅱ. ①袁… Ⅲ. ①高等学校－革命传统教育－教案(教育)－恩施 Ⅳ. ①G641.2

中国国家版本馆CIP数据核字（2024）第087583号

讲好恩施故事　赓续红色血脉：恩施红色资源融入高校“概论”课教学案例集

JIANGHAO ENSHI GUSHI GENGXU HONGSE XUEMAI：ENSHI HONGSE ZIYUAN RONGRU GAOXIAO GAILUNKE JIAOXUE ANLIJI

主　　编：袁　琳

责任编辑：王　娟　　　　责任校对：许　怡　慧　眼
封面设计：李　阳　　　　责任印制：曹　净

出版发行：光明日报出版社
地　　址：北京市西城区永安路106号，100050
电　　话：010-63169890（咨询），010-63131930（邮购）
传　　真：010-63131930
网　　址：http://book.gmw.cn
E-mail：gmrbcbs@gmw.cn
法律顾问：北京兰台律师事务所龚柳方律师

印　　刷：北京亿友创新科技发展有限公司
装　　订：北京亿友创新科技发展有限公司
本书如有破损、缺页、装订错误，请与本社联系调换，电话：010-63131930

开　　本：170mm×240mm　　　　印　　张：21.75
字　　数：360千字
版　　次：2024年4月第1版　　　　印　　次：2024年4月第1次印刷
书　　号：ISBN 978-7-5194-7933-6

定　　价：88.00元

湖北民族大学思想政治理论课
教学案例丛书

编委会

总　序

党的十八大以来，学校思想政治工作和思想政治理论课建设得到前所未有的重视和加强。习近平总书记在全国高校思想政治工作会议上指出，思想政治工作从根本上说是做人的工作，必须围绕学生、关照学生、服务学生，不断提高学生思想水平、政治觉悟、道德品质、文化素养，让学生成为德才兼备、全面发展的人才。思想政治理论课要坚持在改进中加强，提升思想政治教育亲和力和针对性，满足学生成长发展需求和期待。2019 年 3 月 18 日，习近平总书记在学校思想政治理论课教师座谈会上再次强调：思政课是落实立德树人根本任务的关键课程，思政课作用不可替代，思政课教师队伍责任重大。同时指出："办好思想政治理论课，最根本的是要全面贯彻党的教育方针，解决好培养什么人、怎样培养人、为谁培养人这个根本问题。"这一重要论述，深刻阐述了思想政治理论课的重要性和办好思想政治理论课的重大意义。

为办好新时代学校思想政治理论课，中共中央办公厅、国务院印发了《关于深化新时代学校思想政治理论课改革创新的若干意见》（2019 年 8 月 14 日），专门就思政课改革的重要意义、总体要求、课程体系、师资队伍、组织领导等方面做了具体规定，作为指导学校思政课建设的纲领性文件。为此，中共中央宣传部、教育部联合印发《新时代学校思想政治理论课改革创新实施方案》（教材〔2020〕6 号），要求充分发挥思政课在立德树人中的关键课程的作用，对新时期如何建好思政课，建设什么样的思政课等问题做了制度性安排，尤其是对思政课的目标体系、课程体系、内容体系、教材体系等做了明确规定，成为新时期建好思政课的实践指南。于此基础上，为进一步加强和细化对高校思想政治理论课的宏观指导，规范组织管理、教学管理、队伍管理和学科建设工作，教育部专门制定并印发了《高等学校思想政治理论课建设标准（2021年本）》(2015年本为第一版)，对高校思政课建设的具体内容做了详细的分类，并提出了具体建设标准，为新时代高校思政课建设提供了标准依据。

湖北民族大学位于鄂渝湘黔四省（市）毗邻的武陵山腹地恩施土家族苗族自治州，长期以来，学校认真贯彻党的教育方针，努力培养适应民族地区发展和国家战略需要的可靠建设者和接班人，办学成果显著。近年来，学校高度重视人才培养质量，全面贯彻落实习近平总书记关于教育工作的重要论述精神，狠抓思想政治理论课的改革创新工作，大力提升思想政治理论课的教育教学质量。马克思主义学院在学习领会落实中共中央办公厅、国务院、教育部等系列文件指示精神的基础上，结合地方实际和学校办学定位以及学科条件，创造性开展与课程相适应的教材体系建设。根据《新时代学校思想政治理论课改革创新实施方案》的课程设置，围绕“马克思主义基本原理”“毛泽东思想和中国特色社会主义理论体系概论”“中国近现代史纲要”“思想道德与法治”“形势与政策”等课程教学质量提升的需要，编写“湖北民族大学思想政治理论课教学案例集”丛书，作为辅助教学的参考资料，以期进一步提高思政课的教学效果。学院组织编写这样一套案例丛书，主要基于以下考虑。一是贯彻中央精神。作为社会主义大学，必须始终坚持党的领导和社会主义的办学方针，时刻与党中央保持一致，用习近平新时代中国特色社会主义思想铸魂育人。二是践行育人使命。思想政治理论课是落实立德树人的关键课程，是解决培养什么人、怎么培养人、为谁培养人的重要阵地，是实现为党育人、为国育才使命的重要方略，因此，推进思政课改革创新，丰富思政课教学案例，成为增强思政课实效性的必然要求。三是提升教师水平。习近平总书记指出，办好思想政治理论课关键在教师，关键在发挥教师的积极性、主动性、创造性。思政课具有政治性、学术性、多样性、时代性、实践性等特征，讲好思政课不容易。组织教师团队，集体研究课程内容，编写相应教学案例，为教师提供了深入学习、集中研讨、学教结合的机会和平台，进而提高教师的教学水平。四是塑造课程特色。作为地方院校，恩施地区具有丰富的红色文化、民族文化、生态文化等资源，俗话说，一方水土养一方人，这里的优秀文化资源独具特色和魅力，通过案例集将其融入思政课堂，增强思政课的针对性和吸引力，使其成为立德树人的重要资源。

值此“湖北民族大学思想政治理论课教学案例集”丛书付梓之际，我们谨向所有参与编辑工作的老师和同仁们，向关注和帮助案例集的专家学者们表示感谢，特别是对出版社的各位编辑的辛苦工作表示诚挚谢意！

湖北民族大学马克思主义学院院长、教授

2021年12月12日

序　言

在马克思主义理论课教学与研究中，如何运用更多的实例和素材来丰富教学内容、活跃课程情绪、提高育人效果，是一个被广泛关注的问题。在落实习近平总书记对思想政治课的一系列重要指示中，各方面做了很多实验和推进工作。其中，运用红色文化、革命故事和党的百年创业史都是近年来被运用和采取的经验，而袁琳教学与研究团队也为此做了大量工作并取得了明显成效。她们将多年来恩施红色资源融入高校“毛泽东思想和中国特色社会主义理论体系概论”（以下简称“概论”）课的教学案例汇集成册，编为《讲好恩施故事赓续红色血脉》一书，是一项既有益又出新的事情。通览全书，我感到这是一部值得向同仁同学们推荐的书，故不揣疏漏，留下如下评点，以就教于读者和同仁。

一、“赓续红色血脉”是思想政治课的长久使命

思想政治课教学是一项凝心铸魂的工作，担负着培养中国特色社会主义接班人的历史使命。从根本上说，就是要像本书所说——“赓续红色血脉”，把我们的事业一代一代地传下去。高校思想政治理论课教学，就是这一长久使命的担当者，是教学改革中的重点。其中，利用红色资源，或者说把红色资源融入思政课之中，是一段时间里已经取得了实际成绩的各地传来的改革经验。而地处鄂西南的湖北民族大学马克思主义学院袁琳教学团队，亦对此给予关注，并通过自己的工作，积累了丰富经验和实材。摆在我们面前的《讲好恩施故事　赓续红色血脉》一书，整理出大量红色故事或史迹，充实和加强理论论述，深化书本知识，人文化共产党品格。从其全篇内容来看，这本书已经比较

系统地把本地红色资源用于思想政治课教学全过程，已经能够自觉地成熟地采取理论与史实相结合的方法，将革命年代的红军精神与社会主义现代化建设时代的奋斗精神结合起来，贯通为一条红色精神线索，为中国共产党人始终不渝的精神和品质做注解。这种写作目的和写作方法，造就了本书的成功秘诀，因此我们应当肯定作者的写作初心，肯定这本书的写作意义。

关于红色文化、红色记忆运用于思想政治教育，本是一项有价值的研究课题，本书的研究内容也已经作为省级研究课题立项。本书的完成，亦可以说是研究课题的结项，也是对于此项研究的展示和推进。课题研究不是目的，目的是真正达到运用于实践，即政治理论课的教学以及转变学生思想的全过程。在这方面，作为学院主讲教师的袁琳团队，也在下功夫探索和试验，相信会再出新成果。从本书的写作到实现学生思想转变的过程，是多方面（包括学校、家庭、社会、党和政府）共同发挥作用的结果，也是作者已经注意到而且使之成为全过程起点的问题，这也使我们充分认识到培育社会主义新人的艰辛，对实际战斗在第一线的黄大年式教学团队表示尊敬的原因。这是我们从本书问世中感觉的另一层深意：继续推进思想政治教育的改革和创新，创造第一流的教书育人环境，达到“赓续红色血脉”的目的，为实现中国式现代化服务。

当前我国意识形态领域里形势正在发生全局性、根本性的转变，高校和全党全国一样，文化自信明显增强，人民精神面貌更加奋发昂扬。在新时代新征程中，面对百年未有之大变局的挑战和中华民族伟大复兴的历史性任务，高校思想政治教育工作仍然面临艰苦工作。在建设中国式现代化文明形态的新文化使命中，我们需要深刻把握“两个结合”的重大意义，坚定文化自信，秉持开放包容，坚持守正创新，继续推进高校思想政治教育。所以，本书的完成，不代表培育社会主义新人长久课题的完成，而且下一步的工作更重要更迫切。这就是要把红色故事、红色记忆变成一种持久的文化意识，将红色血脉作为民族文化、民族记忆、民族精神、民族需要，将红色血脉融入中国式现代化文化形态，传至一代一代年轻大学生。

二、在尝试和总结中提升思想政治课教学的经验和规律

地处鄂西南的湖北民族大学，属恩施土家族苗族自治州。这里曾经是中国共产党领导的湘鄂西革命根据地、湘鄂川黔革命根据地的中心区域，以贺龙

为代表的红军战士留下了脍炙人口的革命故事和红色史迹。新中国成立之后，在社会主义建设的不同时期，也涌现出众多感人的英雄人物和模范事迹以及创业立志故事。马克思主义学院袁琳教学团队，结合自己的授课任务，对此给予极大关注，并创新性地运用于课堂教学实践，通过自己的教书育人工作，积累了丰富材料和经验。摆在我们面前的《讲好恩施故事　赓续红色血脉》一书，整理出贯穿于恩施地区革命历史的系列红色故事或史迹，把红色资源运用于“概论”课程。这本将恩施红色资源融入高校“概论”课的书，虽不是什么大作，但却汇聚了作者的革命情怀和满腔心血，我们读起来亦倍感振奋。

书中对红色资源做了一个定义：“指中国共产党领导中国人民在长期的革命斗争和建设实践中创造的精神物质财富总和。”这样，“概论”课程便与之衔接起来，运用于课程中的红色故事成为党的路线、理论的实践化身和实际表现。湖北民族大学地处湖北省恩施土家族苗族自治州（以下简称恩施），虽地处边远，仍是全中国百年变迁的缩影，是中国共产党领导人民实现站起来、富起来的见证者。所以，前辈们在这样一块土地上的奋斗，对当代大学生（社会主义事业的接班人），也是鼓舞其志向和斗志的精神力量，是有着直接教育作用的。一位大学生课后就说，课堂上讲的内容就是我们祖父辈们的经历，我们要珍惜，要继承，要发扬。

这本集子整理出中国共产党百年历史各个时期的40多个典型案例，个个都是发生在恩施地区的人和事，有名有姓、有眉有眼，真实可信，其中如贺龙的故事早已脍炙人口，（全国模范党员）张富清（长期在来凤县工作）是近年来在全国闻名的知名人物，恩施地区为保护生态环境所做的巨大贡献，都记于史册，实在是一项有益有功的工作，是值得点赞的。

“概论”是中共中央宣传部、教育部高等学校思政课“05方案”设置的本科必修课中的主要课程。“概论”课以“马克思主义中国化时代化”为课程主线，从马克思主义中国化时代化的历史进程、理论成果总论引篇，到在新民主主义革命、社会主义革命和社会主义建设的实践探索中形成与发展的毛泽东思想，再到社会主义改革和现代化建设的伟大实践中科学回答“什么是社会主义，怎样建设社会主义；建设什么样的党，怎样建设党；实现什么样的发展，怎样发展；建设什么样的中国特色社会主义，怎样建设中国特色社会主义”等基本问题的中国特色社会主义理论体系。这些基本问题对年轻大学生来说，还是需要费气力去理解的，帮助学生理解这样一个伟大变革的历史进程和历史经验，除了书本所揭示的理论阐释外，作为历史进程参与者的教师，运用红色资源，向学生讲述历史故事，也是非常必要的。

在思想政治课教学中开发利用本土红色资源，是遵照习近平总书记关于把红色资源利用好、把红色传统发扬好、把红色基因传承好的要求，对政治理论课程进行改革与创新的一项重要措施，具有广泛的前景和实际效果。各地在将红色资源运用于思想政治课教学中都出现了许多个性化经验，有的在总结中，有的已经产出成果（如袁琳主编《讲好恩施故事　赓续红色血脉》一书），相信在以后的交流与互鉴中，会出现更多的新成果、新经验、新体会。我们在期盼中。

三、加深对新时代中国特色社会主义思想进课堂进头脑的理解和信心

中国共产党第十八大之后，我们党确立了习近平在全国全党全军的核心地位，在新时代的十年，习近平新时代中国特色社会主义思想成为必须长期坚持并不断发展的指导思想。党的二十大后，高校思想政治课开设《习近平新时代中国特色社会主义思想概论》课，把马克思主义理论课“进教材、进课堂、进头脑”引向深入。两门“概论”课相映生辉，进一步显现出高校思想政治教育的严整、规范、与时俱进。而袁琳主编的《讲好恩施故事　赓续红色血脉》一书，在方法上、在史料的取舍上、在故事内容的转接上，都是具有参考和采取作用的。同时，也可以在此基础上新编更加切近的新书，因为袁琳团队有经验，其他高校也是能够想到的。

实际上，本书不仅可以直接用于高等院校思想政治课的教学，而且对青少年和全社会关于社会主义核心价值观培育的思想政治教育，都可以发挥辅助教学的作用。一本好书是可以在不同地域共享的。当然，我们的视野如果更加开阔一些的话，思想政治工作和思想政治教育的内容，不仅包括革命文化和红色故事，也可以纳入生态文明和民族文化于其中。就恩施来说，这里本是中国最具生态优势和民族特色、文化特色的地方，是中国西南部的一颗璀璨明珠，可以展示出惊人的容貌和身姿，可以触发出政治、经济、文化、制度的无尽联想，为中国式现代化发展带来新的思考和资源。譬如，中国历史上中央政府对

土苗地区实行民族区域自治的制度进程，长时间里湘鄂渝黔边界人民在民族团结中的卓越表现，都是值得在思想政治教育中体现出来的宝贵史料。再如，新时代里，各地按照以习近平同志为核心的党中央的部署，实施大规模的扶贫反贫工作，彻底摆脱（绝对）贫困，走向现代化恩施建设的感人故事，都是可以载入史册、走进课堂的鲜活素材。今后，也可以将更多东西纳入高校思想政治教育的不同环节中，下一本书，也许是作者转入新课题的思路和选题，我们报以期待和鼓励。

在讨论袁琳主编的《讲好恩施故事　赓续红色血脉》一书时，我们需要深入认识，把课堂教学与新时代中国特色社会主义思想及其实践联系起来的必要性，在“两个结合”的高度上学会把这种联系提升到理论的自觉性上。青年学生对于中国特色社会主义的认知，是思想政治教育的核心，要在树立“理论自信”“道路自信”“制度自信”“文化自信”中，达到文化自信的更加彻底的程度。我们对于两部“概论”的教学，就是要把中国特色社会主义理念印在“头脑”中，带到火热实践中，为中华民族伟大复兴而奋斗。

俞思念

华中师范大学政治与国际关系学院教授、博士生导师

中宣部“马工程”重点教材首席专家

2023 年 11 月

前言

2019年8月，为深入贯彻落实习近平新时代中国特色社会主义思想和党的十九大精神，贯彻落实习近平总书记关于教育的重要论述，特别是在学校思想政治理论课（以下简称思政课）教师座谈会上的重要讲话精神，全面贯彻党的教育方针，解决好培养什么人、怎样培养人、为谁培养人这个根本问题，中共中央办公厅、国务院办公厅印发了《关于深化新时代学校思政课改革创新的若干意见》，要求深化新时代学校的改革创新。湖北民族大学马克思主义学院自2011年成立以来，尤其是2018年成为湖北省示范思政课教学基地后，更加致力于思政课教学改革创新工作，注重提升思政课的育人实效。

红色资源，是指中国共产党领导中国人民在长期的革命斗争和建设实践中创造的精神物质财富总和，是一种很好的教育教学资源。湖北民族大学地处湖北省恩施土家族苗族自治州（以下简称恩施）。恩施曾经是湘鄂西革命根据地、湘鄂川黔革命根据地的重要组成部分，拥有非常丰富的红色资源。在思政课教学中开发利用恩施本土红色资源，符合习近平关于把红色资源利用好、把红色传统发扬好、把红色基因传承好的要求，具有重要的现实意义。首先，可以为思政课提供正确的教学导向。红色资源彰显了人民至上、国家至上的价值取向，与思政课教学倡导的价值观、利益观、历史观等内涵一致。恩施本土红色资源的开发利用，有助于坚定大学生的正确世界观、人生观、价值观的选择，为思政课的正确教学导向提供支持。其次，可以增强思政课教学的针对性与实效性。教师在授课过程中，将思想政治理论与恩施本土红色资源相结合，通过分析、归纳、总结，形成丰富的教学设计，使教学过程更具有实践性，不仅有助于培养学生的探究能力、发现和解决问题的能力，也能够深化学生对革命、奋斗、自强等红色精神的理解，并内化为自身素质，外化为自身行为，从而增强教学的针对性与实效性。最后，可以增强思政课教学的说服力与感染力。开发本土红色资源能够提供具有地方特色的贴近实际、贴近学生的大量感性素材，将其应用于教学中，能够丰富思政课的教学内容，创新思政课的教学方法，由此触发大学生的感官，触动大学生的心灵，激发他们的学习兴趣，使教学更富有说服力与感染力。

本书是以高等教育出版社 2023 年版“马克思主义理论研究和建设工程重点教材”《毛泽东思想和中国特色社会主义理论体系概论》的主要内容和逻辑结构为依托，以湖北民族大学“为少数民族和民族地区服务，为国家发展战略服务”的办学宗旨为基础，结合恩施地区丰富的红色资源，立足于提高“概论”课教学的实效性、生动性和亲和力的教学辅助资料。本书依据贴近生活、贴近实际、贴近学生的原则，精心选择了 40 多个典型教学案例，按照“材料呈现”“思考讨论”“案例点评”“教学建议”的模块进行设计，着眼于激发大学生的政治理论学习兴趣，帮助大学生深入理解马克思主义中国化时代化的历史发展脉络，掌握毛泽东思想和中国特色社会主义理论体系的精神实质和主要内容，提升大学生的政治理论素养，坚定听党的话、跟党走的信念。本书取材新颖，内容聚焦红色，点评层次分明，可操作性较强。为集中说明问题，本书对案例材料进行了不同程度的加工整理。

本书在编辑过程中，参考了恩施地区文史资料及相关专家、学者的研究成果，向他们致以诚挚的感谢！由于编者能力和水平有限，书中难免有不妥之处，恳请各位专家、学者和读者批评指正。

编　者

2023年9月

目　录

CONTENTS

导　论

马克思主义中国化时代化的历史进程与理论成果

案例1 恩施红色记忆

［材料呈现］

恩施位于湖北省西南边陲，东连荆楚，南接潇湘，西临渝黔，北靠神农架，是湖北省向湘、渝、黔三省辐射的“西南窗口”，境内崇山峻岭，地形奇特，资源丰富，气候宜人，风景如画。现辖恩施、利川2市和建始、巴东、宣恩、咸丰、来凤、鹤峰6县。古代是巴人聚居地，春秋为巴子国地，战国为楚地。汉属南郡、武陵郡。唐属归州巴东县、施州清江县、建始县。元属归州巴东县、施州建始县，南部少数民族地区实行土司制度。清雍正十三年（1735）改土归流，置施南府，辖恩施县、宣恩县、来凤县、咸丰县、利川县。乾隆元年，夔州建始县划归施州，巴东县、鹤峰州属宜昌府。中华民国元年（1912），废府设道存县，民国四年（1915）设荆南道，治所恩施县，辖恩施、建始、宣恩、来凤、咸丰、利川6县，民国十五年（1926）改荆南道为施鹤道，鹤峰州改县划入施鹤道，民国十七年（1928）改设鄂西行政区，民国二十一年（1932）改为第十行政督察区，巴东县划入，州域始为8县之治。①

恩施是少数民族聚居地，有土家族、苗族、侗族、回族、蒙古族、彝族、纳西族、壮族等28个少数民族，分布以清江为界，北部散居、南部聚居。一百多年来，在中国共产党的带领下，恩施各族儿女抛头颅洒热血，前赴后继地奋斗，用生命和鲜血凝聚成一段可歌可泣的红色记忆。

大革命时期

1921年，中国共产党第一次全国代表大会闭幕后，董必武、陈潭秋返回武汉，遵照大会决议，建立中共武汉地方委员会（后改为中共武汉区执行委员会）。在中共武汉地委、区委的领导下，武陵山中的恩施呈燎原之势，群山

① 周先旺．中国西部概览 恩施州［M］．北京：民族出版社，2003：12—13.

之中，红旗飞舞。大革命时期，一批在外地读书的青年学子，接受马列主义思想，加入了中国共产党的组织，受湖北党组织的派遣，回到恩施地区，宣传革命思想，成立农民协会、工人协会、妇女协会、商会等团体，发展共青团员、共产党员，建立党的组织。建始、来凤、鹤峰、咸丰相继成立了共产党组织。

建始铜鼓堡人聂维祯（当时在北京朝阳大学攻读法律专业）经李大钊介绍，于1924年加入中国共产党。1926年由北京党组织安排转到武汉。8月，受中共湖北区委陈潭秋、董必武的派遣，以国民党湖北省党部特派员身份，回建始县筹建国民党县党部，任筹备主任，同时秘密发展共产党员。1927年2月，中共建始县支部建立，聂维祯任书记。

在湖北省立第一师范学校求学的来凤土堡人张昌岐，受董必武等人的影响，逐步接受了马克思主义思想，于1924年冬参加国民党，1925年夏加入中国共产党。1925年冬受中共武汉区委和湖北省国民党党部的委派，回家乡来凤发展党组织，积极开展革命运动。通过创办农民夜校、农协会，宣传革命理论，在板沙界建立起湖北省第一支共产党领导的农民自卫队——来凤农民自卫队，全县共有农民自卫队员300多人。1926年10月28日，张昌岐率领农民自卫队，发动武装起义，占领了来凤县城。1926年11月19日，国民党来凤县党部筹备处成立，张昌岐任筹备处主任。1927年2月，国民党来凤县党支部成立，张昌岐任执委常委兼工人部长。同时，建立了中共来凤县支部委员会，张昌岐任书记。

鹤峰县城人徐锡如于1926年在武昌中华大学读书时加入中国共产党。1927年春，受党组织派遣，以筹建国民党县支部为掩护，回到鹤峰开展工农革命运动，秘密举办共产主义训练班，讲授《共产党宣言》和党的一系列革命主张，培养发展共产党员。1927年6月，中共鹤峰支部建立，徐锡如任书记。

咸丰龙潭司人黄兴武于1924年2月离乡赴省立二中求学，结识了董必武、陈潭秋等人，受到了马列主义的熏陶，加入中国共产主义青年团，不久转为中国共产党员，当时正值国共合作时期，黄兴武亦加入国民党，于1926年11月进入湖北省党务干部学校学习。咸丰小模人叶达仁于1926年在湖北省党务干部学校学习时加入中国共产党。1927年2月12日，遵照国民党湖北省党部和中共党组织的派遣，黄兴武、叶达仁回到咸丰筹建国民党县党部，开展农民运动，培养发展中国共产党员。到9月，秘密发展中共党员10多人。为把党的工作不断推向前进，在县城兴国寺建立了中国国民党咸丰县党部，黄兴武任县党部书记，同时秘密成立了中国共产党咸丰县支部，黄兴武任支部书记。

在党组织的领导下，来凤、巴东、咸丰、鹤峰等县建立了农民武装，开展反帝、反封建、反军阀的革命斗争。来凤县共产党员张昌岐组织农民自卫队，杀官除霸，占领县城达一个月之久。巴东县共产党员黄大祯、黄大鹏发动组织农民群众，进行反"复验红契"的斗争，迫使反动当局取消了"复验红契"。恩施地区掀起革命高潮。

土地革命时期

1927年，"八七会议"确定以武装斗争实行土地革命总方针。嗣后，在历时8年的土地革命战争中，恩施地区先后创建湘鄂边、巴归兴和湘鄂川黔革命根据地，鹤峰、巴东、宣恩、建始、恩施等5个县相继建立了苏维埃政权，近300个区乡建立了苏维埃政府。全区有近20万人直接投入斗争，24000余人加入红军赤卫队，12000余人献出宝贵生命。土地革命战争，是中国革命历史性大转折，也是恩施地区革命史中最辉煌的篇章。

大革命失败后，中共湖北省委将全省划为武汉、鄂西等7个暴动区域，各区分别成立党的特委，领导组织农民暴动。杨维藩、金裕汉、黄子全受鄂西特委派遣回恩施地区发展党组织。1927年12月底，施鹤七县的部分共产党员、共青团员代表：来凤的杨维藩，恩施的郑廉、金裕汉，建始的张学敏、聂维祯，利川的陈世松，宣恩的李祖锡、石明成，鹤峰的徐锡如，咸丰的黄兴武、黄子全等人，在咸丰龙潭司秘密举行党团联席会议，建立了第一个地区性党组织——中共施鹤地区临时特别委员会，杨维藩任临时特委书记，辖咸丰、建始两个县委及鹤峰特别支部，有共产党员近100人。1928年1月29日，中共施鹤临时特委组建施鹤农民武装总队，黄子全任总队长，杨维潘任党代表，下辖4个大队，配有土炮1门，土枪30余支，其余为大刀、梭镖。他们动员土家族、苗族等各族农民1200余人参加土地革命斗争。在巴东，黄大鹏、廖景坤受中共湖北省委派遣在巴东秘密做党的发展和建设工作，1927年11月建立中共巴东特别支部。1928年3月，中共巴东特别支部率领农民武装攻占巴东县城，处决了伪县长等反动官吏，建立了恩施地区第一个人民政权——巴东县人民委员会，张华甫任主席，黄大鹏为委员，廖景坤为秘书。同年11月，根据中共鄂西特委的指示，组建中共巴（巴东）归（秭归）兴（兴山）县委员会，张华甫任县委书记，刘子和等人为委员。1929 年 12 月在“巴归兴”县委领导下，建立了工农革命军鄂西游击大队，与反动武装进行斗争。1930 年 5 月，巴归兴县苏维埃政府成立，宋洪樨任主席。在此前后，相继建立 8 个区苏维埃政府，其中巴东 4 个区苏维埃政府，16 个乡苏维埃政府。巴归兴革命根据地基本形成。

1927 年年底，中共中央决定派贺龙、周逸群等同志返湘工作，在湘西北组织特委，发动群众，造成暴动割据的局面。1928 年 1 月，中共湘西北特别委员会成立，周逸群任书记。3 月下旬，湘西北特委在湖南省桑植县洪家关宣布成立工农革命军，贺龙任司令，贺锦斋任师长，下辖 2 个团，3000 余人，700 余支枪。因战斗失利，4 月退守到鹤峰境内整顿改编，成立中国工农革命军第四军和中共湘西前敌委员会，贺龙担任军长和书记。11 月 24 日，贺龙率领整编后全军 91 人（72 支枪）自鹤峰梅坪出发进入咸丰，收编了咸丰黑洞神兵，29 日到达宣恩晓关，收编了禹王宫神兵。12 月 13 日，部队进抵利川，在张爷庙召开前委会议，将中共湘西前敌委员会，更名为“中共湘鄂西前敌委员会”，增补杨维藩、罗统一为前委委员，并将施鹤临时特委归属前委领导，更名为“中共湘鄂西前敌委员会施鹤部委员会”（简称“施鹤部委”），杨维藩仍兼施鹤部委书记。12 月 24 日，贺龙率领工农革命军第四军奇袭建始县城，击毙了伪县长等反动官吏，缴获团防大队 100 多支步枪，占领县城 3 天。12 月 31 日，部队到鹤峰邬阳关与神兵领袖陈年振、陈宗瑜父子会合，收编了邬阳关神兵。1929 年 1 月 7 日，贺龙率领部队进攻鹤峰，于 8 日攻下鹤峰县城，13 日湘鄂西第一个县苏维埃政府——鹤峰县苏维埃政府成立，吴天锡担任主席，2 月下旬，中共鹤峰县委员会成立，陈协平任县委书记，徐锡如、龙在前等为县委委员。到 6 月底，全县建立 11 个区、101 个乡苏维埃政府。鹤峰革命根据地基本形成。

1930 年 2 月，鄂西特委向湘鄂西前委传达中央关于红四军东下洪湖与红六军会师和组建中共湘鄂边特别委员会指示。湘鄂西前委在红四军东进前组建了中共鹤峰中心县委，汪毅夫任书记。中心县委负责领导桑植、鹤峰、五峰、长阳、石门、宣恩等县党的工作和苏区工作；同时，组建红四军独立团，贺炳南任团长，组建恩宣鹤、巴建鹤、桑慈鹤 3 个边防司令部，统一指挥游击武装。红四军东下洪湖后，湘鄂边军民在前委领导下，多次击溃反动武装的进攻，在两年多的艰苦斗争中创建了湘鄂边革命根据地。湘鄂边根据地以桑（桑植）鹤（鹤峰）为中心，辐射石门、长阳、五峰、慈利、巴东、建始、恩施、宣恩等县部分地区；纵横300余公里，人口近100万，拥有5个县、近300个区乡苏维埃政权，大小游击武装100余支。

根据中央指示，红四军东下洪湖与红六军会师后合编为红二军团，贺龙任总指挥，周逸群任前委书记、政治委员，10000余人，5000余支枪。1931年3月初，夏曦受中共中央派遣到洪湖，组建以其为书记的中共湘鄂西中央分局。中央分局指示红二军团改编为红三军，速返洪湖参加反“围剿”斗争，成立中共湘鄂边分特委（后改为湘鄂边特委），周小康任书记；同时，组建教导一师（后改为湘鄂边独立团），王炳南任师长，陈协平任政委，董朗任参谋长，留守湘鄂边坚持斗争。

在国民党反动派一次次“围剿”中，革命根据地形势日趋恶化。随着张华甫、廖景坤、宋洪樨、黄大鹏等人的壮烈牺牲，巴归兴苏区损失惨重。1932年8月，由于叛徒告密，巴归兴县委书记胡荣本、宋文明被捕遇害，巴归兴根据地遂至丧失。9月中旬，湘鄂边特委和独立团抵达洪湖苏区江陵沙岗，与湘鄂西中央分局会合，湘鄂边根据地基本丧失。

1932年10月，洪湖苏区在“围剿”中丧失，湘鄂西中央分局决定红三军转往桑鹤地区，恢复湘鄂边革命根据地。11月初，红三军从随县大小洪山出发，12月21日，从官渡口南渡长江攻克巴东县城，27日进入鹤峰邬阳关。30日攻占鹤峰县城，重建以陈培英为书记的中共鹤峰县委，恢复以张玉和为主席的县苏维埃政府。由于党内“左”倾错误路线的危害，肃反扩大化，段德昌、王炳南、万涛、周小康等苏区党政军高级干部被错杀，湘鄂边苏区革命力量严重削弱。1933年6月，湘鄂边“剿匪”总司令徐源泉，指挥众多湘鄂敌军大举“围剿”苏区，中央分局和红三军屡战失利。

1933年12月19日，湘鄂西中央分局在咸丰大村召开会议，决定放弃恢复湘鄂边苏区，创建湘鄂川黔新苏区。根据这一决定，红三军先后开辟鄂川边、黔东革命根据地，在红二、六军团会师后，又进一步形成湘鄂川黔革命根据地。同年12月下旬，湘鄂西中央分局、红三军前往鄂川边游击，留下部分红军干部和伤病员组建游击武装。1934年1月，留咸丰活龙坪红军干部刘汉卿、花顺涛等人，组建红三军独立团，100余人，刘汉卿任团长，花顺涛任政委；

随后，红军干部邓永兴、毛子英组建的2支游击队也编入独立团，全团发展到500余人。在这前后，还组建黔江游击大队、巴西溪游击队、韦广宽游击队，游击武装达1500余人。1934年4月初，红三军从酉阳返回咸丰活龙坪。10日，在利川十字路与独立团会合，将红三军独立团改为鄂川边区独立团，团长刘汉卿，副团长傅在光，政委花顺涛。在此，湘鄂西中央分局召开会议，成立中共鄂川边区工作委员会，由冯义发、刘汉卿、花顺涛、李绪先组成，冯义发任书记。红三军留下参谋王文臣和七十多名战士，组建独立大队，负责工委机关安全。以活龙坪为中心，包括恩施、利川、咸丰、宣恩和四川石柱、黔江等县部分地区在内的鄂川边区游击根据地形成。

1934年5月，红三军向黔东进军，途中组建湘鄂川黔革命军事委员会。6月19日，中央分局在沿河枫香溪举行会议，决定重建党团组织，恢复政治机关，在黔东创建新苏区，并根据中央指示停止"肃反"斗争。从6月下旬开始，主力红军以师团为单位分散活动，在黔东各地发动群众，组建地方武装，建立革命政权。到9月，黔东特区拥有印江、德江、沿河、松桃、酉阳5县毗连地区，先后建立17个区、100个乡苏维埃政权。

1934年秋，中央苏区第五次反"围剿"斗争失败后，中央军委命令红六军团撤离湘赣革命根据地，到湖南中部发展游击战争，争取和红三军取得联系。10月24日，任弼时、萧克、王震率领红六军团冲破国民党重重阻拦，抵达贵州印江木黄，与红三军胜利会师。经中央批准，部队进行整编，红三军恢复红二军团番号，贺龙任军团长，任弼时任政委，关向应任副政委，共4000余人；红六军团萧克任军团长，王震任政委，共3000余人。10月，中央决定放弃中央苏区，到湘西与红二、六军团会合。为策应中央红军西进，红二、六军团离开黔东，经川鄂边东进，实施湘西攻势，攻占永顺、桑植、大庸3座县城、歼敌3000余人。11月下旬，根据中央指示，成立中共湘鄂川黔省委、中央革命军事委员会湘鄂川黔分会。至此，以永顺、桑植、龙山为中心，以黔东和鄂川边为两翼的湘鄂川黔革命根据地正式形成。1935年6月和8月，贺龙、任弼时、萧克、王震等率领红二、六军团，在咸丰忠堡一带和宣恩板栗园，进行了两次重大伏击战，歼灭了国民党军队的两个王牌师，取得"忠堡大捷""板栗园大捷"的连续胜利，粉碎了敌人的"围剿"，有力策应了中央红军长征。

1935年10月，陈诚调集22个师、5个旅共130个团约30万兵力，向湘鄂川黔革命根据地发动新“围剿”。为保存实力，红二、六军团主力红军于11月19日北上长征会合中央红军，留下红18师牵制敌人。12月3日，军团电示红18师开始突围。经过屡次苦战，红18师胜利完成突围归队长征。

全面抗战时期

1937年7月全面抗战爆发。随即，中国共产党担负起领导全民族进行抗日救亡斗争的历史重任。1938年10月武汉失守，国民党湖北省政府西迁恩施，恩施成为国民党湖北统治区政治、文化中心，也成为我党在湖北的抗日救亡斗争中心。为领导抗日救亡斗争，一大批党的地下工作者来到恩施地区，秘密进行党的活动，发展党员，宣传发动各阶层群众，坚持抗战，反对投降和分裂，先后成立了中共施南特别支部、中共恩施工委、中共施鹤特委、中共施巴特委、中共鄂西特委等党组织，领导恩施各族人民，努力开展抗日民族统一战线工作，有力呼应全国抗日救亡斗争，沉重打击国民党消极抗日，为全国抗战的胜利做出了应有贡献。

1938年4月上旬，中共湖北临时省委派共产党员雍文涛率领抗日救亡运动骨干38人（其中党员11名）赴恩施各县，以开办农村信用合作社为掩护，积极宣传党的方针政策，动员群众开展抗日救亡活动，秘密发展共产党员。6月，中共湖北省委（5月成立）以雍文涛为特派员组建中共施南特别支部，随即调彭维西赴任特支书记。到9月底，恩施地区（除鹤峰外）均建立党支部或党小组，党员达60余人。11月中旬，湖北省委决定撤销施南特支，组建中共恩施工作委员会，辖7县（巴东划归宜昌），主要领导学生和统一战线工作。嗣后，党组织迅速发展，建立恩施、建始2个县委、4个区委、1个特支，党员达240余人。

1939年5月，中共湘鄂西区党委决定撤销恩施工委，成立中共施鹤特委，书记李声簧，成员魏泽同、徐远、彭维西等，主要负责发展、扩大党的基层组织。旋即，组织暴露，撤销。6月，成立中共恩施和来凤中心县委，魏泽同（恩施书记），彭维西（来凤书记），成员包括余日升、沈德枢及田枋宇、董沁箴等；分别辖恩施、建始、利川、宣恩及来凤、咸丰、鹤峰各县，共有党员412人。11月，中共湘鄂西区党委在松滋县召开扩大会议，钱瑛（区党委书记）、蔡书彬、何功伟（又名何彬）等出席，决定撤销恩施、来凤中心县委，建立中共施巴特委，辖恩施8县及秭归、兴山，党员668人。马千木（又名马识途）任特委书记，成员有王东放、孙士祥、刘一清（又名刘惠馨）等。

1940 年 6 月，宜昌沦陷，中共湘鄂西区党委撤至恩施。8 月，区党委在恩施县五峰山召开扩大会议，宣布撤销湘鄂西区党委及所属施巴特委，成立中共鄂西特委，何功伟任书记。王东放、马千木、何功楷、刘一清等为成员。中共鄂西特委为当时湖北省委领导机关，直属中共南方局，辖恩施 8 县及兴山、秭归和宜昌部分地区，时有党员 1900 余人。“皖南事变”后，国民党反动派更加疯狂反共，鄂西特委一大批共产党员被逮捕，共产党的组织遭到严重破坏。1941 年 11 月 17 日，中共鄂西特委书记何功伟、妇女部长刘惠馨在恩施城郊方家坝英勇就义。国民党疯狂搜捕、屠杀一直持续到 1945 年抗战结束，中共鄂西特委所属共产党员由 1940 年的 1900 余人下降到 1300 余人。1941 年年底至 1945 年，“皖南事变”中被扣新四军军长、北伐名将叶挺两次被蒋介石囚禁在恩施。他大义凛然，同国民党反动派进行了针锋相对的斗争。

国民党疯狂大搜捕、大屠杀并没有吓倒真正的共产党员和革命志士，为抗日救亡，保家卫国，他们仍然坚持战斗。在恩施，地下党以《长江》(《新湖北日报》副刊)、《鹦鹉洲》(《武汉日报》副刊）为阵地，揭露国民党反动派消极抗日、积极反共的罪行，宣传抗日救亡。《新湖北日报》《武汉日报》均为国民党党报；在巴东，地下党发动数以万计的民工参加运送抗战物资、修建战时公路；在来凤，以谭怀安、李瑞阶、覃子云等为首的共产党员带领乡民，进行抗租抗息、劫仓济民、打击匪霸、维护村民的斗争。

解放战争时期

日本无条件投降后，蒋介石为侵吞胜利果实，实行法西斯独裁统治，在美帝国主义支持下，一面玩弄“和谈”阴谋，一面积极准备内战。在中共中央领导下，人民解放军和全国人民为粉碎美帝企图、推翻蒋家王朝，开始历时 3 年多的解放战争。恩施地区以游击战争方式有力配合全国解放战争，为党在这里创建人民民主政权做出了贡献。

从 1945 年秋起，川东地下党组织据中共中央南方局指示，先后派遣秦禄廷等一批四川籍共产党员潜入利川建南、文斗等地，建立党组织，发动群众，领导开展游击战争，打击敌人，支持解放。1946 年 11 月，中共川东临委委员彭咏梧组建“齐（利川齐岳山区）南（下川东长江南岸广大地区）支队”——中共下川东游击纵队的一个支队。齐南支队组建后，在战斗中逐步发展成 4 个大队，160人，刘孟伉任司令员兼政委，利川太平乡人黄绪鼎任第二大队队长，队员中有一半是利川人。他们经常活跃在齐岳山地区，打击土豪劣绅，捣毁乡保政权，缴获大批枪支弹药，取得一系列胜利。1947年2月下旬，中共利（川）石（柱）万（县）忠（县）边区区委成立，邵荣光任区委书记，下设6个支部，共有党员108人，并组建边区游击队，按地区编成作战小组，利川籍人肖瑞廷任副队长。游击队活动范围，主要在利川太平镇、乐福店、建南一带；采取“明提暗取”等方法，夺取敌人武器，扩大武装力量。不久，利川乐福店地下党员任义元率18名当地青年参加游击队，游击队达80余人，遂编三个分队，每个分队干部都有利川籍人担任。1948年3月，国民党川鄂边5县联防司令杨务农率部进驻利川，在乐福店、太平镇一带疯狂清剿。大批游击队战士被抄家，肖瑞廷等同志惨遭杀害。1948年冬，中共川东南岸工委决定成立中共利川文斗区委和独立中队，郎中文任区委书记兼队长。随后，区委组织游击队员和群众，掀起抗粮、抗税和“借粮”风潮，并在斗争中培养积极分子入党。1949年7月中共黄土党小组成立，郎中文任组长。不久，四川石柱一大批地下党员转移文斗地区，与黄土党小组密切配合，利用“土地会”“拜把子”等当地习俗组织发动群众，并在积极分子中宣讲《中国人民解放军宣言》《土地法大纲》等文件，群众斗争烈火迅速燃遍文斗地区。

1946年6月，蒋介石动用22万军队，以大举围攻我鄂豫边中原军区为起点，悍然发动全国规模内战。6月29日，李先念率五师胜利突围，为执行中共中央“生存第一”“胜利第一”方针，先后派两支精悍部队，深入江南敌后游击，打击、牵制敌人，以减轻我华北、鄂西北战场和陕南游击根据地军事压力。1947年1月，江汉支队司令员李人林率400余人，突破长江天险，挺进到枝江以南地区游击。2月，李人林部经湘西边界进入鹤峰官屋乡，随后在五里和夹沙做短期休整。同月，中原军区四分区司令员张才千和主力四团团长王定烈率部1200余人从古老背渡过长江，进入江南。27日，张才千部向把守鹤峰、五峰大门的国民党湖北省保安警察总队九大队邱仕贵部发起进攻，攻下天险——左角寺，打掉邱仕贵部。3月上旬，两支部队经过两个多月艰苦行军战斗，终于在红鱼坪会师。会师后，奉中原局电令，定名为“中国人民解放军江南游击纵队”，下设一、四两个支队，张才千任司令员兼政委，李人林任副司令员兼副政委；李人林兼任一支队司令员，王定烈任四支队司令员。此后，纵队游击鄂西南，在恩施地区横扫顽敌，共袭击了72个伪乡公所、32支乡保武装，取得了左阁寺、官店口等重要战斗的胜利，为迎接解放打下基础。

1949年8月，蒋介石在重庆召开最高军事会议，提出“固守四川，确保大西南”方针，严命胡宗南、宋希濂等部死守川、陕、鄂、湘边防线，妄图阻止人民解放军入川。自9月中旬开始，湖北军区独立第1师在兄弟部队支援下，在巴东江北地区与敌军几度交战，全部解放江北，为主力渡江南扫清障碍；独2师部队也推进至长阳、榔坪、资丘一线，进行战前整训。10月下旬，湖北军区奉命在宜昌组成以军区第一副司令员王宏坤和参谋长张才千为领导的西线指挥所，统一指挥第四野战军47军、50军、42军155师和122师，湖北军区独立第1、2师，在第二野战军11军配合下，相继发起解放恩施地区的鄂西南战役。11月3日，第四野战军42军124师，从兴山县城北岸东壤口渡江解放巴东，中共巴东县委书记王心学带领县委机关进驻巴东县城。11月5日，独立1、2师击溃长梁守敌，乘胜解放建始县城。6日下午，独立2师进抵恩施龙凤坝，击溃守敌223师警卫营，歼敌近300人。随后，我军乘胜攻占凤凰山、五峰山敌阵地，冲过清江大桥，进入恩施城区。经过激烈战斗，当日晚，鄂西南政治、军事中心——恩施宣告解放。11月9日凌晨，第二野战军11军轻取来凤县城。11日，独立2师实施包抄战术，迫使敌军缴械投降，宣恩解放；同时，二野11军在土地关全歼守敌一个营，接着乘胜攻打咸丰县城，经激烈战斗，俘获1000余人，解放咸丰。随后，独立2师协同二野、四野友军，采取南北合围，将溃逃宣恩、咸丰境内敌军共1万3千余人全部歼灭。11月13日，独立2师8团3营奉命西取利川，经过数次战斗，于14日晚解放利川。11月18日，独立2师4团在师长王定烈、副师长江贤玉带领下，从城墙坳渡口过河攻入县城，敌军缴械投降，鹤峰解放。至此，恩施地区获得全境解放。

新中国成立初期

恩施地区全境解放以后，党的各级组织面临着繁重而艰巨的任务：在军事上要肃清残匪；在政治上要建立和巩固新生人民政权，建立和发展党的组织；在经济上要统一财政经济、稳定物价；为此，党的各级组织认真进行剿匪反霸、镇压反革命、土地改革、“三反”“五反”等运动，巩固和发展新生人民政权，实施国民经济“一五”计划，实现了向社会主义的过渡。

随着恩施地区解放，原国民党地方组织及其所属党团自行瓦解，地区、县、区三级共产党组织随之建立。自1949年9月建立恩施地委之后，11月先后建立中共巴东、建始、恩施、宣恩、利川5个县委；1950年4月至6月又先后建立中共咸丰、鹤峰、来凤3个县委。随后，党组织迅速向机关、企事业单位、乡村发展。到1952年年底，8县79区（镇）都建立党委，基层党支部发展到162个。

恩施地区处于湘鄂川三省交界处，国民党蒋介石统治时期，不少土匪武装被收编，形成“官匪政治”。解放初期，国民党散兵游勇、潜伏特务分子和地方恶霸势力纷纷勾结起来，或造谣滋事、洗劫掳掠；或组织反革命暴乱，伏击来往人员，杀害地方干部和积极分子。为肃清反革命残余势力，消灭流窜的土匪，中共恩施地委、恩施军分区1949年11月发出“剿匪动员令”。到1951年5月底，全区共歼匪1万多人（含毗邻县），缴获各种枪支9540多支，子弹120余万发。历时一年半的剿匪斗争基本完成。

解放之初，基层行政机构设置实行区、乡保甲制。1950年5月18日，恩施行政专员公署通令废除保甲制度，实行乡人民民主专政，有步骤地建立村人民政权，新建行政村称“村人民政府”。1951年7月，全区实行民主建政，共设66个区、4个县辖镇、1588个行政村；同时，结合民主改革、土地改革，整顿乡镇农协组织，建立乡人民政府。至10月底，全区共整顿改造行政村712个，建立乡政权645个。

恩施地区土地改革是在基本上清除匪患的基础上进行的。1950年6月，中央人民政府通过和颁布《中华人民共和国土地改革法》。12月3日，恩施地区土地改革委员会成立，彭天琦任主任委员。1951年1月18日，工作队奔赴农村，以恩施芭蕉、茅坝两区13村为试点，开始实施土地改革。5月，土地改革在全区分期分批展开。到1952年年底，全区60%～70%无地和少地农民分得土地240万亩，全区1420个乡土地改革全部完成。土地分给农民，生产力获得解放，1953年全区粮食总产量达到539945吨，比1949年增长36.47%；农业总产值达到29785万元，比1949年增长44.24%。

根据党中央和湖北省委指示精神，从1952年年初开始，在恩施地委领导下，先后在国家机关干部和城镇工商界中开展“三反”“五反”运动。1952年1月2日，地委、专署及恩施县委、县政府在县文化馆联合举行“三反”动员大会，地委书记彭天琦做《大张旗鼓地进一步深入开展反贪污、反浪费、反官僚主义的群众运动》的报告，号召全体干部和全区人民迅速行动起来，开展“三反”斗争。在“三反”运动中，各级领导带头检查，至1月底，即查出由于铺张浪费和设计不周造成浪费的国家资财19.46亿元（旧币）。2月，转入反贪污和在城关工商界开展“五反”（反行贿、反偷税漏税、反盗窃国家财产、反偷工减料、反盗窃经济情报）斗争。到10月25日“三反”“五反”运动结束，地直参加运动人数1603人，其中干部356人，党员117人，团员246人，群众1240人；贪污总人数813人，其中党员70人，团员95人，贪污金额达10.43亿余元（旧币），追回赃款1.97亿元（旧币）。这场斗争打击了资产阶级违法活动，巩固了工人阶级领导和国营经济主导地位。

1952年年底，恩施地区土地改革结束。土地改革的胜利进一步巩固了以工人阶级为领导、以工农联盟为基础的人民民主专政，促进了农业生产恢复和发展，为对农业以及手工业和资本主义工商业进行社会主义改造，创造了极为重要条件。1953年起，恩施地区全面贯彻党在过渡时期总路线，实施国家发展国民经济第一个五年计划，经过4年时间努力，不仅提前完成农业、手工业和资本主义工商业社会主义改造任务，还提前完成第一个五年计划和粮食征购指标，城乡人民生活得到较大改善，各项事业均有很大发展，基本实现向社会主义过渡。随着社会主义改造的推进，党组织不断发展。到1956年年底，恩施地区共有共产党员20367人，每个乡都建立了党支部。同时，工会、妇联、青年团等组织工作也进展较快，为全面开展社会主义建设奠定了基础。

社会主义建设曲折发展时期

社会主义改造基本完成后，恩施地委在探索山区发展路子同时，按照中共中央指示统一部署“整风”“反右”，又经历了“文化大革命”，社会主义建设在曲折中发展。

1957年元月，恩施地委召开县、区、乡三级书记会议，明确山区生产要保证粮食自给有余，大力发展多种经营，抽调530名机关干部下乡开展农村工作。到1957年完成旱改水田3.97万亩，坡改梯田4.85万亩，推广良种田67.05万亩，稀植改密植田65.8万亩，一季改两季田79.73万亩，粮食总产达607645吨，比1955年增产9.09%，茶叶面积增加35%，药材面积增加3.8倍，农业总产值35806万元，比1955年增长12.03%。

但是，接着而来的“大跃进”、大办钢铁、人民公社化运动，导致“左倾”错误泛滥，冒进风、浮夸风、瞎指挥风严重抬头，对恩施地区经济建设及其他各项事业发展造成极大的破坏。恩施地委采取种种措施，努力摆脱困境，虽然经受严重挫折，但依然取得了较大的成就。1965 年，全区工农业总产值达 52455 万元，比 1957 年增长 32.27%，其中农业产值 45560 万元，增长 27.24%；粮食产量达 72.75 万吨，增长 19.07%；畜牧业产量也超过 1957 年；耕地面积由 1952 年查田定产时的 487.32 万亩增至 545.71 万亩。烤烟 1963 年在来凤、利川试种成功，1964 年在恩施、宣恩、建始、咸丰、鹤峰试种成功，1965 年在巴东试种成功，1966 年全区烤烟种植达 18700 亩；白肋烟 1965 年在建始试种成功。

1956 年以前，全区只有 6 个县县城通公路，1956 年修通椒园至宣恩县城公路，1958 年修通来凤至鹤峰公路，实现 8 县全部通公路。从 1956 年开始，先后修通利川到四川万县、恩施白杨坪到四川奉节、来凤到湖南龙山、来凤到宜都等跨省公路。1958 年恩施至武汉空中航线正式开通。1964 年，恩施地区第一座钢筋混凝土大桥——利川清江桥建成通车。

1956 年以前，全区只修建几座蓄水量在几十万立方米以下的小型水库，到 1965 年，动工兴建 100 万立方米以上中型水库有 15 座，其中当时已建成 4 座。1956 年来凤老虎洞水电站开始兴建，1958 年投产发电，在川湘鄂边境引起轰动。随后恩施高桥坝水电站、月亮岩水电站相继建成，建始七里坪和野三河、鹤峰九峰桥、利川三渡峡、宣恩龙洞、来凤新峡等一批水电站，也在这期间先后动工兴建，推动了恩施地区水电事业的发展。

1956 年，全区只有 7 家国营煤厂，年产原煤 7000 吨，到 1966 年增至 11 家，年产原煤 6.5 万吨；1958 年恩施石家坡建成恩施地区第一家水泥厂，年产水泥 300 吨，同年建起恩施制药厂、恩施县玻璃厂；1959 年恩施地区造纸厂建成，开始生产机制有光纸；1961 年建起恩施地区火柴厂以及其他为农业服务的机械工业和满足群众生活需要的轻化工业。同时，十年间，幼儿园、小学、中学、中专数量不断增长，在校幼儿、中小学生及中专学生人数不断增加。1958 年兴起的农职中，1966 年达到 261 所，在校学生 11926 人；此外，1958 年还办有农专、工专、师专、医专等 4 所高等专科学校。各级各类学校的开办，提高了恩施地区各族人民的精神文化素质，培养了一批服务于恩施地区社会主义建设事业的本地人才。

10 年“文化大革命”使恩施地区社会主义事业遭到严重挫折和损失，但是在广大干部和各族人民的艰苦奋斗下，国民经济仍有不同程度的发展。1976 年，工农业总产值较 1966 年增长 38%；粮食总产量上升到 18.17 亿斤，人均占有量达 598 斤，超过 1966 年。从 1975 年起，恩施地区贯彻全国“农业学大寨”会议精神、开展普及“大寨县”活动，尽管有“左”的影响，“农业学大寨”运动在改善农业生产条件方面还是取得一定成绩，巴东、建始两县被评为全国“农业学大寨”先进县。1975 年，恩施地区小水电站达 330 处，装机 350 台，装机容量达 22578 千瓦；建始、恩施、来凤、利川、巴东相继建起化肥厂，1976 年生产碳酸氢铵 33721 吨，对农业生产发展起了很大作用。建始、利川两家烟厂也相继建成，为烟叶成为恩施地区支柱产业起了奠基作用。

1966 年，恩施地区开始高山地区飞播造林，除 1974 年中断外，年年进行；到 1975 年共飞播造林 159.5 万亩，有效面积达 40%，国营林场也造林 29.3 万亩，恩施地区森林资源得到扩大，为恩施地区绿色产业打下基础。

1966 年 10 月，恩施城区小渡船大桥建成，为恩施地区永久性桥梁建造培训了技术人才；1971 年到 1975 年，又相继兴建了恩施县屯堡大桥、建始县马水河大桥、来凤县来龙大桥、上寨大桥等永久性拱桥 26 座，净跨 1750 米；在此期间，新修公路 146 公里，同时建起恩施地区航运公司，拥有 1200 马力拖船 2 只，750 吨拖驳 5 只，结束了恩施地区基本无水上运输的历史。

在干部队伍建设方面，虽然党组织曾一度停止活动，但党的各级组织仍然有很大的发展。经过不断地选拔、吸收青年干部。到 1975 年，恩施 8 县县委常委 106 人，平均年龄 43 岁；在 974 名公社党委正副书记中，23 岁以下 232 名，占 23.8%。1976 年年底，全区有党员 84635 人，占总人口 2.78%；干部 45018 人，较“文革”前均有增加。

改革开放时期

中共十一届三中全会以后，恩施地委和各县委坚定地把工作重心转移到以经济建设为中心的轨道上来，深入开展农村改革、城市经济体制改革，加强精神文明建设，基本上完成“解决温饱、培植后劲、为系统开发打基础”的阶段性任务，国民经济持续稳定增长，社会各项事业相应发展，人民生活有了极大改善，恩施地区面貌发生深刻变化，顺利进入改革开放新阶段。

1978 年 12 月 18 日至 22 日，中共十一届三中全会胜利召开，成为中华人民共和国成立以来中国共产党的历史上一个伟大转折点。恩施地委和各县委认真学习贯彻中共中央精神，为真正完成思想的拨乱反正，开展了对真理标准讨论的补课。1979 年 9 月 4 日至 16 日，恩施地委召开县委书记会议，紧密结合工作、思想和恩施地区建设实际，进行了真理标准讨论的补课。会后，恩施地委机关和各县分别以学习班、理论工作会、理论讨论会等多种形式，普遍开展真理标准讨论补课，提出要认真执行“粮食自给有余，大力发展多种经济”方针，用实践标准总结恩施地区建设经验，凡是实践证明对的就坚持，凡是实践证明错的就改正。

在各级干部进行真理标准讨论补课的同时，恩施地区农业生产责任制初步建立。1979 年，恩施地委贯彻中央农业文件精神，加强领导，发动群众，尊重生产队自主权，放手让农民选择，全区 24600 多个生产队，实行包工到组、联产计酬的占 41.9%，实行定额记分（按完成劳动量计分）的占 40.3%，实行计时加评议的占 15.2%。经过一年实践，农业生产得到发展，其中实行包工到组、联产计酬的生产队增产显著。到 1982 年秋，恩施地区基本实现“大包干”家庭联产承包责任制。如建始县，包干到户生产队 3462 个，统一经营、责任到劳的生产队仅剩 102 个，分别占生产队总数的 97.1% 和 2.9%。同时，大力扶植农民发展各种小菜园、小竹园、小药园、小果园、小茶园、小林场、小畜牧场及其他家庭工副业生产。

1983 年 8 月，国务院批准恩施地区成立鄂西土家族苗族自治州，同时，湖北省委批准成立中共鄂西州委。10 月 23 日，恩施州委政协首届一次会议召开，选举产生政协鄂西州第一届委员会。10 月 23 日至 28 日，鄂西州第一届人民代表大会召开，选举产生了恩施州第一届人大常委会。12 月 1 日，鄂西土家族苗族自治州成立大会在恩施市隆重召开，国家民委、湖北省委、省政府、省人大、省政协、省军区领导及兄弟邻近地区、新华社、人民日报等新闻单位代表与会。

1984 年中共十二届三中全会通过《关于经济体制改革的决定》，提出社会主义经济是公有制基础上的有计划的商品经济。恩施州认真学习领会中央文件精神，1985 年 10 月部署本州城市经济体制改革。在企业内部，主要抓管理体制改革，扩大企业自主权，对全州预算内 547 户工商企业实行第二步利改税，普遍建立以承包经营为中心、多种形式的经济责任制；供销社还社于民，扩大农民入股；发展集体和个体商业，活跃城乡经济；有固定场所集贸市场，由1983年179个发展到222个。1987年，全州在181家预算内国营企业中推行承包制，使企业所有权和经营权逐步分离，到1988年全州全民所有制企业都在积极推行承包、租赁等多种形式经营责任制。1988年9月，恩施州委、州政府发布《关于进一步坚持改革开放、加速发展商品生产的若干暂行规定》，明确指出全面推行厂长（经理）负责制，实行公开招标、选举、聘用企业干部制度，打破"铁饭碗"，改革企业用工制度，企业可以选择运用劳动组合方式、择优上岗方式、合同化管理方式、试用工制度方式、暂列编外管理方式；破除企业等级固定工资，实行按劳分配、多劳多得原则，各企业可选择实行计件工资制、浮动工资制、车间（班组）工资总额包干制、实物含量工资制、结构工资制、科员工资联责联绩记分计奖制。1992年1月，州政府为国有企业进一步完善承包经营责任制，在恩施制药厂、州麻棉纺织厂、恩施市工具厂、巴东三峡水泥厂、鹤峰磷化集团进行"首钢式承包"试点。这些改革措施扩大了企业经营者自主权，调动了企业职工积极性，企业经济效益得到提高，增强了企业发展后劲。1999年12月，恩施州政府发布《关于进一步加快国有企业改革和发展的实施意见》，对全州国有企业改革和发展总体目标、改革重点、改革政策及改革配套工作等，进行了具体部署，大力发展混合所有制经济，着力于"两打破"（打破企业吃国家大锅饭、打破职工吃企业大锅饭），实行"两买断"（企业买断资产、职工买断工龄），债权债务到位，促进企业改制。2000年年底，全州国有工商企业已改制444户，改制面占1998年年底515户的86.2%，两买断253家，职工买断工龄18224人，累计盘活资产20多亿元。

恩施机构改革也在探索中前进，在区乡体制变动中既有成功经验，也有失败教训，主要是有些县市变动频繁，造成不少浪费；还有人员越简越多问题。1984年，全州各县（市）进行撤社队建区乡工作，全州共建乡687个、区辖镇66个，县辖镇16个，设区78个；同时，各县（市）对其直属机关进行合并、精简等改革。如鹤峰由53个减为35个、来凤由59个减为45个、巴东由66个减为48个、建始由63个减为46个。1987年，恩施州整顿清理非常设机构50%以上。1993年6月，恩施州委进一步推进机构改革，明确要求，党政机关要把工作职能转到宏观调控上来，掌握政策、组织协调、信息引导、提供服务和检查督促，要严格控制人员编制，合理调整内部科室职能，尽可能减少中间环节，努力提高办事效率；改变产品经济体制下用人制度和管理制度，建立健全符合社会主义市场经济要求的管理体制和有利于调动干部职工积极性、创造性的激励机制。1998年，全州对机构人员实行“三定”（定编制、定职能、定人员）落实到位，把人员分流落实到位，按照“精简、统一、效能”原则，建立办事高效、运转协调、行为规范的行政管理体系，完善国家公务员制度。深化人事制度改革，引入竞争激励机制，增强党政机关和事业单位活力，以适应社会主义市场经济要求。到1997年1月，全州撤区建乡工作基本完成，共设112个乡（镇、办事处）。

1999年9月，中央召开十五届四中全会，正式决定实施西部大开发战略，支持中西部地区和少数民族地区加快发展。2000年10月，中共十五届五中全会通过的《中共中央关于制定国民经济和社会发展第十个五年计划的建议》，把实施西部大开发、促进地区协调发展作为一项战略任务。同年12月13日，中共恩施州委三届五次全体会议通过恩施州经济社会发展“十五”规划建议，明确提出要抓住国家实施西部大开发战略和继续对贫困地区、革命老区、少数民族地区进行扶持的机遇，争取一批重点建设项目，坚持“出路在山，成败在干”和“念山水经，打优势仗，唱特色戏”的发展思路，依托绿色资源，发展绿色产业，开发绿色产品，形成以绿色产业为支撑的区域特色经济；坚持艰苦创业，加强以交通网络为重点的基础设施建设；强化发展动力，推进以人才开发为核心的科教创新；进行综合治理，营造以开放、优美、安定、和谐为目标的发展环境；进一步解放思想、加强党风廉政建设和社会主义精神文明建设。①

2006年2月19日，恩施州第五届人民代表大会第四次会议通过《恩施州经济社会发展第十一个五年规划纲要》明确提出，要抓住国家、省对少数民族地区、贫困地区、新农村建设等重点扶持机遇，以调整经济结构和转变经济增长方式为主线，以改革开放和科技创新为动力，以优化发展环境为抓手，以加快“一主三化”（以民营经济为主，大力推进农村工业化、产业化、城镇化）

① 以上材料源自中共恩施州委党史研究室．中共恩施简史［M］．北京：中央文献出版社，2001；中共恩施州史志办公室．中国共产党恩施州历史（第1卷）［M］．北京：中共党史出版社，2008；中共恩施自治州委州人民政府史志办公室．中国共产党湖北省恩施历史（第2卷）［M］．北京：中共党史出版社，2019.

进程、构建和谐恩施为目标，重点抓好特色产业建设、基础设施建设、和谐社会建设，初步建成“五大产业基地”（全国知名的绿色产业基地、全国知名的特色农产品加工基地、鄂西南乃至华中地区洁净能源基地、全省重要的矿产工业基地、最具成长性的旅游基地），为全面建设小康社会打下坚实的基础。经过十年努力，到2010年年底，宜万铁路、沪渝高速公路、机场一期扩建等项目相继建成，承东启西、接南纳北、内畅外联、辐射周边的综合交通运输体系正在形成；农村税费改革顺利完成，农村土地二轮延包有序开展；城乡免费义务教育全面普及，建立了义务教育经费保障机制，基本形成学前教育、基础教育、职业教育、成人教育、高等教育、特殊教育协调发展格局；新型农村合作医疗覆盖全州8个县市，参合率达到94.8%。城镇基本医疗保险参保人数达到50.5万人，参保率达95%；治理水土流失面积725平方公里，退耕还林累计完成200万亩，天然林管护面积1725万亩，森林覆盖率达到67%；环境保护得到加强，县县建成垃圾和污水处理设施；旅游业迅猛发展，2010年旅游接待人数1062万人，实现旅游综合收入50.6亿元；全州生产总值达到351.1亿元，规模以上工业企业达到556户，工业增加值达到73.5亿元；城镇居民人均可支配收入达到11406元，农民人均纯收入达到3255元。①

中国特色社会主义新时代以来

中国共产党的十八大以来，改革开放和社会主义现代化建设取得历史性成就，我国社会主要矛盾已经由人民日益增长的物质文化需要同落后的社会生产之间的矛盾，转化为人民日益增长的美好生活需要和不平衡不充分的发展之间的矛盾，我国发展站到了新的历史起点上，进入了中国特色社会主义新时代。

2012年12月，国务院总理李克强在恩施调研强调，山里地少田薄、群众增收难，我国集中连片特困地区基本在中西部山区，这些地区人口超过2亿，脱贫致富是全面建成小康社会的大难点。中国实现现代化还有很长的路要走。差距大，潜力也大，差距就是发展的动力。要下决心、有韧劲，打好这场硬仗。2013年1月6日，恩施州七届人大二次会议通过恩施州人民政府2013年工作报告，明确了工作总体要求：认真贯彻落实李克强同志调研恩施的指示精

① 以上材料源自恩施州经济社会发展第十一个五年规划纲要［EB/OL］. 恩施州人民政府门户网站，2021-12-02；恩施州国民经济和社会发展第十二个五年规划纲要［EB/OL］. 恩施州人民政府门户网站，2021-08-04.

神要求，抢抓武陵山试验区建设机遇，坚定不移实施“三州”（生态立州、产业兴州、开放活州）战略，突出特色产业、基础设施、保障民生、生态文明、社会管理五大重点，深入推进改革开放，着力优化发展环境，加快建设绿色、繁荣、开放、文明的全国先进自治州，为2020年全面建成小康社会奠定坚实基础；部署了具体工作重点：更加注重扩大总量、绿色发展、改革开放、城乡统筹、改善民生，坚持走新型工业化、信息化、城镇化、农业现代化之路，大力推动信息化和工业化融合发展、工业化和城镇化良性互动、城镇化和农业现代化相互协调，推动“四化”同步，促进城乡统筹。①

2016年1月15日，恩施州七届人大六次会议通过《恩施州国民经济和社会发展第十三个五年规划纲要》强调，牢牢把握市场、绿色、民生“三维纲要”，遵循“竞进提质、升级增效、以质为帅、量质兼取”总要求，抢抓经济新常态、“互联网+”等新机遇，持续全面推进“生态立州、产业兴州、开放活州”战略的同时，与时俱进推进“依法治州、富民强州”战略，坚决打赢脱贫攻坚战，确保与全省同步全面建成小康社会，努力将恩施州建成全国先进自治州。② 2021年1月19日，恩施州八届人大五次会议审议通过《恩施州国民经济和社会发展第十四个五年规划和二〇三五年远景目标》要求，积极融入新发展格局和全省“一主引领、两翼驱动、全域协同”区域发展布局，厚植生态底色，加快绿色崛起，大力建设世界硒都·中国硒谷，奋力打造“两山”实践创新基地、全国优质休闲康养基地，努力创建国家级承接产业转移示范区、国家全域旅游示范区、全国民族团结进步示范区，全力推进生态文化旅游、硒食品精深加工、生物医药、清洁能源四大产业集群建设，积极培育新兴产业，谱写新时代恩施高质量发展新篇章，开启全面建设社会主义现代化新征程。

中共十八大以来，在党的领导下，通过制定正确方针政策，恩施州迎来崭新发展机遇，经济得到空前发展，社会面貌发生深刻变化，人民群众生活水平跃上新台阶。到2020年年底，成功创建国家全域旅游示范区、国家生态文明建设示范州，8县（市）全部通过省级生态文明建设示范区验收。“四个三

① 以上材料源自恩施州人民政府2013年工作报告［EB/OL］. 恩施州人民政府门户网站，2015-08-15.

② 以上材料源自恩施州国民经济和社会发展第十三个五年规划纲要［EB/OL］. 恩施州人民政府门户网站，2016-08-05.

重大生态工程”（三年内，全力推进“厕所革命”、精准灭荒、乡镇生活污水治理和城乡生活垃圾无害化处理工作四项重大生态工程）提前完成，“河库长制”“山长制”全面推行，县（市）城区空气质量平均优良率达97.6%，达到或好于Ⅲ类水体比例保持100%，单位GDP二氧化碳排放量、主要污染物排放量持续下降；纵深推进供给侧结构性改革，淘汰83家煤炭等落后产能企业，实现“一张网”“一朵云”，大批政务服务事项线上可办、线下快办，企业开办、工程项目审批等用时大幅缩减，“一事联办”“超时默认、自动用印”等在全省复制推广，“一网通办”进入全省第一方阵；恩施海关正式通关，一类航空口岸实现临时开放，开通直飞柬埔寨、越南、泰国等国际航线，国内外航线达到20条，正式与新西兰怀马卡里里缔结国际友好城市；黔张常铁路建成通车，6县（市）通铁路；利万高速、建恩高速、宣鹤高速建成通车，实现“县县通高速”目标；8县（市）全部创建为国家电子商务进农村综合示范县，电子商务累计交易额突破200亿元；全州出口总额达到9436万美元，实际利用外资3503万美元，5个县（市）获评国家级或省级出口基地，建成首家外贸综合服务中心和首家进口交易市场。城镇化率不断提升，州城常住人口超过50万，迈入中等城市行列。成功创建国家级城市品牌13个、省级城市品牌21个；乡村振兴示范点建设全面开启，建成恩施市白杨坪镇洞下槽村、建始官店镇照京坪村、巴东县野三关镇竹园淌村、利川市元堡乡朝阳村、宣恩县晓关侗族乡野椒园村、咸丰县高乐山镇白岩村、来凤县革勒车镇土家寨村、鹤峰县铁炉白族乡铁炉村等一批全国美丽示范乡村，成功创建鹤峰县燕子镇新行村、来凤县翔凤镇老茶村、咸丰县小村乡等13个全国“一村一品”示范村；农村水电路网房等基础设施跨越式提升，农村集中供水率、自来水普及率均超过90%；所有行政村通沥青水泥路和客车；固定宽带和移动互联网普及率均超过全省平均水平；乡镇垃圾、生活污水处理设施实现全覆盖。建制村直接通邮比例达到100%、快递进村覆盖率达到62%。①

2021年，恩施地区8县市全部摘帽、729个贫困村全部出列、110万贫困人口全部脱贫，彻底消除了绝对贫困和区域性整体贫困。地区生产总值突破千亿元大关，达到1302.36亿元。恩施硒茶、恩施土豆等特色品牌知名度大幅提

① 以上材料源自恩施州国民经济和社会发展第十四个五年规划和2035年远景目标纲要［EB/OL］. 恩施州人民政府门户网站，2021-12-01.

高，恩施玉露、利川红成为国事活动用茶。成功承办国际茶业大会、中国马铃薯大会，成功举办3届硒博会。国家电子商务进农村综合示范项目8县市全覆盖，电子商务、直播带货等新经济蓬勃发展；城镇、农村居民人均可支配收入年均增长6.9%、8.8%。①

百年历程，步履铿锵，在中国共产党的领导下，恩施人民迎来了一次次的发展机遇，焕发出新的生机活力，富民强州的梦想正在一步步变成现实。未来征程，灿烂辉煌。

［思考讨论］

1. 简述恩施州在中国共产党领导下走过的百年历程。

2. 结合材料分析马克思主义中国化时代化的历史进程。

［案例点评］

恩施地区在中国共产党的领导下走过的风雨兼程百年路，既是伴随着马克思主义与中国具体实际相结合而开始的，又是伴随着中国革命、建设和改革的步伐而发展的。一百年来，中国共产党团结带领恩施地区各族人民群众，勇敢向前，夺取了革命时期、发展建设时期、改革开放时期的胜利，用顽强不屈的意志、铁打钢熔的干劲不懈斗争，交出了一份载入史册、举世瞩目的答卷。无论面对什么样的难题，一代又一代共产党人始终高举信仰火炬，将马克思主义基本原理与中国具体实际相结合，将精气神融入为国家发展建设的奋斗中，在努力探索中推动发展，在攻坚克难中创造辉煌。

马克思主义中国化时代化的历史进程就是一部中国共产党的历史，就是一部不断推进理论创新、进行理论创造的历史。从党的一大建党确定要进行社会主义革命，到党的二大确定首先进行反帝反封建的民主革命，然后再进行社会主义革命，这是中国共产党把马克思主义基本原理与中国国情、时代特征相结合的一个重要成果，标志着马克思主义中国化时代化的萌芽。1927年大革命失败后，一系列革命根据地的创建，迈出了马克思主义中国化时代化的坚实步伐。红军长征到达陕北后，我们党总结以往革命斗争经验，开展整风运动纠

① 以上材料源自恩施州人民政府2022年工作报告［EB/OL］. 恩施州人民政府门户网站，2022-02-08.

正党内的各种非无产阶级思想，确立了毛泽东思想，实现了马克思主义中国化时代化的第一次历史性飞跃。新中国成立后，我们党团结带领人民完成社会主义改造，确立了人民代表大会制度、民族区域自治制度等一系列社会主义基本制度，完成了中华民族有史以来最为广泛而深刻的社会变革。20 世纪 70 年代末至 90 年代，以邓小平为代表的中国共产党人坚持解放思想、实事求是，做出把党和国家的工作重心转移到经济建设上来、实行改革开放的历史性决策，开启了马克思主义中国化时代化的创新发展阶段，创立了邓小平理论。世纪之交，面对国内外复杂形势和世界社会主义出现严重曲折的考验，我们党推进中国特色社会主义建设，形成了“三个代表”重要思想。进入 21 世纪，我们党提出全面建设小康社会的战略任务，形成了科学发展观，开拓了马克思主义中国化时代化的新视野。党的十八大以来，以习近平同志为核心的党中央勇于推进实践基础上的理论创新，创立了习近平新时代中国特色社会主义思想。

［教学建议］

1. 本案例适用于导论三“马克思主义中国化时代化的历史进程”部分内容的辅助教学。

2. 本案例梳理了恩施州在中国共产党的领导下走过的一百多年历史进程及其伟大成就。在使用时，教师注重联系中国共产党领导全国人民历经革命、建设、改革的艰难进程，引导学生充分理解马克思主义中国化时代化的历史进程，深入思考讨论马克思主义中国化时代化各个理论成果之间的内在联系，明确马克思主义中国化时代化不同历史时期形成的理论成果对于中国社会发展的重要意义。

案例2 恩施大革命的兴起与发展

[材料呈现]

1919年五四运动爆发后，湖北思想界中相当一部分人怀疑以至否定资产阶级共和国道路，转而向往社会主义，社会主义学说开始成为新思潮的主流。虽然，湖北先进青年对社会主义的理解还是朦胧的，但是，他们都积极地在湖北地区传播马克思主义，开展各种革命活动。恽代英、林育南等人创办利群书社，影响一批进步知识分子走上信仰马克思主义的道路。董必武筹办私立武汉中学，陈潭秋等人任教，开设社会主义课程，引导学生阅读《共产党宣言》等书籍和《新青年》《湘江评论》等刊物，湖北各地青年纷纷前来求学，许多师生先后加入中国共产党。

1920年秋，董必武、陈潭秋、包惠僧、张国恩等人在武昌抚院街（现民主路）97号董必武和张国恩开办的律师事务所举行会议，正式成立武汉共产党早期组织。武汉共产党早期组织成立后，建立了马克思学说研究会，加强马克思主义的学习、研究和宣传；创建社会主义青年团，深入工厂调查，推动工人运动，领导教育界的革命斗争。1921年7月23日，董必武、陈潭秋作为武汉共产党早期组织代表，参加了中国共产党第一次全国代表大会，为统一的中国共产党成立做出了重要贡献。中国共产党第一次全国代表大会闭幕后，董必武、陈潭秋返回武汉，遵照大会决议，建立中共武汉地方委员会，发展党员，建立党的基层组织，扩展社会主义青年团和马克思学说研究会的活动，并着力组织领导工人运动。

1922年，恩施、建始、利川、咸丰、宣恩、来凤、鹤峰七县留省学生，在董必武、陈潭秋的亲自领导和湖北省学生联合会的帮助下，聚会武昌粮道街沱泥湾9号“施鹤公议会”，组织成立了进步团体“施鹤留省学会”，对外称

“施鹤留省学生同乡会”，并制定了《施鹤留省学会简章》，学会的宗旨是：“学会以指导民众、改革桑梓为重任。”《简章》规定：“学生在暑寒假期间，组织演讲团，演讲今日中国大事及历年国耻，动员民众起来反对帝国主义和封建军阀，反对土豪劣绅、贪官污吏，反对种植吸食鸦片，反对妇女包脚，监督政府改革教育，使吾邑人民觉悟，晓事人间。”

由于党组织和施鹤留省学会骨干的推动，吸引了一百多名赴汉读书的青年学生参加学会。到1925年，又成立了恩施、建始、利川、来（凤）宣（恩）四个分会。恩施分会由朱光钦、徐伯坚（曾用名徐介如）负责，有廖生明（曾用名廖平瑞）、谭尊安、徐东绪、陈赓宪等二十多人参加。他们积极开展活动，很快成为中共武汉地方委员会发动学生运动、联系施鹤地方的纽带，成为武汉地区恩施进步青年学生的战斗堡垒和培养恩施革命骨干的摇篮，为大批恩施籍留省学生参加党、团组织提供了坚实的群众基础。

1923年6月，中共第三次全国代表大会接受共产国际关于实行国共合作的建议，决定全体共产党员和社会主义青年团员以个人名义加入国民党。1924年1月，孙中山在中国共产党人的帮助下，主持召开了有共产党人参加的国民党第一次全国代表大会，确定了“联俄、联共、扶助农工”的三大政策。1925年7月21日，国民党湖北省党部正式成立，董必武、陈潭秋等11人为省执行委员，董必武为常务委员。由于湖北当时还处在军阀吴佩孚、萧耀南的统治下，党的活动仍处于秘密时期。

董必武、陈潭秋为发展壮大革命队伍，培养革命骨干，在省立一师等一些学校建立了国民党区分部（左派）和共产党支部。1924年秋，恩施籍学生朱光钦、张昌岐、胡楚藩等分别在省立二中、省立一师、省立高中加入了国民党。朱光钦还担任了二中区分部的负责人。1925年春，胡楚藩、张昌岐、聂维尧、张火杰、陈树廉、徐锡如等先后加入C.P即中国共产党，对外称“大学”，以后陆续加入中国共产党和共产主义青年团（C.Y对外称“中学”）的有朱光钦、徐介如等数十人。

五卅运动发生后，反动军阀萧耀南强迫武汉所有大、中、小学一律提前放假，勒令学生离校，妄图以高压政策镇压学生运动，扑灭反帝反封建军阀的斗争火焰。11月27日，萧耀南为防止全省返乡学生进行革命宣传组织活动，通电各县，严禁学生入党，并令省教育厅“整饬学风”，称如有集会、请愿反抗校令事件，即将学校解散，以图限制和镇压学生运动。

鉴于当时局势，中共武汉区执行委员会决定将反帝运动扩大到农村中去，要求从武汉回乡的党员学生，把群众发动起来，扩大影响，在各地广泛开展反对帝国主义的斗争。值此，恩施籍在汉学生中的中共党员、团员纷纷离汉回到恩施开展秘密活动，以发动学生运动和工农大众的反帝运动。

1925 年秋，朱光钦插班到湖北省立恩施第十三中学读书并在该校同学中进行秘密的宣传发动工作。当时省立恩施第十三中学是施鹤七县最高学府，湘鄂川黔四省边区有不少学生在该校读书。1925 年冬，胡楚藩回到恩施开展学生运动，与朱光钦取得联系，用很短的时间就摸清了情况，积极领导学生运动。他们成立十三中“学生自治会”，推选朱光钦任常务干事，金裕汉任组织干事，胡秉之任宣传干事。他们还发动恩施小学高年级学生参加学生自治会，共有会员 300 多人。

十三中学生自治会成立后，在校内办墙报、编专栏，公开号召师生员工团结起来，反对帝国主义的侵略和封建军阀的统治，争取民主、自由。为了发动民众，支援北伐战争，恩施十三中学生自治会高举“十三中宣传队”的三角旗帜，在恩施城乡开展宣传演讲活动。主要内容是：痛陈帝国主义侵略中国的种种罪恶，介绍广东国共两党合作的新形势和孙中山的“联俄、联共、扶助农工”三大政策，号召民众组织起来，积极配合全国的工人运动和学生运动，支援北伐战争。最后高呼革命口号：“打倒军阀！打倒土豪劣绅！”“中华民族解放万岁！”“国民革命成功万岁！”“世界革命成功万岁！”听演讲的民众深受感染和鼓舞。学生自治会还把湖北省学生联合会寄来的广东国民政府印发的标语口号，张贴到大街上。后来，学生的革命活动遭到直系军阀于学忠的压迫，勒令学校将朱光钦、金裕汉等 8 名学生开除学籍，学生自治会解散。

1927 年年初，受中共湖北地方委员会派遣，朱光钦（共产党员）、徐介如（共青团员）、廖生明（国民党左派）回恩施筹建国民党县党部。2 月下旬，朱光钦等人在恩施城林家巷县劝学所（今市农业银行宿舍）成立了“中国国民党恩施县党部筹备处”，朱光钦任筹备处主任，徐介如任宣传部部长，廖生明任组织部长，金裕汉任秘书，黄秉之为办事员。他们根据省党部执委会决议的精神，宣告土豪劣绅组织的伪“恩施县党部筹备处”予以取消。紧接着，他们积极在青年学生、农民、妇女、学徒、商人中发展国民党党员，还把其中最优秀分子吸收为中共党员，在实际工作中锻炼成恩施革命的核心力量，一大批人成为群众运动的领导骨干。同时成立“青年协会”“农民协会”“工人协会”“商民协会”“妇女协会”“审判土豪劣绅委员会”，组织学习《农民运动》《工人运动》《商民运动》《青年运动》《妇女运动》等书刊，上街下乡开展宣传活动，领导农民运动，号召妇女们积极投入放足运动和剪发运动。恩施县党部筹备处、农民协会、各群众团体的主要负责人，90% 以上由共产党员担任，保证了民众运动的健康发展，促进了马克思主义在恩施的传播。

正当恩施民众运动蓬勃发展之际，反动官吏和土豪劣绅散布谣言，诽谤污蔑“共产共妻”；怂恿流氓地痞，破坏捣乱各协会，引起民众的强烈愤慨。1927 年 3 月初，以董必武为领导的湖北省国民党党部和省政府，团结国民党左派，制定了《湖北省审判土豪劣绅委员会暂行条例》及《湖北省惩治土豪劣绅暂行条例》。3 月 15 日，董必武代表国民党湖北省党部，提交给在汉口召开的国民党二届三中全会第五次会议讨论。会上，毛泽东同志因负责中央农民部的工作，被聘为这次大会的名誉主席，他当即发言支持说：“土豪劣绅，必须以革命手段处置之，必须有适应革命环境之法庭，最好由农民直接行动，和平方法是不能推倒土豪劣绅的。故应颁布此条例，以便推行各省。”经过讨论，会议批准了这两个条例。3 月 22 日，湖北省党部通令各县速设“审判土豪劣绅委员会”，以便依法惩治，予以肃清。接着，恩施县党部筹备处主任朱光钦和恩施县长金继煊，组织成立了“恩施县审判土豪劣绅委员会”：主席金继煊（恩施县县长）；常委朱光钦（县党部筹备处主任）；委员有徐伯坚（宣传部部长兼工人协会主任）、廖生明（组织部部长兼青年协会主任）、金裕汉（秘书兼农民协会主任）、谭尊安（县党部筹委委员）、陈铨（县司法委员会代理委员）、季保修（县公安局局长）、章发然（县典狱员）、赵锦耘（妇女协会主任）、姚干候（商民协会主任）、谭秀钦（学生联合会常委）。对照“两个条例”精神，“恩施县审判土豪劣绅委员会”初步调查拟定了处死刑、无期徒刑、有期徒刑等惩治土豪劣绅的名单共 40 多人。同时，还列出帝国主义派到恩施进行文化侵略的基督教美籍牧师高合德、天主教比利时神父邓炳文，是打倒驱逐的重点对象。由此，掀起了惊天动地的打倒土豪劣绅的革命高潮。

1927 年 4 月，在北伐战争节节胜利、农民运动步步深入的时候，从民族资产阶级右翼转变为大地主大资产阶级代表的蒋介石密令“已克复的各省一致实行清党”，并在上海发动了“四一二”反革命政变，第一次国共合作宣告破裂。蒋介石调集了大批军队，对共产党人、工农革命群众和国民党左派进行大规模的屠杀，并在南京建立了反革命的“国民政府”。躲在黑暗角落的各种反动势力，一听到蒋介石在上海背叛革命的消息，奔走相告，以图报复。被朱光钦领导的县党部筹备处宣布取缔了的国民党右派县党部筹备处，开始策划复辟活动，他们在恩施城隍庙内纠集土豪劣绅进行密会，密谋捣毁恩施县党部筹备处，捉拿朱光钦等共产党员。5 月 4 日中午，驻恩施的四十三军军长李晓炎的部队倒向蒋介石，公开叛变，下令谌祖成带领部队包围了“恩施县党部筹备处”，国民党右派县党部卷土重来，纠集一些土豪劣绅尾随于后，将县党部的枪支收走，查封了县党部筹备处。5 月 23 日，蒋介石派胡宗铎为鄂西清乡督办，在施鹤一带厉行“清乡”，疯狂镇压革命。胡宗铎委任范腾霄（利川人）为恩施清乡司令，范腾霄与恩施各地土豪劣绅相勾结，变本加厉清党捕人。朱光钦、徐介如、廖生明等人被迫离开恩施。驻恩施的国民党反动军队，与反动势力相勾结，放出被农民协会扣押的土豪劣绅，组织所谓的“国民党改组委员会”，取代了原来执行孙中山三大政策的国民党县党部筹备处。他们成立了“清乡委员会”，恢复各级反动政权，在所谓“施鹤清乡区”大肆捕杀共产党人和革命群众，白色恐怖蔓延城乡，恩施的大革命运动转入低潮。①

［思考讨论］

1. 通过阅读材料，谈谈恩施大革命失败的原因？

2. 马克思主义为什么要中国化时代化？马克思主义中国化时代化的内涵是什么？

［案例点评］

恩施大革命失败的原因：1. 中国是一个半殖民地半封建的国家，反革命力量大大超过革命力量。当时各帝国主义国家正处于暂时稳定的时期，他们联合起来，与北洋军阀为代表的封建势力相勾结，形成帝国主义与封建军阀、官僚买办的反革命联盟，尤其是蒋介石的叛变大大改变了革命力量与反革命力量的

① 材料源自中共恩施市史志办公室 . 中国共产党恩施市历史（第 1 卷）［M］. 北京：中共党史出版社，2008：19—44.

对比。而党领导的有组织的革命力量特别是武装力量太弱。2. 党当时还比较幼稚。党刚成立不久，对马克思列宁主义理论和中国革命的具体实践还没有完整的、统一的了解，对统一战线、武装斗争、党的建设都还没有经验，党员的数量和领导水平都不能适应革命的需要，发动群众不够普遍和深入，组织程度不高，革命力量的发展很不平衡，因而不能及时识别和粉碎蒋介石、汪精卫的反革命阴谋。3. 陈独秀右倾机会主义于大革命后期在党中央占了统治地位，自动放弃无产阶级对统一战线、农民同盟军和武装力量的领导权，加上共产国际代表的错误指导，使得党和人民革命力量处于软弱无力的状态。当帝国主义把蒋介石、汪精卫拉拢过去，联合向革命力量进攻时，不能组织有效的抵抗，许多党员和工农群众被屠杀，党和革命的组织遭到破坏，致使轰轰烈烈的大革命遭到惨重的失败。

实现马克思主义中国化时代化，是解决中国问题的需要。在中国这样一个半殖民地半封建的大国进行革命，必然会遇到许多特殊的复杂问题，中国共产党人不可能从马克思列宁主义的著作中找到解决中国革命一系列基本问题的具体答案，也不能简单地套用马克思列宁主义的基本原理和照搬外国经验来解决中国的具体问题。而只能以马克思列宁主义为指导，以中国革命实际问题为中心，把马克思列宁主义基本原理与中国革命具体实际结合起来，使马克思主义中国化。否则，中国革命仍然是不可能胜利的。国民革命是近代中国历史上以反对帝国主义、反对军阀为政治目标，在以国共合作为基础的统一战线的组织形式下进行的空前广泛而深刻的群众运动。中国共产党既是国共合作的倡导者和统一战线的组织者，也是人民群众运动的主要发动者和组织者，对国民革命运动的发展起了巨大的推动作用。中国共产党的二大通过了《关于“民主的联合战线”的议决案》，指出：以目前中国无产阶级的现状，扶助民主派起来共同打倒封建军阀和国际帝国主义确实必要，为中国共产党三大决定与国民党开展党内合作奠定了基础。1923 年 6 月，中国共产党在广州召开了第三次全国代表大会，会议通过了陈独秀起草的《关于国民运动及国民党问题的决议案》，决定在保持中国共产党政治上、组织上、思想上的独立性的前提下，全体共产党员以个人身份加入国民党，两党以党内合作的方式共同开展反帝反封建军阀的国民革命运动。恩施大革命融入湖北地区革命洪流，属于全省、全国革命运动的组成部分。恩施大革命的兴起与发展，反映出中国国情的特殊性、中国所处世情的特殊性和中国人民群众的特殊性。恩施大革命的失败说明，中国共产党人要应用马克思主义这一科学理论在中国取得革命胜利，必须结合中国具体实际和时代特征，实现马克思主义中国化时代化。

马克思主义中国化时代化，就是立足中国国情和时代特点，坚持把马克思主义基本原理同中国具体实际相结合、同中华优秀传统文化相结合，深入研究和解决中国革命、建设、改革不同历史时期的实际问题，真正搞懂面临的时代课题，不断吸收新的时代内容，科学回答时代提出的重大理论和实践课题，创造新的理论成果。具体而言，就是运用马克思主义的立场、观点和方法，观察时代、把握时代、引领时代，解决中国革命、建设、改革中的实际问题；就是总结和提炼中国革命、建设、改革的实践经验并将其上升为理论，不断丰富和发展马克思主义的理论宝库，赋予马克思主义以新的时代内涵；就是运用中国人民喜闻乐见的民族语言来阐述马克思主义，使其植根于中华优秀传统文化的土壤之中，具有中国特色、中国风格、中国气派。

［教学建议］

1. 本案例适用于导论一“马克思主义中国化时代化的提出”、导论二“马克思主义中国化时代化的内涵”部分内容的辅助教学。

2. 本案例回顾了恩施市大革命失败的历程，凸显恩施共产党人身处黑暗依然保持高昂的革命热情。在使用时，注重引导学生思考讨论恩施大革命失败的原因，明确实现马克思主义中国化时代化是中国革命的需要，深化对马克思主义中国化时代化原因和内涵的理论认识。

第一章 01

毛泽东思想及其历史地位

案例1 中国共产党在利川的早期活动

［材料呈现］

1923 年 6 月，中国共产党在广州召开第三次全国代表大会，制定了统一战线的方针，决定和国民党合作，凡“有国民党组织的地方，同志们立时全体加入”，要求共产党员和共青团员以个人身份加入国民党，把国民党改造成各革命阶级统一战线的组织。

1924 年 1 月，伟大的资产阶级民主革命家孙中山在中国共产党的帮助下，在广州召开了有共产党人参加的国民党第一次全国代表大会，实现了国共合作，确定了联俄、联共、扶助农工的三大政策。

1924 年春，中共中央派遣董用威（又名董必武）参加筹备成立国民党湖北省党部的工作。自此，董必武开始主持湖北省方面的统战工作。到 1926 年，董必武已是国民党中央候补委员、湖北省党部常务委员、湖北省政务委员会常务委员兼工农厅厅长、党义研究所所长、汉口《民国日报》经理。这时，他既是共产党领导人，又是国民党领导人，为党在湖北和利川开展革命活动提供了有利条件。

1926 年 10 月，北伐军攻克武昌后，国民党右派甘绩熙（又名甘穆卿，利川人）任湖北省党部监察委员。甘绩熙发表了攻击共产党、破坏革命团体的言论。当时施鹤地区有不少学生在武昌读书，他们在对待甘绩熙的问题上，分成了两大派：一派是以王洪猷等 41 人组成的“施鹤旅省学界同仁”，赞同甘绩熙的言论；一派是以李金易等 57 人组成的“施鹤留省学会”，反对甘绩熙的主张。利川人参加施鹤留省学会的有冉龙藻、吴震春、吴震东等。后来，参加施鹤留省学会的学生逐渐增多，利川、恩施、建始还成立了分会。这两个不同性质的组织在报纸上展开了论战。施鹤留省学会在中共湖北区委的领导和支持下，揭发了甘绩熙的右派言论及腐化堕落的生活。斗争的结果，是施鹤留省学会取得了重大胜利，迫使湖北省党部解除了甘绩熙的职务。

1926 年年底，董必武相继派出一些共产党员和国民党左派到各县筹备建立国民党县党部，以结成国共合作的反帝反封建的革命统一战线。当时被派到利川的筹备委员有胡拱辰（利川团堡人）、郭新甫（利川大塘人）。

1927 年 1 月 5 日，湖北省政务委员会任命了十四个县的县长，陈石生为利川县县长。1 月 13 日，胡拱辰、郭新甫以利川县党部筹备委员的名义，陈石生以利川县长的名义，向湖北省党部、湖北省政务委员会提交关于《请免粮发赈，派兵剿匪》的报告。报告称："窃县地势高瘠，岁收歉薄，自辛亥鼎革以来，历受军阀贪官之剥削，神兵妖匪之劫抢，以及劣绅土豪之敲诈，民生憔悴，急于倒悬，地方元气，早经丧尽，讵客岁冬月，当我国民革命进展之期，所有鄂西溃兵逆军，纷至沓来，弹丸之地，无处无兵，供给之余，复遭抢劫，哀我同胞，已为难堪，乃豺狼甫去，猛虎重来。""所有南坪、建南、忠路、毛坝以及红沙溪、汪家营一带……一般流离余生，皆风歺露宿，饥啼号寒，惨不忍闻。"这个报告基本上体现了共产党的主张，贯彻了国共两党合作的精神。

1927 年，蒋介石发动"四・一二"反革命事件后，胡拱辰、郭新甫等人遭到大土豪、大恶霸冉作霖、刘惠卿、牟植森、汪灼庵、黄嗣纯等人的反对和排斥，被迫离开利川。

1928 年 4 月 21 日（农历三月初二），以汉口码头总工会委员长张继储、鄂西革命委员会武装委员兼任公安县委书记段德昌为首，在公安县朱联元家里（现杨家厂沙包）召开了鄂西革命委员会第一次代表大会，会期五天，到会四十人左右。参加大会的有利川的代表刘 ××（可能是刘子壮）。这次大会的内容是：一，建立根据地；二，发展党的组织，建立县委、区委；三，成立赤卫队，由段德昌兼任大队长；四，改造鄂西革命委员会，段德昌为主要负责人，胡方熙、戴补天为委员。

1928 年年初，曾在武昌中央农民运动讲习所学习时参加中国共产党的潘季川返回利川，继续从事革命活动。5 月（农历四月），中共施鹤临时特委副书记金裕汉和地下工作人员刘子壮来到利川汪家营，参加神兵运动，开展武装斗争。此时，潘季川和金裕汉接上关系。从此，他们一道组织神兵攻杀团总牟植森。因牟植森势大力强，神兵溃败，刘子壮牺牲。这次战斗虽然失败，但却是中国共产党领导利川人民开展武装斗争的先声。

打牟植森失败以后，金裕汉转移到宣恩，六月潜回恩施。接着，金裕汉和潘季川利用药水写字，保持书信来往。这时潘季川化名田书砚。他们约定，继续利用神兵，组织党的武装力量，开展武装斗争。不久，国民党军队抄了潘季川的家，搜出了联络信和共产党的书刊及农讲所学习证章。潘季川遭敌通缉，金裕汉逃避宜昌。从此，他们失去联系。潘季川由其表哥、代理县长吴作栋出面具保，才幸免于难。①

[思考讨论]

1. 我们可以从中国共产党在利川的早期活动中总结出哪些历史经验？

2. 中国共产党在利川的早期活动对于毛泽东思想的形成有何作用？

[案例点评]

中国共产党在利川开展了与国民党的统一战线建设工作、不同形式的宣传活动、斗争地主军阀等活动，是统一战线、武装斗争、党的建设等毛泽东重要思想的体现，正是有了这些经验教训，才有毛泽东思想的形成。

中国共产党成立之后，为中国人民谋幸福，为中华民族谋复兴，经历了千辛万苦的奋斗历程，有成功的宝贵经验，也有失败的惨痛教训。这些经验教训促使以毛泽东同志为主要代表的中国共产党人更深入地思考中国革命和建设问题。毛泽东思想正是对这些经验教训进行深刻总结形成的理论成果。没有中国革命和建设的丰富实践，没有对中国革命和建设经验的深刻总结，就不可能有毛泽东思想。

正是经过长期实践的反复比较，党和人民选择了毛泽东作为自己的领袖，选择了毛泽东思想作为自己的指导思想。中国共产党领导人民进行革命和建设的成功实践是毛泽东思想形成和发展的实践基础。

[教学建议]

1. 本案例适用于第一章第一节“毛泽东思想的形成和发展”部分内容的辅

① 材料源自中共利川县委党史征集编研委员会办公室. 利川县革命斗争史［M］.1985：12—15.（内部资料）

助教学。

2. 本案例介绍了第一次国共合作开始至失败之初中国共产党在利川开展的统一战线建设、与军阀地主斗争等活动。在使用时，教师要向学生说明材料所处的时代背景，结合我们党在全国的早期活动，引导学生思考讨论从党早期在利川的活动中可以获得哪些经验，使学生明确毛泽东思想的形成和发展只可能产生于我们党领导人民的革命实践中。

案例2　中共建始县委攻打建始县城始末

［材料呈现］

1927 年 12 月底，施鹤临时特委在咸丰龙潭寺召开有施鹤七县党团代表参加的联席会议。建始参会代表有聂维祯、张学敏。会议传达中共八七会议决议和中共湖北省委关于秋收暴动的指示，提出武装反对国民党反动派、建立苏维埃政权的口号，决定以举行农民武装暴动为中心任务，要求各县未建立党组织的要尽快建立，已建立的党组织，条件成熟的要建立县委。1928 年 2 月，根据会议精神，中共建始县委在建始县北部小镇铜鼓堡成立，书记聂维祯，组织部长聂维尧，宣传部部长胡楚藩，农民部部长余中镇，妇女部部长唐玉清。县委机关设在铜鼓堡聂维祯的家里。同时，批准成立建始县妇女会，由唐玉清兼任主任。县委成立后，建始革命斗争步入一个新的历史时期。

1928 年 3 月下旬，施鹤临时特委在鹤峰县鹤鸣书院召开施鹤临时特委扩大会议。会议决定积蓄力量，“再事举动”，攻打宣恩、鹤峰、利川、建始等县，施鹤临时特委委员分头到各县做争取改造“神兵”武装（农民自卫军）和地方团防的工作。中共建始县委研究制定了发动群众、争取改造“神兵”和团防、筹建农民武装、伺机实施武装暴动的行动计划。在实施计划的过程中，县委书记聂维祯家中的房子被土匪烧毁，妻子和两个儿子先后被土匪和军阀掳走。面对巨大灾难，聂维祯一面托关系多方营救妻儿，一面带领党员深入乡村，联络筹建革命武装，为实施武装暴动做准备。党员段静波回到家乡杉木梁子，以“砍香拜把”的方式，吸收改造“神兵”，组建 70 多人的“神兵”武装队伍。同时，党员黄开沿打入县团防，改造国民政府地方武装。7 月，聂维尧打入团防，后任铜鼓堡团防队队长，县委掌握了一定的武装力量。但因斗争形势复杂，党员段静波、黄开沿、吕启元等先后被敌人杀害，武装暴动计划受阻。

1929年春，县委决定聂维祯、聂维尧、黄兴武、李振等人以教师身份为掩护，在铜鼓堡、三关庙、复兴寺等地开办农民学校，教唱革命歌曲，组织学生进行社会宣传，深入发动农民，不断把条件成熟的积极分子吸收入党，为继续组织武装暴动打下群众基础。

1928年2月和1930年4月，铜鼓堡先后发生土匪火烧铜鼓集镇和特大冰雹灾害，这对早已陷入春荒的饥民来说，更是雪上加霜。县委决定组织农民进行反饥饿、抗捐税斗争，在铜鼓堡先后成功组织“吃大户”、罢“窝捐”的农民运动。

1931年春，县委书记聂维祯、组织部部长聂维尧与从武汉回来的田见龙等共同商定组织县城武装暴动，成立县苏维埃政权。4月初，200余人的武装暴动队伍按部署分三路向县城进发：庙宇槽武装沿红椿、横槽、杉木梁子一线运动；三关庙、杨家坝武装沿二台子、黄岩口、天生桥一线运动；老屯和闹肚子（小地名）武装沿抱龙河、茅田一线运动。各路武装经一天一夜急行军60公里，于县城外指定地点隐蔽集结。暴动即将发起时，庙宇槽武装首领李茂林探知建始县县长李剑安晚上要赴宴，在田见龙的布置下，成功将其枪杀。凌晨，暴动队伍攻打县城，即日占领。

4月下旬，川军赵鹤部前来“进剿”，因敌我实力悬殊太大，聂维祯、田见龙率队伍撤出县城，到达花坪的田家坝隐蔽。敌人派一营兵力深夜前往花坪追剿。第二天黎明时分，川军赵鹤部炮轰田家坝。聂维祯、田见龙趁着弥漫的浓雾，率部撤离田家坝，过清江，退驻到双土地，准备凭险固守。在双土地驻地，聂维祯、田见龙召开会议，分析敌情，研究对策，认为川军驻建始只一个营，主力部队远来花坪，连夜行军作战，已很疲惫，一时难以返回县城，于是决定二次攻打建始城。第二天中午，队伍到达大沙河。恰逢暴雨倾盆，河水猛涨，队伍在等待时，没有注意隐蔽，被敌军哨兵发觉，飞报赵鹤。赵鹤将计就计，将城内守兵调出县城，占据县城周围高地埋伏，居高临下，伺机伏击。次日晚，聂维祯、田见龙率部攻入建始县城内，敌伏兵四起，包围了聂维祯、田见龙所部。聂维祯、田见龙方知中计，率部奋勇突围，双方伤亡惨重。

聂维祯、田见龙率部二次攻城失败，队伍溃散。田见龙带随从撤退到巴东县南潭河等地，招募新兵，准备重整旗鼓。聂维祯等县委领导撤回到铜鼓堡隐蔽。

5月下旬，建始县政府与巫山县联合进剿铜鼓堡。幸有家人报信，5月25日夜，聂维祯、聂维尧、黄兴武等中共建始县委主要领导被迫东下宜昌，前往武汉寻找党组织。8月13日（农历六月三十日），聂维祯、聂维尧、黄兴武乘船到上海，计划转山东威海卫执行党交给的新任务，不幸在上海遇难。①

[思考讨论]

中共建始县委攻打建始县城失败的始末，说明了什么问题？

[案例点评]

土地革命战争时期，党从残酷的现实斗争中认识到，夺取中国革命的胜利，就必须坚持以武装的革命反对武装的反革命。由于敌我力量的悬殊，中国共产党人不可能像俄国十月革命那样通过首先占领中心城市来取得革命在全国的胜利，党迫切需要找到适合中国国情的革命道路。从进攻城市转为向农村进军，是中国革命具有决定意义的新起点。

中共建始县委攻打建始县城失败就是一个典型的例子，由于力量的悬殊，攻打县城的计划失败，损失惨重，就说明了走攻打城市的道路行不通。以毛泽东同志为主要代表的共产党人，坚持马克思列宁主义必须与中国革命具体实际相结合的基本原则，在探索过程中逐步认识和把握中国革命发展的客观规律，成功地把党的工作重点由城市转入农村，以便在长期斗争中逐步锻炼、积累、发展革命的力量，逐步削弱敌人的力量，直到敌我力量强弱发生转化，再攻占中心城市，夺取全国政权和全国革命的胜利。毛泽东思想正是对这些攻打城市失败的经验教训进行深刻总结形成的理论成果。

[教学建议]

1. 本案例可用于第一章第一节“毛泽东思想的形成和发展”部分内容的辅助教学。

2. 本案例讲述了建始人民在共产党人聂维祯等人的领导下开展革命斗争武

① 材料源自建始县史志办公室．建始县档案局（馆）．建始革命遗址［M］．北京：中共党史出版社，2013：4—7.

装攻打建始县城失败的历程。在使用过程中，让学生分组讨论出当时的历史背景，教师更细致地介绍大革命的历史过程，使学生明白当时的环境和背景，从而更加深刻地理解毛泽东思想的初步形成历程及其条件。

案例3　湘鄂西红四军的十一次整编

［材料呈现］

第二次国内革命战争时期，贺龙、周逸群等同志受党的委托来到湘鄂西。在艰苦的岁月里，他们不畏辛劳，创建了湘鄂西革命根据地和红四军。这支英勇善战的部队，在贺龙同志的领导下，自 1928 年到 1934 年转战湘鄂西达 7 个年头，为中国人民的革命事业建立了不朽的功勋。这支部队和其他红军一样经历了艰苦的斗争过程，它从创建以来，就无数次地遭受到数倍于我之敌的猖狂进剿，同时也遭受到“左”倾路线指导下的肃反扩大化的严重摧残，几经兴衰，部队编制、名称变化多次。

工农革命军第四军的诞生

1928年旧历年关，张德[①]随贺端卿由慈利来到桑植洪家关投友，住在贺龙同志的堂侄贺贵如同志（当时有一部分武装）的家里。不久，张德看到贺龙、周逸群等同志一行近 20 人回到洪家关。贺龙同志一回到洪家关便与各方面的人物接触，召集各种形式的座谈会，对大家宣传革命道理，讲明来意。贺龙同志说：“我这次回湘鄂西，是共产党让我拖队伍的，愿意跟着我干的表示欢迎。”在贺龙同志积极号召和组织下，仅一个月时间，就收编亲族贺贵如、贺英等同志的部队和收编旧部王炳南、李云清、钟慎武等同志的部队达 3000 人左右，枪 2000 多支。当时，对被收编后的部队命名为“工农革命军第四军”。从这时起，张德就参加了革命军队，土地革命战争时期曾跟随贺龙同志领导的第四军转战湘鄂西。工农革命军第四军初创时期设师、团、营、连等建制。军

① 张德：湖南慈利县人，1928 年在桑植参加工农革命军，1929 年在鹤峰加入中国共产党，是开创湘鄂西根据地的亲历者，曾任武汉警备区司令员、湖南省军区副司令员。

长贺龙，师长贺锦斋，一团团长李云清，二团团长贺贵如。

七郎坪第一次整编

1928 年 4 月，工农革命军第四军在洪家关刚刚组建，突然遭到西移之敌四十三军龙毓仁旅的猖狂进攻。由于革命军是刚收编的部队，还没有严格训练过，战斗力很弱。梨树垭、双集桥等战斗都未取胜，部队大部分被冲散。贺龙同志带领部分指战员退守苦竹坪一线收容战斗中被冲散的部队千余人。经短时休整后，工农革命军第四军在贺龙同志的率领下，赶到桑植小阜头设伏，歼灭龙毓仁旅后卫一个连，敌旅参谋长被击毙，尔后乘胜占领桑植县城，进军洪家关。这时，曾趁四十三军西移而隐退的桑植团防陈策勋和姜文周团等匪部同时在洪家关出现，猖狂向部队进攻。部队英勇抗击，激战数小时，未能将敌击退，团长李云清牺牲，部队撤退到桑鹤边的龙潭坪、七郎坪一带驻扎。根据前委的决定，部队在这里进行整编，将师以下的团、营、连改编为大队、中队和区队，将现有的部队（1000 多人）编为第一师，贺锦斋同志任师长，张一鸣同志为党代表，下辖一、二两个大队：王炳南同志任第一大队长，贺贵如同志任第二大队长。同时还计划收编田少清（大庸县土著武装司令，与贺龙同志有旧交）部 1000 余人编为第二师，收编石门罗效之（大革命时期任石门县委军事部长，这时还掌握了部分武装）部编为第三师。后因田少清对贺龙同志放心不下和罗效之的叛变，使收编这两支部队的计划都未能实现。

梅坪第二次整编

1928 年 8 月、9 月间，工农革命军第四军奉命东进石门，支援石门南乡工农革命军红军湘西第四支队的武装斗争。8 月，我军进入石门北乡，得知第四支队的斗争已经失败，前委拟在磨岗溢建立革命政权。9 月以后，工农革命军第四军在澧县王家场、石门境内的仙阳、泥市风箱坡等地与敌人多次激战，严重受挫，参谋长黄鳌、第一师师长贺锦斋均在战斗中牺牲。10 月，部队退回鹤峰、堰垭、梅坪一带，全军只剩下 300 人左右。11 月又遭到湘鄂边之敌陈渠珍和五鹤团防等匪部的进剿，我军化整为零，分散转为隐蔽斗争。12 月，进犯之敌撤退，贺龙同志在梅坪集结部队 100 多人，约 80 支枪，进行整编。安置了部分伤病员后，全军只有 91 人，72 支枪，取消了师的编制，设第一路，编为一个大队，下辖两个中队。王炳南任第一路指挥官，贺贵如任第一大队队长。

收编“神兵”及行进中的第三次整编

1928年12月至1929年1月，部队在贺龙同志的带领下由堰垭出发向宣恩、咸丰、利川、建始等地游击，发展很快。在咸丰、利川收编了杨维藩的“神兵”队伍和消灭恶霸“铁拐李”（李长清）匪部，缴枪几十支，还招收了部分农民参加红军。这时，工农革命军第四军又发展到300多人，编成一、二两个大队和一个“神兵”特科大队。贺炳南同志任第一大队长，文南甫同志任第二大队长，杨维藩同志任“神兵”特科大队长，党代表黄甫。

接着，工农革命军乘胜前进，由利川东下，长途奔袭建始，打下建始县城，部队又扩大，随之向鹤峰进军。1929年1月初，部队到达鹤峰邬阳关，收编了陈连振、陈宗瑜父子领导的邬阳关“神兵”200余人，编为第二特科大队，陈宗瑜同志任大队长，党代表徐锡如。1月7日深夜，工农革命军突破敌人观音坡防线，8日清晨，第一次解放了鹤峰县城，部队扩大到约700人。

榨坪第四次整编，红军第四军的成立

1929年1月中旬，工农革命军退出鹤峰县城，移师湘鄂边的红土坪、堰垭和榨坪一带游击。2月初，根据中央的指示在榨坪整编，将工农革命军第四军改中国工农红军第四军，即红四军。红四军仍然设第一路指挥，辖一、二两个中队；由于杨维藩拖枪逃跑，原来的两个“神兵”特科大队合编为一个特科大队。其编制如下：红四军军长贺龙，党代表恽代英（未到职）；第一路指挥官王炳南，党代表张一鸣；第一中队长贺炳南，党代表汪毅夫；第二中队长贺佩钦，党代表记不清了；特科大队长陈宗瑜，党代表徐锡如。

鹤峰第五次整编，红四军进军桑植

红四军榨坪整编后，于1929年正月初一，忽由榨坪北上，向鹤峰挺进，次日抵达鹤峰县城，战斗半天，第二次解放了鹤峰。以后，部队便以鹤峰为中心向四周发展，边整训，边消灭鹤峰境内及其周围的残敌。农历五月，红四军决定向桑植发展。临行前，红四军在鹤峰县城进行整编：将原第一路的两个中队合编为第一团，特科大队编为第四团；农历三月收编的一支土著武装谷志龙部100余人编为独立第二旅。整编后：军长贺龙，第一路指挥官王炳南，第一团团长贺贵如，党代表龙在前，由贺炳南、贺佩钦、向伯胜分任一、二、三营长；第四团团长陈宗瑜，党代表徐锡如，下辖两个营，第一营营长谷中清，第二营营长唐占益；独立第二旅旅长谷志龙，党代表汪毅夫。

农历五月初三日，红四军由鹤峰向桑植挺进，端阳节那天，占领洪家关，再次解放桑植县城。赤溪战斗前，红四军在桑植县境内收编了两支土著武装，一支是覃甫臣（大庸人）部300多人，编为第二路，覃甫臣任指挥官，下辖十一、十二两个团：十一团团长覃伯勋，十二团团长记不清了；另一支是武庆步（贺龙同志旧部营长）部100余人，编为独立第五团。南岔大捷后，红四军缴获甚多，前委决定以文南甫为团长，组建独立第二团。这时，红四军发展到2000多人。

桑植第六次整编，红四军激增到四千人

1929年6、7月间，红四军相继在桑植南岔和赤溪河打了两个大胜仗，共歼敌3000余人，缴枪1000多支，部队激增到4000多人。8月，前委决定部队在桑植整编。其编制如下：军长贺龙；第一路指挥官王炳南，党代表张一鸣，下辖一、四两个团，第一团团长贺贵如，党代表龙在前；第四团团长陈宗瑜，党代表覃苏；第二路指挥官覃甫臣，辖十一、十二两个团，十一团团长覃伯勋；十二团团长记不清了。独立第二旅旅长谷志龙，党代表汪毅夫，参谋长陈石清。另外，还有军直属独立第二团，独立第五团，吴虎成、武庆步分任团长。

洪湖第七次整编，红二军团成立

1930年7月，红四军和红六军在公安会师后，两军前委根据中央的指示在普济观召开了联席会议，决定正式成立“中国工农红军第二军团”，将红四军改为红二军，下辖第四师（红四军部队大部分编为第四师，另一部分编入军部警卫团）：将红六军的两个纵队改编为十六、十七两个师。会师后，二、六两军共有部队18000余人。军团长贺龙，政治委员周逸群；红二军军长贺龙（兼）（后孙德清），政治委员朱勉力；第四师师长王炳南，政治委员陈协平；红六军军长旷继勋，政治委员柳克明，下辖十六、十七两个师，十六师师长王一鸣，政治委员王鹤；十七师师长许光达，政治委员李剑如。

枝柘坪第八次整编，红二军团改红三军

红二军团刚成立不久，中央代表邓中夏同志来到湘鄂西革命根据地，执行第二次左倾路线即立三路线。邓中夏同志为了顺利贯彻执行立三路线，他一到湘鄂西就免除了周逸群同志红二军团政治委员和湘鄂西前委书记等职，由他自己充任红二军团政治委员和湘鄂西前委书记等职，1930年10月，他积极配合一、三军团两次攻打长沙，抽调大批地方骨干补充红军，盲目地带领红二军团脱离洪湖根据地，执行毫无胜利把握的进攻计划。后来，一、三军团中止进攻长沙，多数指战员要求红二军团返回洪湖中心区，而邓中夏同志却迟迟不做出决定，部队在松滋、公安等地徘徊很久时间，敌人得以从容布置，杨林市（松滋）一战失利，部队损失很大。邓中夏同志不顾广大指战员的反对，命令红二军团继续南进。在南进途中的津澧战役、临澧战役、石门战役都未取胜，红二军团减员三分之一，由原来出洪湖时的3万人减少到2万人。12月，红二军团由石门移到湘鄂边。1931年3月初，红二军团又开到枝柘坪（巴东）。前委根据中央的指示，将红二军团缩编为红三军，将红二军缩编为第七师，将红六军缩编为第八师，另编一个独立师（1500人）留守湘鄂边。缩编后红三军军长贺龙，政治委员邓中夏；第七师师长王一鸣，政治委员李剑如，辖十九、二十、二十一团三个团；第八师师长许光达，政治委员王鹤，辖二十二、二十三、二十四团三个团；独立师师长王炳南，政治委员陈协平。

鄂西北第九次整编

枝柘坪整编后，邓中夏打算以武当山为中心建立新的苏区。4月，命令红三军由巴东北上，在鄂西北转战半年之久。

在“左”倾路线的指导下，强令红三军打大仗，打硬仗，荆门、房县、均县、巴东、秭归、兴山、远安、保康等县城虽被我攻破，但我军付出了惨重代价，尤其是马良坪、重阳坪（南漳）战斗，损失更为惨重。这两次战斗后，主力七、八两师总共只有3000多人了。7月，前委决定对部队进行整编，将第七师的三个团缩编成一个团，沿用十九团的番号；将第八师的三个团缩编成一个团，沿用二十二团的番号。将洪湖根据地的新六军改编为第九师，下辖二十五、二十六、二十七团三个团。

钟祥第十次整编

红三军主力经七月整编后，7、8、9三个月有了一些发展，加上洪湖第九师（七千人）、湘鄂边独立团等部队，全军共有2万余人。9月下旬，红三军进到钟祥，在刘候集召开了团以上干部会议，决定返回洪湖中心区。于是，红三军在中强进行整编，将七、八两师各恢复到原三个团的编制；九师仍按原编制不变，将留守湘鄂边的教导师改编为独立一团，将巴归兴黄大朋独立一师改编为独立二团；将红二军教导团和游击队改编为独立三团；将襄枣宜第九军改编为独立四团；将汉川独立团改编为独立五团。10 月，红三军主力胜利返回洪湖根据地。

走马坪第十一次整编

1932 年 6 月，蒋介石发动了第四次“围剿”，进攻我湘鄂西的兵力在 10 万以上。10 月，我红三军主力被迫退出洪湖中心区，经豫南、陕南、川东后，折转鄂西北，由巴东过长江，12 月重返湘鄂边，行程 8 千里，全军由突围时的 25000 人锐减到 10000 人。1933 年春，走马坪中央分局会议后，红三军进行整编，将部队分别编为七、九两个师和一个军部教导团，七师师长汤福林（后叶光吉），政治委员盛联均；九师师长段德昌，政治委员宋盘铭；教导团团长卢冬生，政治委员关向应同志（兼）。①

［思考讨论］

1. 湘鄂西红四军为什么要进行十一次整编？这些整编有什么特点？

2. 如何结合毛泽东军事思想来分析湘鄂西红四军的整编？

［案例点评］

湘鄂西红四军从建立以来就无数次地遭受到数倍于我之敌的猖狂进剿，同时也遭受到“左”倾路线指导下的肃反扩大化的严重摧残，所以经历了十一次改编，几经兴衰，部队编制、名称变化多次。这些整编最大的特点就是实事求是、因地制宜，根据敌我双方力量和革命形势的变化，因时而动，因势而为。

湘鄂西红四军的十一次整编充分体现了毛泽东军事思想中的革命军队建设和军事战略理论。以毛泽东为代表的中国共产党人，在领导中国革命的实践中，正确地解决了在一个以农民为主要成分的半殖民地半封建国家里如何组建革命军队，如何把以农民为主要成分的革命军队建设成为一支无产阶级性质的、具有严格纪律的、同人民群众保持亲密联系的新型人民军队以及如何开展人民革命战争、应当实行什么样的战略战术等一系列重大问题，形成具有中国

① 资料源自中共鹤峰县委党史资料征编委员会，政协鹤峰县文史资料研究委员会编．血染的土地——纪念鹤峰苏区创建六十周年［M］．鹤峰县，1985：16—23.（内部资料）

特色的毛泽东革命军队建设和军事战略理论。

毛泽东总结了中国长期革命战争的经验，系统地提出了建设人民军队的思想，提出了以人民军队为骨干，依靠广大人民群众，建立农村根据地，进行人民战争的思想。毛泽东依据无产阶级革命的性质，结合中国军队的实际，确立共产党对军队绝对领导的原则，指出，“我们的原则是党指挥枪，而决不允许枪指挥党”①，规定了全心全意为人民服务是人民军队的唯一宗旨，战斗队、工作队、生产队是人民军队的三大任务，实行政治、军事、经济三大民主，实行官兵一致、军民一致、瓦解敌军和宽待俘虏的原则，严格执行三大纪律八项注意。毛泽东认为，在中国要打倒一切反动派，必须充分动员、组织和武装广大人民群众，“动员了全国的老百姓，就造成了陷敌于灭顶之灾的汪洋大海，造成了弥补武器等等缺陷的补救条件，造成了克服一切战争困难的前提”。②毛泽东把游击战争提到了战略的地位，认为中国革命战争在长时期内的主要作战形式是游击战和带游击性的运动战。毛泽东提出要以“保存自己、消灭敌人”作为战争目的，随着敌我力量对比的变化和战争发展的进程制定攻防策略，在敌强我弱的条件下坚持战略上的持久胜战、战役战斗速决战，成建制地歼灭敌人，转变敌我力量对立，扭转战争形势，最终战胜敌人的一套战略战术思想。

［教学建议］

1. 本案例适用于第一章第二节“毛泽东思想的主要内容和活的灵魂”部分内容的辅助教学。

2. 本案例较为详细地描述了湘鄂西红四军 1928 年到 1934 年转战湘鄂西期间的十一次整编情况。在使用过程中，可播放“三湾改编”等军队改编或建立的影视资料，让学生进一步认识毛泽东军事思想的主要内容和伟大之处。

---

① 毛泽东选集（第 2 卷）［M］. 北京：人民出版社，1991：547.

② 毛泽东选集（第 2 卷）［M］. 北京：人民出版社，1991：480.

案例4　利川共产党
全面抗战时期的思想建设

［材料呈现］

在党的组织发展过程中，利川地下党的领导人十分注意党的思想建设，帮助党员了解党的性质、宗旨和任务；帮助党员懂得革命道理，提高思想觉悟；帮助党员端正入党动机，明确前进方向；帮助党员了解抗日战争形势，积极参加抗日救亡运动。

发展党员，首先由介绍人对发展对象进行观察了解，摸清其思想底细和政治态度。如果认为可以发展，就着手启发教育，以提高其觉悟。教育内容因人而异。对体力劳动者，则是联系他们自身的利益，揭露代表大地主、大资产阶级的国民党反动派的压迫剥削，以及横征暴敛的残酷手段；介绍解放区人民分田分地、当家作主的情景，使之向往美好的未来，并为之奋斗。对知识分子，则是联系其个人前途，历数国民党之腐败，社会之黑暗，政策之反动；讲述共产党之伟大，解放区之光明，革命之正确，以激励其斗志，树立起革命的信心和勇气。

在摸底、教育的基础上，认为对象可以发展了，就吸收入党。如邱绪金发展农民蒋云祥和谢文煊发展青年知识分子许鸣南入党，就经过了这样一个培养、提高过程。入党时，不写申请，不填表，只需宣誓。誓词大意是：×××誓以至诚，参加中国共产党，愿意遵守党纲党章，服从党的纪律，出席党的会议，阅读党内书籍，按时交纳党费，若有叛党行为，愿受党的严厉处分。

党组织建立起来之后，在一定的范围内，进一步组织学习。学习方法有三种：

一是开会。黎智在参加利川城党支部会议时，曾反复指出：要严格保守党的秘密，不要暴露组织，如果发生了什么事，哪怕敌人要砍我们的头，也不要讲出别人。我们要团结起来，推翻国民党，将来由穷人当家。王宇光在黄泥坡党的干部会议上讲：共产党是无产阶级的政党。共产党的目的是要推翻剥削制度，建立共产主义社会。现阶段就是要赶走日本帝国主义，打倒蒋介石，建立新中国。将来胜利了，平分田土，不抽丁，不拉夫，不派款。新社会没有高利贷，没有佃农，没有剥削。

1940 年 1 月，经特委老孟（孙士祥）等人决定，利川的共产党员冉日暄、恩施的共产党员兰庆钊、宣恩的共产党员谢恩润、王模等 4 人，在恩施报考湖北省干训团合作班，并均被录取。后来，老孟又决定把这 4 人组成一个地下党小组，指定冉日暄任组长。在受训期间，他们利用每个星期天到青鱼塘或五峰山召开一次秘密会议，由冉日暄汇报在干训团的组织生活，由老孟宣讲时事，进行教育。6 月，经老孟同意，冉日暄等 4 人在干训团集体参加国民党、三青团，以适应地下活动的需要。

二是办训练班。参加训练班的主要是党支部书记和骨干。这种训练班办了两次：第一次是 1939 年秋，在冉雪樵家办了 10 天，由张麟书、吴海若主持。参加学习的人有张必仲、冉雪樵、谭永忠、胡维宗等。学习内容主要是毛泽东的《论持久战》。第二次是1940年春，又在冉雪樵家办了7天，由王宇光主持。参加学习的骨干有十多人。这次没有学习文件，由王宇光编写了提纲，着重讲了党的基本知识和革命理论，并组织了讨论。训练班对于武装党的骨干，巩固党的组织，起到了良好作用。

1940 年春，恩施特委马识途来利川传达了中央指示，主要精神是要提高警惕，时时提防国民党的突然袭击。他说得非常形象：“时局好像夏天的天气，变化莫测，时时都有发生雷阵雨的可能，我们要经常带着雨伞以防万一。”特委的指示，王宇光除向党的主要骨干做了传达和部署外，还特别注意在贫苦农民中发展党的组织。

三是自学。由党组织把进步书刊发给党员学习。学习内容有：《工作手册》《论新阶段》《大众哲学》《马克思传略》《列宁传略》《辩证唯物主义入门》《统一战线》《抗日游击战争讲话》《新华日报》《群众周刊》等。

在进行思想建设的同时，县委非常重视调查研究，发现问题及时解决。王宇光曾在利川城、黄泥坡、团堡等地，对党支部的工作进行过检查。黄泥坡区委就是他调查后并经请示特委同意成立的。王宇光发现利川城党支部书记李植清思想不纯，立场动摇，即安排黎智进行整顿。黎智采取巧妙的办法，将李植清清除出党，并指派李绍先接任党支部书记。历史证明，整顿这个支部是必要的，清除李植清是正确的。

党组织对党员进行思想政治教育，使不少党员提高了觉悟，增强了斗争性和革命性。同益书店被国民党查封后，黄泥坡区委交通员谭永忠为抢救党的精神食粮，冒着风险，在夜幕中，只身潜入利川城，撬开书店大门，弄走一大批进步书刊，并将这些书刊安全转移到党员刘天艾、胡维宗家里收藏起来，为党的训练班和党员的学习提供了资料。

利川联中党支部在支委叶仁真、刘雪松、孙铮领导下，于1940年夏季，抓住校长王道隆不关心学生生活，不给毕业班印发升学讲义等问题，发动全校师生向校方进行斗争。一天进餐时，同学们在饭堂哄堂大闹，王道隆闻讯后，赶来制止。王道隆一进饭堂，一同学举起盛饭的箩筐罩在他头上，其他同学一拥而上，给王一阵痛打。王挨打后，不让学生毕业，学生们又告状到湖北省政府。经过斗争，校方不得不让他们毕业，并分配到各高中学习。在斗争中，叶仁真、刘雪松等因出头露面，为避免敌人的抓捕，曾离校避难。他们领导的这场斗争，冲击了国民党反动派，取得了胜利。①

[思考讨论]

1. 利川县地下党的领导人为什么十分重视党的思想建设？

2. 依据材料总结利川共产党人加强党的思想建设的措施。

[案例点评]

党的思想建设，是指党为保持创造力、凝聚力和战斗力而在思想理论方面所进行的一系列工作。思想建设是党的基础性建设，主要任务就是强化马克思主义理论武装，对党员进行党的基本理论、基本路线、基本方略的教育，保持全党在思想上政治上行动上的高度一致，保持党的先进性、纯洁性，这是加强党的思想建设的重要意义。

利川县地下党通过开会、办培训班、自学等方式对党员进行思想建设，

---

① 材料源自中共利川县委党史征集编研委员会办公室．利川县革命斗争史［M］．利川县，1985：99—102.（内部资料）

也体现了毛泽东思想中关于党的建设的部分内容。在无产阶级人数很少而战斗力很强、农民和其他小资产阶级占人口大多数的国家，建设一个具有广泛群众性的、马克思主义的无产阶级政党，是极其艰巨的任务。毛泽东关于党的建设的思想初步地解决了这个问题。

马克思主义政党的先进性，首先体现为思想理论上的先进性。注重思想建党、理论强党，是我们党的鲜明特色和光荣传统。毛泽东特别注重从思想上建党，提出党员不但要在组织上入党，而且要在思想上入党，经常注意以无产阶级思想改造和克服各种非无产阶级思想。他指出，理论和实践相结合的作风，和人民群众紧密地联系在一起的作风，以及自我批评的作风，是中国共产党区别于其他任何政党的显著标志。针对历史上党内斗争中存在过的“残酷斗争、无情打击”的“左”的错误，他提出“惩前毖后、治病救人”的正确方针，强调在党内斗争中要达到既弄清思想又团结同志的目的。他创造了全党通过批评与自我批评进行马克思列宁主义思想教育的整风形式。在新中国成立前后，他多次提出务必使同志们继续地保持谦虚、谨慎、不骄、不躁的作风，务必使同志们继续地保持艰苦奋斗的作风；要求全党警惕资产阶级思想的侵蚀，反对脱离群众的官僚主义。这些重要思想，创造性地解决了在中国这种特殊的社会历史条件下建设马克思主义政党的一系列重大问题，为马克思主义建党理论增添了新的内容，为把中国共产党建设成为用科学理论和革命精神武装起来的、同人民群众有着血肉联系的、思想上政治上组织上完全巩固的马克思主义政党指明了正确的方向。

［教学建议］

1. 本案例适用于第一章第二节“毛泽东思想的主要内容和活的灵魂”部分内容的辅助教学。

2. 本案例讲述了利川地下党在全国抗战时期加强党的思想建设的具体做法和取得的效果。在使用时，可以让学生收集相关的党的建设故事，分享讨论，加深学生对毛泽东思想关于党的建设理论的理解。

案例5 贺龙军长在湘鄂西边区的故事

［材料呈现］

智擒活阎罗

“贺龙到五峰，智擒活阎罗。为民除大害，军民同欢乐。”这是湘鄂边老区广为传扬的一首民谣。孙俊峰和罗金山是巴东、五峰、鹤峰三县有名的大土豪、大恶霸，拥有数百条枪支。两家又是亲家，互相勾结，做尽坏事，经常抢占巴东县连天、鄢家墩的猪、羊、粮食和钱财，无恶不作，老百姓无不恨之入骨，称他俩是三县交界之地的一对活阎罗，当地流传着这样一首民谣：五峰两大魔，一对活阎罗。十人见了他，九人不得活。

1932年10月，为了消灭这两个“活阎罗”，贺龙亲自率领一支精悍的队伍，向孙俊峰的老巢鹿儿庄快速前进。路过连天、鄢家墩时，沿途穷苦老百姓听说贺龙亲自带兵要收拾两个活阎罗，无不欢欣鼓舞。队伍开到离鹿儿庄30里的五里坪驻扎下来。贺龙叫警卫员到村子里请来几个老年人，询问鹿儿庄的相关情况。

鹿儿庄属五峰、鹤峰两县交界大山深处的一个村镇，孙俊峰的老巢在一座山梁上，东西北三面是悬崖峭壁，只有南面一条险峻的山路可以上去。孙俊峰在周围垒起了岩墙，修了哨卡和炮楼，还在通往村镇的险道上连修了九道卡门。当红军攻下鹤峰县的消息传来后，孙俊峰更是严加防守，白天不准生人通过，防守得异常严密。孙俊峰自吹他的鹿儿庄是铜墙铁壁、坚不可摧。

贺龙听了哈哈大笑起来，对同志们说：“只要大家动脑筋想办法，什么‘铜墙铁壁’，我们都要把它打成乱豆渣。”晚上，贺龙通知召开干部会，还邀请情况熟、受苦深的农民参加，会上，他们详细地研究了攻打鹿儿庄的战斗计划。第二天早饭后，贺龙的部队突然在村边的平坝里紧急集合。贺龙给大家讲话。他说："孙俊峰和罗金山是压在五峰、鹤峰两县穷苦百姓头上的大石头，不搬掉他们，穷苦百姓翻不了身，我们苏维埃政府就不能巩固发展。但是现在城里有新的任务，我们的队伍要往回开，乡亲们，不要难过，孙俊峰和罗金山是癞蛤蟆躲端午，躲过了初一，躲不过十五，我们迟早要消灭他们的。"

红军回城的消息也被孙俊峰的探子知道了，探子就像拾到了宝贝，跑回鹿儿庄，还没进庄，就发疯一样喊起来："贺龙退兵了！贺龙退兵了！"连日来，孙俊峰听到贺龙要亲自率兵攻打鹿儿庄的消息，急得像热锅上的蚂蚁，坐不是，睡不是。忽听说"贺龙退兵了"，他简直不相信自己的耳朵，连连摇头，自言自语地说："不会吧！"

第二个探子又来了，他跑得满头大汗，还没进门就喊："老爷！贺龙真的退兵了。我亲眼看到他神色不安，定是施南、宣恩出动了大兵，他是保鹤峰县城去的。"老奸巨猾的孙俊峰垂着肥大的脑壳，一言不发，踱来踱去思虑重重，他是真的不相信贺龙那么快就撤回去的。

这时第三个探子又回来了。他手上拿着红军撤退时留下的标语，说："老爷啊，一定是城里情况紧急，我亲眼看到他们跑步去的。"三个探子送回三个情报，完全一样：贺龙退兵了！这时，孙俊峰才张开他那大嘴，像猫头鹰叫夜一样狂笑起来。喽啰们听到笑声，纷纷向孙俊峰道贺："贺龙来而复返，是老爷洪福齐天，虎威远震啊！"孙俊峰听了得意地笑道："嘿嘿。我孙某的老虎屁股，也不是好摸的啰！"他停了停，转过头，对管家说："这一段兄弟们熬更守夜，辛苦了，今天宰几头猪杀几头羊，把酒坛子打开，让大家吃个饱，喝个够，每人还赏五颗鸦片泡子。不过哨卡要严加防范，不能断人，不可大意。"说完他钻进内房吞云吐雾去了。

夜幕降临，大地沉寂，鹿儿庄孙家贼巢里一片喧闹，饮酒发狂的，打牌赌博的，闹得一塌糊涂。就在这个时候，贺龙率领的红军从离此30里路的松树坳突然杀个回马枪，向鹿儿庄急速进军。原来贺龙在五里坪做出撤退的假象，以迷惑两个活阎罗。天黑，贺龙的部队由五里坪的两个受苦农民带路，按原计划摸黑向鹿儿庄贼巢挺进。

夜深，红军队伍摸进鹿儿庄。这时，鹿儿庄死一样的静，针掉在地上都听得到，除了总炮楼九道卡门里有微弱的灯光和匪兵们的鼾声外，其他什么声响也没有。红军战士们在炮楼、卡门口潜伏下来，专等攻打总卡的信号。攻打总卡的是12个红军组成的突击队，由一个中年农民带路，从东边摸进敌人的总卡。

总卡里的两个哨兵正躺在鸦片灯旁抽大烟。当听到“不许动”的喊声时，那两个家伙还以为是谁在跟他们开玩笑，他们眼也不抬地说：“莫吓老子，红军早已吓跑了。”“胡说，举起手来，缴枪不杀！”两个家伙听口气不对，仰起头一看，不禁“啊”了一声，连滚带爬跪着叫道：“红军爷爷饶命！红军爷爷饶命！”总卡里睡得像死猪的几个哨兵，也都在睡梦中当了俘虏。

总卡拿下后，突击队放了三枪，埋伏在炮楼、卡门边的红军战士同时动手。那些热闹了大半天的匪兵在迷梦中惊醒，还没分清东南西北，锋利的刺刀已搁在他们的脖子上。

红军好似从天而降，他们哪里还敢还手！不到一个钟头，鹿儿庄的匪兵全部当了红军的俘虏。一个红军战士从被窝里拖出孙俊峰，这个杀人不眨眼的活阎罗浑身颤抖，跪在愤怒的红军和农民面前。活阎罗孙俊峰的亲家罗金山的巢穴也被红军攻克了。人们拍手称快，高兴地唱道：贺龙到五鹤，智擒活阎罗。

爱护群众物品

1933年年初，红军来到鄂川边根据地，活动在咸丰活龙坪、大路坝一带。

一天傍晚，战士们行军时不小心踩踏了麦地，军长贺龙见到了，给战士们讲了曹操因马受惊践踏了庄稼、割须代首惩罚自己的故事。战士们听了深受教育，在民主生活会上，战士们检讨了损坏群众庄稼的错误，表示今后一定要高度注意群众纪律。

晚上，贺龙军长给政委关向应讲了这件事。并如此这般地商量了一阵。

第二天一清早，关政委找来一块小木板，钉上脚，用毛笔在上边写下了“请爱护庄稼”几个大字。早饭后，贺军长带着几个战士，抱着这块牌子和几根木桩，来到麦地边，吩咐战士们从山上割来藤子，像安铁丝网那样在麦地周围做了一道简易栏杆，并在路边钉上牌子，把麦地保护起来，又将这段泥泞路用沙石子铺好。过路人看到这块牌子，走在铺好的砂石路上，再也不踩踏麦地了。

1933年12月30日，贺龙率领部队经水坝抵达活龙坪的红三军军部，驻扎在沙子坝杨家品家里。半夜时分，接到紧急通知，部队必须马上转移。军部的战士们急忙捆稻草、上门板。正当忙时贺龙军长走过来了，他说了声："同志们，快！"就动手和大伙一起捆稻草。贺军长手脚麻利，他捆的稻草巅巅蔸蔸一样齐，捆子大小也一样。他一边捆，一边吩咐战士们搬到主人家的牛圈上码好。稻草捆完了又上门板。贺军长选大块门板扛，还不断地嘱咐大家："不要讲话，不要搞得乱响，免得妨碍老乡睡觉。"

第二天大清早，杨家主人起来一看，院子扫得干干净净，借用的稻草在牛圈上码得整整齐齐，门板上得规规矩矩，而红军战士们已无影无踪了。

杨家品起床后，在门板上发现了一张纸条，上面写着："房主人：给你家添麻烦了。因情况紧急没能向您告辞。请您检查一下，看丢失或损坏东西没有？如果有，下次来时当面道歉，照价赔偿。贺龙字。"杨家品小心地取下这张字条，用红布包了好几层，一直把它珍藏在箱子底下。

一个打三棒鼓的民间艺人，知道这件事后编了段鼓词，唱道："红军好，贺龙好。出发前，捆稻草。上门板，不忘掉。留字条，把歉道……"他走乡串户，到处传唱。

贺龙军长的马灯

1933 年 8 月下旬，红三军军长贺龙、政委关向应率领军部以及九师、教导团，从宣恩进入咸丰，驻扎在曾发起农民武装暴动的龙潭司。

龙潭司暴动失败后，龙潭司遭到反动军队三次洗劫，民不聊生、苦不堪言。贺龙率领红军驻扎龙潭司，当地群众扬眉吐气，热情欢迎红军。参加过龙潭司暴动的农民以及狗耳石、石人坪等地的农民纷纷邀约前来参加红军。

家住王家湾、参加过龙潭司暴动的青年农民黄德仲，年方 23 岁，身材魁梧。一次，贺龙经过他家，看到这小伙子十分精明能干，对他为什么没有报名参加红军感到不解，问："小伙子，你叫什么名字？""我叫黄德仲。""怎么没有参加红军啊？"小伙子显得有些不安："不是我不想参加红军，因为在龙潭司暴动中，我的两个哥哥被杀害了，家里还有父母、两个嫂嫂和侄儿侄女需要我照顾……"贺龙听了对黄德仲说："你现在是家里的顶梁柱啊！就好好照顾家人吧，我们打天下不就是为了让每一个家庭都过上幸福日子吗？"黄德仲点了点头，说："不过，您有什么需要我出力的，尽管吩咐。"

过了两天，贺龙真的去找黄德仲，让他带路，随副官胡国林一起到黑洞去会见神兵头领庹万鹏，把他亲笔写的一封信带给庹万鹏。这封信的内容就是动员庹万鹏加入红军。因为几年前贺龙到过黑洞神兵驻地，结识了庹万鹏。

临走前，贺龙把一盏马灯交到黄德仲手中，叫他以备天黑行路时使用。黄德仲随从胡副官圆满完成了任务，庹万鹏收到贺龙的信之后，很快就邀集20多名心腹，跟着胡副官和黄德仲投奔红军来了。

从此，这盏马灯时不时地拎在黄德仲手中。他经常披星戴月，为驻扎在四处的红军部队传送信件、消息，成了名副其实的红军通讯员。贺龙也到黄德仲家里做客，同他的家人一起吃饭、聊天，谈笑风生。看到黄德仲家生活困难，贺龙还安排警卫员给他家送了一些粮食和布匹。

一段时间后，贺龙带领红军转移恩施大集场。黄德仲在为贺龙送信的过程中，知道了这一消息，一方面，他真想加入红军，跟着贺军长一起走；另一方面，对家中的老弱病幼又实在放心不下。在红军队伍离开前夜，黄德仲来到贺龙的住所依依不舍地跟贺军长告别。贺龙说："德仲啊，这些日子多亏你帮了我很多忙，你为红军做了很多事，我要好好感谢你啊！"

黄德仲说："这都是我应该做的。我真想跟你们一起走，可……"贺龙打断他："你家里的情况我清楚，你们的两位亲人已经为革命捐躯，你现在的任务是留下来好好照顾家人，不能让烈士的家人受苦。"黄德仲点了点头。告别时，贺龙把那盏马灯递到黄德仲手中，说："这盏马灯你就留下吧，既是个纪念，家里也用得着。"因贺军长还有很多事情要处理，黄德仲只好拎着那盏马灯回家了。

这年冬天，贺龙率红军再次驻扎龙潭司，这次仅驻扎了一个晚上，第二天就开拔了。当时恰好黄德仲出门走亲戚去了，第二天回家后听说红军回来了，住了一夜就走了，他为没能见到贺军长遗憾得连连叹气，连晚饭也不想吃。父母悄悄商量了一下，对黄德仲说："我们都晓得你的心事，你想参加红军就去追他们吧！"黄德仲听了眼睛一亮，说："真的？那家里怎么办？"父母说："你不在家，天不会塌下来！"

已是傍晚了，父亲把贺龙留下的那盏马灯递到黄德仲手中，说："去吧，兴许能追上他们。"

黄德仲拎着马灯，沿着红军出发的大致方向，一口气跑到几十里外的石人坪，问当地人都说没看到有队伍经过。茫茫黑夜，红军究竟到哪里去了呢？无奈之下，黄德仲在石人坪歇息了一晚，第二天只好怏怏地回家了。

贺龙留下的这盏马灯，一直被黄德仲家珍藏着。中华人民共和国成立后，这盏马灯被县文物部门收藏，成为珍贵的革命历史文物。[①]

［思考讨论］

1. 贺龙军长是如何践行中国共产党的群众路线的？

2. 结合材料谈谈中国共产党走群众路线的重要性。

［案例点评］

中国革命的一个重要特点，是革命的敌人异常强大和残暴，而革命的力量却比较弱小。在敌我力量悬殊的情况下，无产阶级的先锋队要领导革命取得胜利，更需要扎根于群众之中，紧紧地依靠群众，团结群众，和群众同呼吸、共命运。在漫长又极端艰苦的环境中，我们党不仅在指导思想上坚持一切为了群众，一切依靠群众的群众观点，而且在党的实际工作中形成了一套从群众中来，到群众中去的领导方法和工作方法。群众路线，就是一切为了群众，一切依靠群众，从群众中来，到群众中去，把党的正确主张变为群众的自觉行动。

在智擒孙俊峰和罗金山两大土豪、恶霸中，贺龙邀请情况熟、受苦深的农民参加，使得压榨、抢劫农民的一方恶霸得以俯首，使农民翻了身；同时贺龙军长不仅从群众关心的大事出发，也爱护百姓的一草一木，在行军时战士们不小心践踏了百姓的庄稼地，贺龙军长也要采取措施让百姓的庄稼得以保护；在半夜接到紧急通知马上转移的紧急情况之下，也要悉数把老百姓的东西整理好，如有损坏也会照价赔偿；在看到老百姓生活困难时，贺龙为老百姓送去粮食和布匹等；在黄德仲因为照顾家中老弱病幼没有报名参加红军时，贺龙并没有强迫其参加红军，而是嘱咐其好好照顾家人，并在离开时将马灯送给其家用。这些都是贺龙军长践行群众路线的措施，从小事做起，体贴百姓，爱护百姓。这一系列实际行动感动了群众，使红军获得了群众的信任，赢得了群众的拥护，群众都乐意参与到红军的队伍中来，从而扩大了我们党和红军的力量，推进党的革命事业一步步走向成功。

没有老百姓的支持，就没有我们党的今天。我们要坚定不移地走群众路

---

① 材料源自湖北省老区建设促进会，湖北省扶贫基金会．湖北老区革命故事选 恩施卷［M］．武汉：武汉出版社，2015：143—147、165—166、159—161.

线，要把群众路线深深根植于全党同志思想中，真正落实到每个党员的身上。

［教学建议］

1. 本案例适用于第一章第二节“毛泽东思想的主要内容和活的灵魂”部分内容的辅助教学。

2. 本案例采用了一些贺龙在湘鄂西边区的小故事来凸显走群众路线的重要性。毛泽东思想活的灵魂包括实事求是、群众路线、独立自主，可以给学生布置课后作业，找寻可以体现其他两个灵魂的小故事，给全班分享展示，引导学生更加深刻地理解毛泽东思想活的灵魂。

案例6　为民造福的张富清

［材料呈现］

张富清，1924 年 12 月 24 日出生于陕西省汉中市洋县马畅镇双庙村的一个贫苦家庭，2022 年 12 月 20 日逝世于湖北武汉。回顾张富清的一生，既浴血奋战在战争年代，也身先士卒于社会主义建设年代。2019 年早春，张富清深藏功名 64 年的重大信息，通过退役军人登记被公开，引起社会各大媒体宣传弘扬。老英雄的传奇经历和高尚情操立即在华夏大地引起极大反响，感动了春天，感动了中国。张富清同志于 1948 年 3 月参加中国人民解放军西北野战军 359 旅，在解放大西北战争中，他出生入死，屡获战功，荣立特等功一次、一等功三次，二等功一次，两次荣获“战斗英雄”的称号，被授予“人民功臣”勋章。新中国成立初期，百业待兴，湖北恩施条件最艰苦，需要干部，他听从召唤，“我去！”来凤在恩施条件最艰苦，他听从组织安排，“我去！”1954 年 12 月，他主动要求转业到当时条件最艰苦的来凤县，从此深藏身与名，扎根于边远山区，三十余年始终在乡镇、基层工作，带领群众改造山河、建设家园，把全部的大爱忠诚奉献给了来凤这一片土地。

引山泉为民排忧

1957 年 3 月，张富清又一次被派往最需要的地方——来凤县三胡区，任副区长。1960 年 5 月至 6 月，三胡区连续干旱 42 天，一些地方如大塘、胡家沟等地人畜饮水告急，群众的生产生活再次陷入了困境。

面对这种情况，在大塘大队蹲点的张富清忧心如焚。一天晚上，张富清在床上辗转难眠，翻来覆去地想着水的问题，突然他脑中闪过一个念头：“邻近的石桥大队境内有没有水呢？如果有，引过来不就是了！”于是，他连夜步行来到距三胡区公所十来里路程的石桥大队书记刘平安家。刘平安叫醒年迈

80 岁的父亲刘志武，问他石桥大队境内的水源情况，刘志武告诉他们说：“离这 2 公里的半山湾山上，有个麻坑洞，那里可能有水。但那个洞很危险，上代人传说洞内有蟒蛇在守护阴河，我长这么大，还没听说有哪个敢进这个洞的。”

第二天，张富清准备了探洞的绳子、电筒、火把等，邀约大塘大队书记龙学松、三胡区驻石桥大队干部李兰清、民兵连长（复员军人）邓明成和刘平安一起手拿镰刀一路披荆斩棘开辟了一条小路，爬到了离山下 200 多米高的麻坑洞前。由于听老人传言洞中有大蟒蛇，一同前来的刘平安、龙学松等人都感到内心发虚。张富清对大家说：“不要怕，到时我走前面，你们都跟在我后面，我不相信有什么蟒蛇、鬼怪之类的。”“先把洞口前的荆棘砍掉吧，不然进不去。”张富清说完先砍了起来。“蛇！好大一条蛇！”正在砍荆棘的李兰清突然大喊了一声，张富清等人顺着他指的方向，见一条近 3 米长的大蛇正在往旁边的草丛中爬行，并很快消失。“大家小心点，这个地方的确有蛇。”张富清提醒道。“每个人砍一根带叉的长棍，往前面的草丛拍打一下，把蛇赶走。”刘平安对大家说。一行五人随即砍了木棍，一边拍打一边砍荆棘。期间，又拍打出几条蛇，其中还有竹叶青之类的毒蛇。接近洞口时，一行人慢了下来。“洞口下面好像有水流出来，这里都是湿的。”张富清惊喜地说。他走到洞门口，爬上中间的两块大石，拿出手电筒往洞里面照了照，但里面很深，看不清楚，只能看见电筒的光束。他对刘平安说：“点一个火把，我往里面去看看，看里面有没有水。”大家把火把点燃，相继爬上洞口，弯着腰，俯下身子小心翼翼地试探着往前行走，大约走了 50 多米的路程，发现一股水有小水桶般粗，朝着洞口相反的地方流去。终于找到水源，大家都特别高兴。

“这股水一定要好好利用。怎样才能把这股水引到洞口去呢？”张富清陷入沉思。他仔细观察了一番，发现往洞口方向全是天然形成的岩槽，如果将这股水朝洞口方向凿开个大口，将水全部引进岩槽中，不就把水引向洞口了吗。发现能将洞中的水引出去后，积压在张富清心中的“石头”总算落了地。

第二天，张富清和龙学松等人发动大塘大队的干部群众，将麻坑洞的水朝洞口引，并在出口处筑了一个临时土坑坝，就近砍了一些楠竹，把楠竹破成两半接成竹渠，从半山腰把水引出来先救急用，很快便缓解了大塘大队的旱情。

10 月，农闲季节到了，为了解决大塘大队、三胡区集镇长期人畜饮水困难的问题，张富清建议区委在石桥大队麻坑洞口处修建永久性的拦水坝，在半山湾半山腰上修建引水渠，将麻坑洞的水引到大塘大队及三胡区集镇。他的建议得到区委一致同意。10月下旬，大塘大队和石桥大队的400多名社员参加了拦水坝和水渠的修建。1960年的冬季，在整个半山湾山上，人们开山凿石，就地取材，日夜奋战。在修水渠最危险的地段，张富清亲自上阵，和邓明成等人用绳子绑着身体，吊在半空中打炮眼。终于，人定胜天，一条“悬挂”在半山腰上近5公里的水渠壮丽显现出来。

1961年的春天，两项工程完工后，麻坑洞中的汩汩清水顺着水渠流向了三胡集镇及大塘大队的千家万户，彻底解决了多年来困扰三胡大塘群众及集镇居民的人畜饮水和农田灌溉问题。

建电站为民造福

1960年6月，张富清带领石桥大队和大塘大队的几名干部在石桥的麻坑洞找到水源后，当年冬天便带领社员在此处修建了拦水坝和引水渠。从那以后，他多次路过石桥大队去察看水渠。

1962年10月的一天，在察看水渠的返回途中，走到狮子桥刘家坝处，张富清怔怔地看着流经此处的那条河，若有所思，头脑中突然冒出一个想法：“这条河从这狭窄的山间穿过，如能在这个地方筑个坝，修个电站，让三胡区集镇居民和这里的老百姓用上电，用电灯照明，岂不是很好吗？”想到这里，张富清十分兴奋，在外面见过大世面的他，很自信自己这个想法具有可行性，他想把这个设想变成现实。张富清兴冲冲地来到狮子桥大队，找到大队干部宋胜元、张文科、曾庆文等人，将自己的想法给他们和一些社员说了，征求他们的意见。

在三胡区集镇，居民晚上照明，不用说张区长刚才说到的电灯，就是煤油、火柴等供应都很紧张，需要凭票才买得到。每个家庭每月定量半斤煤油用于照明，一些条件差的家庭多数时间晚上只能“打黑摸”。对于像狮子桥这样的山村，用煤油照明就更困难了。听张富清说还有这么好的事，大家都纷纷提出了自己的看法。“这个想法好是好，就怕工程太大，实现不了啊！”“三胡区从来没有搞过这么大的工程，老百姓也很穷，不知道县里支不支持？”“要把河从中拦截筑坝，恐怕不可能吧？”“张区长，你是为社员们好，我们都听你的，你叫我们干，我们绝无二话！”

张富清回到区里，给农业水利站站长向世端及工作人员闵柱生等人说了自己的想法，向世端等人对他的设想很赞成，但心里也有较大的疑虑。张富清对他们说："要实现这个设想，困难肯定很大，我们不能因为困难，而不敢去想去做。"说完后他要求向世端与县农业水利局等相关部门对接，并立即开展前期勘察工作。经过几天的实地勘察，向世端向张富清汇报了勘察情况，认为在狮子桥刘家坝处建大坝地理位置得天独厚，不仅可以发电，在坝的下面修水渠，还可以灌溉狮子桥大队的几百亩农田，是一举两得的好事。

1962 年 11 月初，在三胡区委的一次会议上，张富清向区委提出在狮子桥刘家坝处修电站的建议，得到了县委驻区干部汤其贤、区委书记田维恒、区长倪学仕等人的一致赞同。汤其贤对张富清说："你的这个建议很好，如建成了对三胡区的老百姓来说，是千百年的好事实事，你搞这项工作比我们熟悉，你就牵头完成这项工程的前期准备工作，在实施之前，建议你先到县里老虎洞电站考察一下。"此后，张富清带着向世端等人重点考察了老虎洞电站，从那里，他们得到了很大启发和收获。

考察完老虎洞电站后，张富清又相继到县农业水利局等相关部门申报狮子桥水利水电工程的立项，并找专业人士做了规划、设计和预算。经过 2 个多月的筹备和协调，他将《来凤县三胡区狮子桥水利水电工程 63 年度预算书》分别呈报三胡区委及来凤县人民政府研究，均获同意。整个工程项目预算 13.55 万元，国家投资 11.55 万元，群众自筹 2 万元。分为四个单项目实施：在狮子桥处修建高 8 米的引水土石重力大坝一座；修建官坟山渡槽 500 米，用于发电和灌溉几百亩稻田；修建刘家坝电站厂房一座；输电线路工程。

1963 年 3 月，三胡区成立狮子桥水利水电工程指挥部，区委书记田维恒负总责，区长倪学仕任指挥长，张富清具体负责修建各项工作，区农业水利站向世端、闵柱生及狮子桥大队干部宋胜元、张文科等人任组长及施工队长。指挥部一声令下，从三胡区各人民公社中抽调了 400 多名青壮年劳动力和 10 多名石匠参加到工程建设之中，一场三胡区史无前例的"战役"在此全面打响。

张富清之前在新疆喀什屯垦戍边时，对于工程建设的组织实施积累了较为丰富的工作经验。在他的建议协调下，指挥部设在狮子桥大队部，下辖工程技术、财务后勤、宣传发动等工作小组。抽调的社员按民兵建制以公社为连，分别设立连部、排部，驻扎刘家坝一带的民房内，以连为单位设食堂，集体食宿。相关保障和人员到位后，修筑重力坝和挖土渠同时施工，这项声势浩大的民心工程正式拉开了建设序幕。

自1963年3月10日起，每天天不见亮，各食堂就已灯火通明，社员们吃完早饭，扛着锄头、挑着撮箕、抬着抬杠，不约而同地来到工地。在刘家坝附近500米范围内的河道、山头上摆开战场，挖的挖、挑的挑、抬的抬、敲的敲、打炮眼的打炮眼，凿石的凿石……忙得不亦乐乎。为让整个工程有条不紊地实施，张富清通过多方协调，为指挥部借来一台老式柴油发电机，发电后可带动高音喇叭。此后，整个工地的劳动作息便由宣传发动组用高音喇叭统一指挥。劳动之中，高音喇叭播放着充满豪情的战歌和毛主席语录，给社员们提气鼓劲。

由于“三年自然灾害”刚过不久，人们的生活仍处于困难时期。各个食堂的伙食都很差，几乎顿顿水煮菜，没什么油，社员们刚吃完饭不久又觉得饿了，从事繁重的体力劳动，有时全靠毅力在支撑。在施工的一些重点工地，所需要的设备奇缺，不仅没有大型“洋”设备，就是小型“土”设备像板车这样的也是屈指可数。在吃菜团、喝稀汤的艰苦条件下，社员们只能靠肩膀、双手用挖锄、钢钎、抬杠等简单工具，抢修引水渠，大战稀泥坑，昼夜轮流施工。工地上经常出现“上工点着灯，下工满天星”的劳动场面。一些社员纵使手上裂口、脚上打泡、肩头磨破皮，也没有一个人轻伤下火线。张富清作为项目负责人，也经常和社员们一起抬石头、下基脚，手上血泡很少断过。

经过日夜奋战，苦战数月。1963年8月，工程挖填终于全部完成。此后社员们开始土办法上马，使用抬杆、钢丝绳、板车等简单工具，集众人之力，把一块块重达几百斤甚至上千斤的大石头放入河道中砌起来。在决战时刻，工地上来了许多义务劳动者。三胡区的知识青年们来了，学校的师生们来了，机关里的干部们来了，人们都以参加修建狮子桥电站为荣，运沙子，搬水泥，怀着“敢叫高山低头，定让河水让路”的豪情支援建设。在这些人群中，有一位特殊的义务劳动者也来参加义务劳动，为工地运沙，背水泥，她就是孙玉兰。此时的她已辞去供销社营业员公职，正跟着裁缝师傅严邦达学裁缝手艺。见妻子也来参加义务劳动，张富清微笑着对她说：“你要注意安全，谢谢你！”

1964年12月初的一天，社员们顶着凛冽的寒风，把最后一块石料堵住大坝的水流时，一时间，欢声雷动，鞭炮齐鸣，整个工地沸腾了，人们跳跃着欢呼着。许多人看着雄伟的大坝和宽敞的渡槽流出了激动的眼泪。

在大坝和渡槽建成的同时，刘家坝电站厂房也已建成。张富清通过县水电局协调，购买了一台小型发电机并安装到发电房，另外还装上了水轮机、电力表、配电盘等发电必不可少的设备。输电线路工程只预算架设主线路的专项资金，张富清安排人员采购8号铁丝，架设了电站机房到三胡区集镇长约1.2千米的一条输电线路，也为附近2个生产队架设了输电线路。入户线路只能号召三胡集镇和附近两个生产队自筹资金。其中，狮子桥大队2个生产队卖了1头牛获得110元，为生产队的社员架设了入户电线。那段时间，不仅张富清每天忙到两头黑，水电站发电员闵柱生也忙得不亦乐乎，他带人将发电机房的设备和外面的线路里里外外全都安装到位。

万事俱备，只欠东风。12月16日，三胡区集镇的居民和狮子桥大队两个生产队的群众得到通知：今晚要发电了，大家准备好。一时间，人们既兴奋又好奇，都急切地等待着这一时刻的到来。晚上7点，随着发电员闵柱生在发电机房的一番操作，电闸刀往上一抬，各家各户屋内的电灯霎时雪亮，人们都看得目瞪口呆。宋胜元、张文科等人带头高呼："毛主席万岁，共产党万岁，社会主义万岁！"社员也跟着一起高呼，呼声响彻了整个土苗山寨。下至被抱在怀里的小孩，上至八九十岁的老人，此刻脸上都堆满笑容。用上电灯，是这些土苗儿女祖祖辈辈多少年来想都没有想过的事情。

修公路为民解困

1975年张富清被调往卯洞公社任革委会副主任。虽然已年过半百，可他仍然跟从前一样，大部分时间在驻村，还把地点选在不通电、不通公路的高洞村。

高洞村地处湖北省与四川省（现重庆市）的交界处，下辖三个大队，30多个生产队，有2000多人口。这里所有的村寨都在三面悬崖的高山界上，距最近的集市——安抚司有7.5公里，人们赶集便要到位于悬崖下方的安抚司。因为交通条件极差，这里的土家儿女世世代代出行都极为不方便，所有物资往返运送全靠肩挑背驮，因不小心人畜摔下悬崖的情况时有发生。张富清第一次来到这里的时候，便对那悬崖间十分难行的羊肠小道留下了深刻印象。因工作关系，张富清往返高洞多次，想得最多的就是为这里的老百姓修一条出行路。

1976年，来凤县提出社社通公路目标，全县掀起兴修公路的热潮。张富清多次往返县城，上下协调，最终县里将高洞到安抚司的公路纳入1977年修建计划。随后张富清请来工程技术人员到现场进行实地勘测，做公路的规划设计。一位技术人员对张富清说："张主任，这条路有近2.5公里在悬崖峭壁上，勘测和设计都难，修的难度更大，这可是我见过的难度最大的一条路啊！""难度再大，也要把它拿下来，这里的老百姓出行太难了，我们修路难一时，不能让他们出行难一世啊。"张富清感叹道。

1977年10月中旬，卯洞公社一声令下，从安抚司、枫洞、观音坪等其他管理区抽调精干社员500余人，从高洞管理区抽调400多人，按照民兵建制以管理区为队，分别设立队部，驻扎在安抚司及高洞管理区一带的民房内，以队为单位设食堂，实行集体食宿。一场艰苦卓绝的攻坚战正式在高洞打响。

张富清多次召集管理干部、大队干部开会商量近千人队伍同时施工的安全等系列问题，最后决定成立后勤、宣传、保障、安全、综合等5个工作专班，确保整个工程在保障安全的前提下，有条不紊地实施。由于工程指挥部设在高洞管理区，离最远的工地有十多里路，习惯靠前指挥的张富清找到一处山洞——桃子洞，在里面铺上木头、支上木板、铺上稻草，一个天然的"办公室"就此建成。此后，很多工作指令都由此发出。

1977年10月16日，施工队伍全部进入工地，近千人排兵布阵在7.5公里的三个路段，沿线男女老少齐上阵，全线同时破土动工。开工后，自安抚司拐枣树—鸡爪山—坳木坪肖家坝沿线，每天的劳动场面都十分壮观。人们使用简单的劳动工具，按照各自的分工，挖的挖、抬的抬、挑的挑，打的打炮眼，每一位社员都是以革命加拼命精神奋战在工地。

在鸡爪山路段，近2000米要在悬崖峭壁上开凿，为保证安全和进度，工程采用由两端向中心爆破掘进路槽办法组织施工。在这一路段，打炮眼是主要施工任务。因为没有施工人员支撑站立的地方，一般都是三人一组，系着安全绳，一人撑钢钎，另两人抡着大锤打。安排在此路段打炮眼的都是些年轻力壮的社员，但随着时间一长，他们的身体都出现了疲劳状态，每天炮眼数量打得少了，工程进度越来越缓慢。工程难度大，影响施工进度，张富清很着急。"你们再去挑选一些人，我带他们上去打炮眼，我们不能因为这段路修不通，前功尽弃！"张富清对主修这段路的高洞管理区负责人代芳斌、奉民良等人说。"张主任，您准备带人上去打炮眼？不行！不行！您这么大年纪了。"代芳斌连连摇头。“不用担心，我以前在三胡区修水渠时在悬崖上打过炮眼，有经验。这个时候我们当干部的不上，难道都叫群众上吗？不多说了，你们按我说的去办。”张富清对代芳斌等人下了命令。连续多天，人们都能看见53岁的张富清腰间系着绳索在悬崖绝壁上闪展腾挪的身影。

张富清在整个工程中上下协调，靠前指挥；在最危险的地段身先士卒；在施工社员出现厌战情绪时耐心细致地做思想工作。他的这种为民情怀深深地感动着全线施工的社员们。受他的影响和感染，施工社员每天也早早地来到工地，大家心往一处想，劲往一处使，整个工地呈现出一派战天斗地、热火朝天的劳动场面。

1978年春，在没有大型修路机械和国家专项经费的情况下，经过千名社员120多个日日夜夜的艰苦奋战，这条7.5公里的“挂壁”公路终于修通了，结束了高洞人民必须在悬崖峭壁间肩挑背驮的历史，终于圆了两千多土苗儿女世代通公路的梦想！①

[思考讨论]

1. 结合材料讨论，为什么张富清要深藏身与名，一头扎根于边远地区？

2. 从材料中可以看出张富清的哪些高尚品质？他是怎样把毛泽东思想这一精神财富运用于实践的？

[案例点评]

毛泽东思想是中国革命和建设的指南。毛泽东追求和倡导的中华民族重新自立于世界民族之林的远大理想，实事求是的思想路线，全心全意为人民服务的根本宗旨，自力更生、艰苦奋斗的革命精神等，依然是中国人民不断奋进的强大精神动力，将长期激励和指导我们前进。

张富清同志深藏在枪林弹雨中的赫赫战功，从不示人，却在生活中藏不住军人的形象。他不忘初心、对党忠诚、艰苦奋斗、甘于奉献。他心中始终装着党和人民，却唯独没有自己。他的“藏”，藏起来的是功勋，是名利，是不居功不自傲。来凤作为张富清同志的第二故乡，他把后半生奉献在了这片红色

① 材料源自政协来凤县文史资料委员会．来凤文史——共和国勋章获得者张富清专辑［M］．来凤县，2020.（内部资料）

土地上，拿起责任，放下名利，勇担急难险重任务，带领一方群众筑水坝、修公路、建电站，千方百计地改善人民群众的生产生活条件，深刻践行了全心全意为人民服务的宗旨，体现了自力更生、艰苦奋斗的优良作风。

张富清同志是始终践行共产主义崇高理想的优秀党员，是中国共产党人不忘初心、牢记使命、永远奋斗的光辉典范，是衷心体国、夙夜在公、淡泊名利的先进楷模，是广大党员、干部、部队官兵和人民群众的学习榜样。他对党的事业无限忠诚，在革命战争年代冲锋陷阵、不怕牺牲；在祖国建设时期为党分忧、为民解难，扎根偏远落后贫困山区，舍身忘我、克己奉公。他转业后深藏功名 60 余年，除向组织如实填报个人情况外，从未对身边人说起过赫赫战功，更不以此为资本向组织提要求、要待遇。他在国家最需要的时候挺身而出，在人民最需要的地方主动作为，用无私无畏的战斗、持之以恒的坚守，践行一名共产党员“随时准备为党和人民牺牲一切”的初心和誓言。他数十年如一日甘于奉献、勇挑重担，不讲条件、不计得失，一心一意干好每件工作，以满腔热情在艰苦环境中尽职尽责、苦干实干。他虽然家中曾遭遇困难，但始终严于律己，艰苦朴素无所求，从不利用职务之便为亲属谋利，赢得了党员群众的广泛赞誉。

［教学建议］

1. 本案例适用于第一章第三节“毛泽东思想的历史地位”部分内容的辅助教学。

2. 本案例讲述了深藏身与名六十余载的老兵张富清为人民造福的故事。使用时，可以播放《老兵》的故事，结合材料，使学生深刻感悟老兵张富清的高尚品质，体会老一辈共产党员在实践中对毛泽东思想这一精神财富的运用，帮助学生正确认识毛泽东思想的历史地位和指导意义，启迪学生继承和发扬老一辈的高尚品质，树立全心全意为人民服务的宗旨，敢于拼搏、乐于奉献。

第二章 02

新民主主义革命理论

案例1　恩施市新民主主义革命的胜利

［材料呈现］

从1919年到1949年的30年间，中国共产党在恩施播撒革命火种，发展党的组织，兴起农民运动，创建人民武装，开辟革命根据地，坚持国统区的抗日斗争，完成解放战争的使命，几经曲折艰辛，书写了光辉的历史画卷。

中国共产党创立初期和大革命时期，对恩施而言，是播撒革命火种、兴起农民运动的时期。中国共产党成立后的第二个月，董必武同志就到了恩施协同指挥鄂西自治军，利用国共合作的时机展开反腐败斗争。他在武汉组织了近百人参加的"施鹤留省学会"，培训会员，吸收优秀者入党，并派回恩施开展工作。这些党员组建国民党恩施县党部筹备委员会，组织发动逾万人参加的工人、农民、青年、妇女、商民等各个协会和审判土豪劣绅委员会，领导人民群众开展铲除贪官污吏、打倒土豪劣绅、声讨新军阀蒋介石的革命运动，震撼了反动势力，为恩施人民革命奠定了基础。

土地革命战争的10年间，是恩施革命斗争最辉煌的时期。1927年12月底，中共施鹤地区临时特别委员会成立，这是恩施第一个区域性的党组织。1928年底到1935年秋，贺龙率工农红军转战湘鄂边长达7年，几进几出，几落几起，依靠人民群众粉碎了国民党反动派的三次围剿。贺龙领导红军开辟恩施革命根据地，带领恩施人民打土豪分田地。1930年建立石灰窑等6个乡农民协会，1933年建立恩施县及10个区、61个乡苏维埃政府和各级武装游击队。在斗争中先后英勇牺牲1000多人，为湘鄂西革命做出了重大贡献。

全面抗日战争的8年间，恩施处于国统区，而且是湖北省政府战时省会及国民党第六战区司令部所在地，是蒋介石坐镇重庆的门户。恩施党组织从1938年7月的中共恩施工委到1940年8月的中共鄂西特委，几经改组，成为中共中央南方局领导的省级机关，还先后成立了中共恩施中心县委和恩施县委。党组织为建立抗日统一战线、遏制反动派投降卖国，为深入城乡基层宣传抗日、发动群众，进行了艰苦的工作。但1940年7月之后，蒋介石亲信陈诚坐镇恩施后，紧步“皖南事变”后尘，逮捕和杀害了特委书记何功伟等一大批共产党员和进步人士。使恩施党组织遭到严重破坏，部分党员被迫转移外地或就地隐蔽。

全国解放战争时期的3年间，中国人民解放军以破竹之势，顺利地完成了解放恩施全境的使命。1947年初，中国人民解放军江南游击纵队转战恩施所在的湘鄂川黔边区，成功牵制了国民党大批部队对中原解放军的围困。1949年10月下旬，中国人民解放军二野、四野和湖北独立一师、二师由王宏坤、张才千组织鄂西南战役，11月6日解放了恩施市，以迅雷不及掩耳之势，俘虏宋希濂等残部1万人，迫使朱鼎卿率部七八千人起义。彻底推翻帝国主义、封建主义、官僚资本主义在恩施的反动统治，从此，恩施人民翻身得解放，当家做主人，过上和平安宁的生活。

中国共产党领导恩施人民30年的革命历程，从艰辛走向辉煌，从曲折走向胜利，透析历史事实，我们可以得出如下基本结论：

第一，有了共产党的领导，才能使人民革命斗争从自发走向自觉。恩施由于地理环境的相对封闭，大革命前夕曾是帝、官、封统治的后院堡垒、土豪劣绅的乐园，人民群众所受的压迫和剥削达到了极点，正因为如此，这里人民的反抗精神也极其强烈。自鸦片战争以来，这里出现过多位反帝反封建的民族英雄，然而这些反抗斗争，都缺乏明确的纲领路线，大都以悲剧而告终。大革命初期，虽大力传播过孙中山先生的“联俄、联共、扶助农工”三大政策，对农民运动起了一定的推动作用，但革命的方向和目标仍然模糊。到了大革命的后期和土地革命战争初期，本地有了一批共产党的骨干和党的组织，伴随着马列主义的宣传，贯彻中央八七会议确定的方针，明确提出了革命武装割据、建立苏维埃政权、实行土地革命等目标之后，人民革命斗争才由自发阶段真正转向了自觉阶段。

第二，共产党扎根于人民，谋利于人民，所以能战胜种种艰难险阻。恩施党组织虽然建立较晚，但一批党员骨干都是在农民运动中极具影响力的人物，群众基础很好。再次恢复发展党组织后，党及其武装力量建立了成片成块的红色区域，同人民建立了血肉相连的关系。当时在党内、在红军内，十分重视宗旨、理想、政策、纪律和革命气节的教育。由“打土豪、分田地”到土地革命，由“一切权力归农会”到“一切权力归苏维埃”，都忠实地代表了人民的根本利益。因此，人民愿意以鲜血和生命保卫胜利果实。广大群众中发出了“要吃辣椒不怕辣，要当红军不怕杀，脑壳掉了碗大个疤”的心声。群众用生命换取红军伤员安全的事例屡见不鲜，而战士们为保卫红色政权至死不屈甚至成排成连壮烈牺牲的情景，更是惊天地泣鬼神。丰富的史料说明，党的力量源自人民。

第三，党组织只有掌握了革命武装，才能赢得斗争的主动权。恩施的革命实践告诉我们，人民武装离不开党的正确领导，党的生存和发展离不开革命武装。革命运动由低潮到高潮的发展，实际上是革命武装力量由弱到强的反映。大革命时期，共产党直接掌握的武装力量极弱，国民党反动派一旦叛变革命，我们便显得十分被动。土地革命战争时期，人民武装力量由弱到强，所以粉碎了敌人的数次“围剿”，使根据地的红色政权维持了 6 年之久。全面抗日战争时期，由于红军长征北上抗日，恩施的革命武装力量还没有来得及发展，党组织和进步人士在白色恐怖面前也是处于相当被动的地位。解放战争时期，我们依靠强大的中国人民解放军顺利地解放了恩施全境，建立和巩固了新生革命政权。从一定意义上讲，恩施革命斗争的历史，就是共产党领导的武装力量与反革命武装做斗争的历史。

第四，坚持执行党的正确路线，是取得革命胜利的根本保证。共产党领导恩施人民 30 年的革命斗争历史告诉我们：革命道路之所以出现曲折，不只是外部因素，还有内部原因：凡是执行正确路线的时候，党组织及其军队就兴旺；凡是出现错误路线干扰的时候，党和军队就遭受严重损失。大革命失败后，这里的共产党人认清了国民党反动派的本质，更加自觉地坚持独立自主的方针，首先是恢复和建立党组织。在土地革命战争的头 4 年，党组织放手发动群众，团结一切可以团结的力量，建立苏维埃政权，实行土地革命，发展经济、教育、文化，都有一套实事求是的路线和方针政策，因而实现了革命武装割据、开辟革命根据地的目标。但在 1932 年至 1933 年之间，中央分局的主要负责人执行王明的“左”倾路线，致使军事上不断失利，革命根据地渐趋丧失，成为本历史时期最惨痛的教训。全面抗日战争时期，恩施的党组织积极贯彻党中央的路线，工作曾出现较好局面。但由于种种客观原因，执行中央南方局关于隐蔽骨干、转入地下的行动稍慢，对国民党顽固派“反共”的残酷性估计不足，使党组织遭受巨大损失。

第五，坚持革命的统一战线，是取得革命胜利的重要经验。恩施党组织建立以后，统战工作一直做得很好。土地革命战争时期，在扩充和运用武装力量方面，对地方神兵武装的争取、收编和改造，是恩施党组织的一大创举，为统一战线创造了宝贵的经验。尤其是全面抗日战争时期，恩施的党组织在中共中央南方局的领导下，贯彻“发展进步势力，争取中间势力，孤立顽固势力”的方针，联系严立三、张难先、石瑛等一批进步人士，在反对蒋介石、陈诚的独裁专制、宣传共产党的抗日主张等方面，发挥了积极作用。同时，还有一批共产党员，运用统战关系打入国民党机关、学校和文化新闻单位，与反革命宣传进行了针锋相对的斗争。即使鄂西特委机关被破坏后，新闻、文化战线的革命舆论仍在一定程度上占着上风。①

［思考讨论］

1. 恩施市新民主主义革命为什么能够取得胜利？

2. 恩施市新民主主义革命对于新民主主义革命理论的形成有何作用？

［案例点评］

恩施市新民主主义革命取得胜利的原因包括：第一，有了共产党的领导，才能使人民革命斗争从自发走向自觉。第二，共产党扎根于人民，谋利于人民，所以能战胜种种艰难险阻。第三，党组织只有掌握了革命武装，才能赢得斗争的主动权。第四，坚持执行党的正确路线，是取得革命胜利的根本保证。第五，坚持革命的统一战线，是取得革命胜利的重要经验。

理论来源于实践。中国共产党领导恩施人民开展的轰轰烈烈的新民主主义革命实践，是新民主主义革命理论得以形成的基础和源泉。中国共产党对民主革命规律的认识，是通过革命的实践，经历了从没有经验到有了较多经验，从未被认识的必然王国经过逐步地克服盲目性，在认识上有了一个飞跃，再达

① 材料源自中共恩施市史志办公室．中国共产党恩施市历史（第 1 卷）［M］．北京：中共党史出版社，2008：303—307.

到自由王国这样一个艰难曲折的发展过程。

［教学建议］

1. 本案例可用于第二章第一节“新民主主义革命理论形成的依据”部分内容的辅助教学。

2. 本案例梳理了中国共产党领导恩施人民从 1919 年到 1949 年 30 年的革命历程，并总结了革命取得胜利的重要因素。在使用时，教师可以让学生搜集其他地区新民主主义革命历程的史实，通过分享讨论，引导学生深入理解革命的胜利是用鲜血铸就的，明确我们党的新民主主义革命理论的形成不是一蹴而就的，而是在新民主主义革命的实践中逐步形成的。

案例2　土苗山寨的战歌

［材料呈现］

红色寨堡

1926年初秋的一天，苗族共产党员张昌岐、刘岳生受董必武、陈潭秋的秘密派遣，带着一批宣传品，离开武汉，风尘仆仆地回到来凤。

来凤城四周筑有高大坚实的城墙，城墙外是宽深的护城池；四座城门的岗楼上，日夜有哨兵把守。北军孟伯夫营驻扎县城，肆意横行；劣绅贾商云集，尔虞我诈；封建礼教猖獗，毒害人民。在这个禁锢窒息的小山城，张昌岐以国民党省党部特派员的身份，兼任县教育局长。他利用工作之便，暗地组织农民革命运动。

张昌岐出生在来凤土堡一个贫寒的教师家庭，自幼勤奋好学，刻苦自励。1922年，在宗族的资助下，先后进入董必武主办的武昌中学、湖北省立第一师范，直接聆听董必武、陈潭秋等革命先辈的教导，阅读进步刊物，参加学生运动，不断接受新思想。1925年夏，成为无产阶级先锋队的一员。

一天，张昌岐、刘岳生邀请进步青年吴郅堂、梁子恒、雷子文等聚会，畅叙友情，交谈理想，议论国事，大家迫切要求张昌岐领个头，向腐恶势力开展斗争。会上，张昌岐说："目前国民革命军正分路进军，讨伐北洋军阀。我们要配合北伐军，组织农民，建立革命武装。"吴郅堂提议："县城控制很严，不便活动，最好到高洞河、板沙界，先站住脚跟，扩大武装，再向外发展。"吴郅堂为人耿直，爱鸣不平。他曾在武汉中学读书，1921年，被选为县商会副会长，因秉公办事，受到官府豪绅们攻击诽谤，愤然辞职，迁至板沙界其岳父家，与妻弟邓捷先等一起办团防。

高洞河，是土家族、苗族人的聚居地。离县城50华里，交通闭塞，县府极少过问。加之土地贫瘠，农民生活极为困苦，易于接受革命思想，是开展革命活动较为理想之地。

张昌岐一行来到高洞河，住在邓捷先家中，很快团结争取了在农村颇具实力又有正义感的邓氏家族。接着到板沙界、甜茶坪等土、苗村寨，宣传革命形势。

张昌岐热情地向农民说："我们办武装是干革命，是为做阳春的人办事，为'穿水草鞋'的人开衙门！我们的主张是：打倒土豪劣绅！打倒贪官污吏！平均地权！实行耕者有其田，减租退押！"

土家山民，长期与外界隔绝，突然听到这些革命道理，感到格外新鲜，但又担心自己的力量，不知是否能够翻过来。

"一根香一折就断，一把香折不断。千斤石头一个人推不动，人多了只要用一点力，就能推开。"张昌岐用浅显的比喻启发大家团结起来，与反动政府做斗争。

热情的宣传，生动的比喻，拨动着土家农民的心弦。广大穷苦弟兄从沉睡中惊醒，300 余名青壮年农民踊跃报名，参加土家农民自卫队，选举刘贤成任队长，邓安凤为副队长。

小小的山寨一下子汇集了数百人，吃住都很困难。张昌岐请大家出主意、想办法。觉醒的自卫队员热情高，纷纷捐献钱粮蔬菜。邓捷先的家属深明大义，倾囊相助，献上几十块银圆、数十石稻谷。队员们自己动手，开山取石，修建寨堡。人心齐，泰山移。一个能供 300 余人吃住训练的寨堡很快就拔地而起。旧司有名的土家族文铁匠，毅然带来几位能工巧匠，在寨内打造刀矛武器。吴郅堂的父亲支持儿子闹革命，多次从县城送来桐油，供寨堡照明用。自卫队员纪律严明，白天从事农业生产，晚上学习训练。

寨堡分内寨外寨。用石头垒砌的寨墙宽厚坚固，设有枪炮眼，挖有直通寨外的地道、卡门。寨东，利用 3 个隐蔽的自然山洞，密藏着大批粮食、武器等物资。能攻可守。寨内，红旗招展，刀矛林立，人声沸鼎，井然有序，被誉为"红色寨堡"。

板沙起义

1926 年 10 月的来凤山城，乌云密布。县政府截留了武汉寄给张昌岐的文件和宣传品，掌握了张昌岐的动向。农民自卫队的建立，很快引起了县知事向炳昆的注意。

向炳昆，来凤旧司人，清附生。他风姿潇洒，行为放荡，善于钻营。1906年编《湖北日报》，因得罪湖北总督而被捕入狱。辛亥革命时，回施南策动反正成功，任革命军驻施南分司令部参谋长、秘书，后任省民政部官员等职。军阀混战时，向炳昆投靠来凤大土匪向卓安，充任参谋长，为虎作伥，横行乡里，并借势攫取了来凤县知事。向炳昆得知农民自卫队在高洞河的消息后，露出了狰狞的面目，准备围剿高洞河，捉拿张昌岐。

张昌岐获悉官府攻打高洞河的情报后，沉着冷静，立即召集刘岳生、吴郅堂、梁子恒，在灵凤山庙里密会。灵凤山在县城南郊，接龙桥畔。傍晚时分，张昌岐他们先后来到庙宇。张昌岐首先通报了当前形势，要求大家提出对策。刘岳生沉思片刻，激动地说:“敌人磨刀霍霍，我们不能坐以待毙，要提前行动才好。”吴郅堂考虑目前的处境和条件，提出了自己的看法:“兵书云，知己知彼，百战不殆。自卫队成立不久，经验不足，武器低劣，难以与敌人硬拼。要设法搞些枪支弹药，扩大力量。”张昌岐静听发言，细细琢磨，紧蹙的眉头逐渐舒展，坚定地说:“官逼民反，民不得不反。敌人已经把我们逼上梁山，我们不能等敌人进来打，最好是拉出去打！”最后大家决定，分4路进攻县城，夺取北军孟伯夫营的枪支，相机占领县城。

10月28日（农历九月二十二），一场由共产党领导的声势浩大的农民起义在闭塞沉静的来凤土地上爆发了。

清晨，浓雾笼罩大地，给山寨披上了一缕缕轻纱，太阳在东方投下一道道金光，把起伏的山峦装点得格外美丽。300多名农民自卫队员，头缠白帕，脚缠黄布裹腿，手持长矛大刀，集合在板沙界寨堡。张昌岐站在一个石墩上，扫视全场，以洪亮的声音说道:“队员们！告诉大家一个好消息，国民革命军已经占领了武汉三镇。为了配合北伐军的革命，我们今天举行武装起义，攻打县城，消灭军阀，消灭一切贪官污吏！”此时，群情激奋，欢呼声、口号声此起彼伏，震荡山谷。接着，张昌岐宣布行动计划：自卫队分4路潜伏东、西、南、北城门外，以西门外大树处鸣枪为号，同时抢攻，占领城楼，夺取枪支。并宣布了各路负责人名单和三条纪律：一要服从命令，听从指挥；二要沉着勇敢，不怕牺牲；三要团结一心，互相照应。

晌午时分，各队先遣人员身藏短刀，化装成卖菜卖柴的样子，陆续混入城内。但西门外的信号枪一直无动静。原来负责进攻西门的田步云，因动摇害怕，蛰伏在龙颈坳，迟迟不敢靠近城边。进攻南门的甜茶坪自卫队长杨仁正，准时进入城门，见到持枪的敌哨兵，怒火燃烧，求胜心切，在未听到联络信号之前，便提前动手。他们杀死了城门口的敌兵和巡哨的小头目，夺得了两支步枪。这时，不明真相的群众惊恐万状，一片混乱，惊动了城楼上的敌兵。敌人向进攻的自卫队员射击，杨仁正、杨仁爱、邓安凤、王子清4人，当即中弹阵亡。敌军先后关闭了四面城门，并用机枪封堵。手拿刀矛的自卫队员，无法与拥有枪炮的敌军对抗，不得不放弃攻城计划，向板沙界根据地撤退。

赴省汇报

次日深夜，乌云密布，松涛阵阵。山林中的猫头鹰、豺狼，不时传来撕人心肺的号叫声。寨堡内，自卫队员沉浸在悲痛之中，辗转反侧，难以入眠。

张昌岐、刘岳生等围坐在油灯下，总结攻城失利的教训。正在这时，疲惫不堪的侦察员吴湘生从县城回来了。他从一些匆忙买草鞋的敌兵口中，获悉北军孟伯夫准备集中队伍，傍晚出发攻打板沙界。他连晚饭也顾不上吃，冒着生命危险，踉踉跄跄，赶到了寨堡。吴湘生带来的情报，给会场增添了紧张气氛。不少人主张以寨堡为据点，与敌人死拼，为死难烈士报仇雪恨。张昌岐反复考虑后说："来者不善，善者不来。我们虽有寨堡，但是，人员少，武器差，难以与敌人持久作战，应该避开锋芒，寻找机会再打。"他停了一下，站起来激动地说："烈士的仇，一定要报；敌人欠下的血债，一定要偿还，军阀总有一天要被消灭！"经过讨论，大家同意暂时撤退隐蔽。附近的队员，投亲靠友，疏散隐蔽，同时，将寨内能带的东西，尽量带走。天亮前务必离开。

10月30日拂晓，当孟伯夫的一队人马耀武扬威来到板沙界时，望着空空的石头寨堡，气急败坏地朝着寨墙连打数枪。心虚的孟伯夫唯恐农民军有伏，急令部下回城。

张昌岐一行，匆匆来到革勒车，找到一户偏僻的农家休息。夜晚，他钻出茅草屋，站在山坡上，秋风袭来，他毫无凉意。灰淡的月光抛洒山寨，眼前浮现出董必武、陈潭秋在汉送行的情景，思绪万千。在这茫茫的黑夜，多么盼望北斗的指引！他沉思冥想，心胸豁然开朗，决心赴汉找亲人，向组织汇报。

张昌岐的想法得到了其他几位党员的赞同。当天，交代好任务，他便和吴郢堂轻装出发了。他们离旧司，过卯洞，经常德，历尽艰辛，到达武昌。在来凤籍共产党员胡楚藩、杨维藩的引见下，董必武、陈潭秋等同志在阅马场国民党省党部机关，接见了张昌岐、吴郅堂等人，听取了汇报。董必武高度赞扬来凤农民革命和武装暴动，介绍了当前的革命形势，要他们立即返县，总结经验教训，戒骄戒躁，发展组织，团结进步力量，积极开展革命活动。董必武最后明确指出三点：一是要筹备成立县党部，建立组织，实行国共合作；二是要组织农民协会、商民协会，发展农民自卫军；三是党务工作由张昌岐负责。

党的指示指明了胜利的方向，扬起了前进的风帆。他们归心似箭，日夜兼程，赶回来凤，迎接新的战斗。

进驻县城

1926 年 12 月初，国民革命军四十三军李筱炎部从贵州来到施鹤，进驻来凤。来凤县知事向炳昆和土豪劣绅闻风而逃。国民革命军的到来，给闭塞的来凤带来了革命的生机，对张昌岐给予大力支持。当即给农民军赠送一批武器弹药，并委派蔡钟毓为来凤的代理县长，辅助张昌岐处理政务，开展工作。

张昌岐如虎添翼，积极大胆地开展革命活动。他们利用地方团防武装之间的矛盾，暂时联合了腊壁司的土霸王田步云、李佑卿的百多人武装，调入县城，由张昌岐统一指挥。农民自卫军打开牢房，释放邓捷先等无辜百姓。邓捷先在亲朋好友及族人的欢迎中，披红挂彩回到家中。城内鞭炮齐鸣，群众欢欣鼓舞。

12 月 23 日，在县城文昌宫成立中国国民党来凤县党部筹备处，张昌岐任筹备处主任，杨维藩、刘岳生、吴郅堂、雷子文等为委员。并先后成立了 5 个区分部。县党部筹备处在县城隍庙隆重召开了板沙起义烈士追悼大会，重新隆重安葬了杨仁正等 4 位烈士。

1927 年 2 月 3 日（正月初二），县党部筹备处在县城主持召开了庆祝北伐胜利大会，到会 2000 余人。张昌岐登台讲话，介绍了在武汉的所见所闻，阐明了北伐的意义，号召全县军民要真诚团结，艰苦奋斗，实现国共合作，打倒贪官污吏和土豪劣绅，建立和平、民主、自由的新国家！会后，举行了声势浩大的游行。整个山城张灯结彩，一片欢腾，广大群众扬眉吐气，喜气洋洋。

紧接着，农民自卫军采取了一系列革命行动。他们到龙山县牛行堡捉回潜逃的大劣绅张育卿，并召开了千人公审大会，由张昌岐、王尔嘉（国民革命军代表）、聂永基（群众代表）组成公审法庭，宣判张育卿死刑，立即执行，为民除了一大害。

随着革命运动的高涨，张昌岐着手组建了中共来凤县支部。从此，来凤的革命有了坚强的战斗堡垒。全县农民武装蓬勃发展，农民协会如雨后春笋，会员发展到 4000 余人。

在党组织的领导下，4 月，逮捕了县知事向炳昆；5 月底，击毙了恶贯满盈的大土劣——原团防总公所长李佐卿。农民自卫军节节胜利，威震湘鄂边。张昌岐在一幅《万里封侯》图上挥笔写道："书生数月拥戈矛，破碎山河一战收；万里从戎男子事，功成何必定封侯？"

血洒酉水

1927 年 4 月 12 日，蒋介石背叛革命，风云突变，群魔乱舞。继驻鄂西的北伐军倒戈后，漏网的反动团防头目李竹武，以重金勾结大土匪向卓安、向锡山和龙山的师兴周、酉阳的杨鸣臬等土匪 1000 余人，700 多支枪，于 6 月 21 日围攻来凤县城。

张昌岐率领农民自卫军奋起抵抗。战斗异常激烈，持续了两天两夜。22 日晚，雷电交加，大雨滂沱，北门城墙被暴雨冲垮一个缺口，众匪乘虚而入，占领县城。自卫军在雨雾的掩护下突围出城。

来凤山城，乌云滚滚，血雨腥风。反动势力粉墨登场。他们捣毁了国民党县党部、县农会、县农民自卫军，一大批共产党员、爱国人士及其家属倒在血泊中。敌人公开悬赏缉拿张昌岐、杨维藩、刘岳生、吴郅堂等人，"捉拿一个共党分子，赏谷 100 石"。由于叛徒告密，不久，张昌岐、刘岳生在龙山县鸡公寨被捕。

8 月 4 日，骄阳似火，热浪袭人。张昌岐被五花大绑，由县城押往茅坝沙刀湾，来到原县团防总公所长李佐卿坟前。凶残的李竹武在张昌岐身上施展了灭绝人性的暴行，将他的双耳割下吊在坟头，在颈窝上戳洞插上蜡烛，两肩戳洞插上香火，并划开胸口取血和酒，把一个大猪头盖在头上，强令其下跪祭坟。面对淫威与残暴，张昌岐大义凛然，痛斥敌人："头可断，血可流，大丈夫宁死不可辱！你们要砍就砍，要杀就杀，老子是决不跪的！"他的双腿被戳得稀烂，浑身血肉模糊，仍然昂首挺胸，终不屈服。祭坟完毕，李竹武一伙又把张昌岐拖押行 30 余里，回城游行示众。张昌岐身着白衣短裤，光着脚板，头顶烈日，强忍痛苦，一步一个血印。沿途群众暗暗痛心落泪，敬佩这位钢铸铁打的硬汉子。回城后，敌人继续施以酷刑，对张昌岐拷打折磨，发泄仇恨。8 月 18 日，原县知事、大劣绅向炳昆召开大会，“公开审判”张昌岐。

县府考棚院坝内，戒备森严，阴森可怖。9 时许，全副武装的匪兵驱赶城镇居民和穷苦百姓，三五成群地陆续来到会场。豪绅们登台就座后，一声喝令，张昌岐由几个彪形大汉推押进来，顿时，人群骚动。群众见到亲人被折磨得不成人样，心如刀绞，目不忍睹，掩面流泪。张昌岐支撑着伤痕累累的身体，对低头饮泣的群众说：“乡亲们！你们都拢来，不要怕，莫对我看。我是为你们办事的，我死了以后，为你们办事的人还多得多。……”

向炳昆坐在台上，露出了狰狞的面目。他装模作样地正要审问，张昌岐抢先控诉：“向炳昆！你这条独耳狗、越狱犯，早该受到正法，根本不够资格审问我！”提起“独耳狗”“越狱犯”，像一把无形的利箭刺中了向炳昆的隐痛。他羞怒地抓起惊堂木狠狠一击，扯起破嗓子吼道：“张昌岐，此时此刻，你知罪吗！”

“知罪?! 我们共产党人为了国家的前途，为老百姓办事，有什么罪？有罪的是你这个双手沾满人民鲜血的刽子手！知罪的应该是你们这群欺压人民、无恶不作的反动派！要说我有罪，就是当初没有把你杀掉。”张昌岐沉着冷静，义正词严，一字一句，好似连珠炮弹射向敌人。敌人被震住了。群众慢慢昂起头，向张昌岐投去敬佩的目光。向炳昆暴跳如雷，连连敲打惊堂木。张昌岐不屑一顾，转向群众：“同志们，乡亲们！共产党人是不怕死的，革命者是杀不完的，革命一定会胜利，向炳昆一定会受到人民的审判，反动派总有一天会被彻底消灭！……”

张昌岐以法庭做讲台，揭露国民党反动派的滔天罪行，宣传共产党的真理，对革命充满了必胜的信心，对人民寄寓了深厚的感情。在场群众无不感动。向炳昆黔驴技穷，狼狈不堪，便喝令下手。张昌岐告别乡亲，来到西门郊外，临刑前，张昌岐面对敌人的枪口，高呼“中国共产党万岁！”

地沉沉，天昏坠；壮士意更坚，弓开箭不回。张昌岐壮烈牺牲后不久，吴孝烈、吴玉林在去咸丰县联络途中，不幸被敌抓获，施用酷刑后，砍头示众。吴郅堂在龙山被叛徒出卖而遭暗杀，李竹武命令取回首级及右手，悬挂城楼。恩施州最早的农民革命运动惨遭扼杀，然而来凤农民自卫军英勇斗争的事迹将永远留在人们的心里。①

［思考讨论］

1. 结合材料，谈谈板沙界寨堡起义的意义和启示？

2. 张昌岐在板沙界寨堡起义过程中发挥了什么作用？

［案例点评］

来凤板沙界寨堡起义体现了无产阶级和农民阶级团结一致进行革命斗争的不屈奋斗，虽然失败了，但是在鄂西地区最早建立了党领导的农民武装，打响了党领导农民自卫军武装革命的第一枪，开创了湘鄂川边区以革命武装反对反革命武装的先河，震撼了湘鄂边的反动统治，鼓舞了广大贫苦农民的斗志，当时的中共湖北区委机关报《楚光日报》做了报道，同时也体现了共产党人临危不惧、视死如归、英勇奋战的高尚品质。张昌岐作为一名优秀的共产党员，充分发动群众，团结进步乡绅，实现国共合作，积极发展党员，建立党组织，主动寻求上级党组织的指导，在来凤板沙界寨堡起义中发挥了中流砥柱的作用。

无产阶级是中国革命最基本的动力。无产阶级是中国在成为半殖民地半封建社会过程中出现的一个新的社会阶级。它不仅伴随着中国民族工业的产生、发展而产生，而且伴随着外国资本主义在中国直接经营企业而产生，主要是铁路、矿山、海运、纺织、造船五种产业的工人。无产阶级是新的社会生产力的代表，是近代中国最进步的阶级，是中国革命的领导力量。

农民是中国革命的主力军。在半殖民地半封建的中国社会，农民占全国人口的 80% 以上，他们深受帝国主义、封建主义和官僚资本主义的压迫和剥削，具有强烈的反帝反封建的革命要求。农民问题是中国革命的基本问题，新民主主义革命实质上就是党领导下的农民革命，中国革命战争实质上就是党领导下的农民战争。工人阶级只有与农民阶级结成巩固的联盟，才能形成强大的力量，才能完成反帝反封建的革命任务。工人阶级对农民的领导，是实现革命领导权的基础。没有工人阶级及其政党的领导，农民的革命动力作用无法得到

① 材料源自中共恩施州委党史办公室，恩施自治州教育委员会 . 大山烈火——恩施自治州革命故事集［M］. 北京：中国医药科技出版社，1993：1—10.

充分发挥。

［教学建议］

1. 本案例可用于第二章第二节“新民主主义革命的总路线和基本纲领”部分内容的辅助教学。

2. 本案例描述了来凤共产党人张昌岐领导土、苗各族农民在板沙界进行革命斗争的经历，使用时，教师可以联系我们党领导的南昌起义、秋收起义等史实，厘清我党分清敌我、开展武装斗争的重要性，引导学生深刻认识新民主主义革命总路线的内容和意义。

案例3　鹤峰苏区的各项建设

［材料呈现］

鹤峰，地处鄂西南武陵山脉东段，是一个土家族、苗族等少数民族同汉族聚居的山区小县。以贺龙同志等为代表的中国共产党人，在新民主主义革命特别是第二次国内革命战争时期，应对白色恐怖下的腥风血雨，引领各族人民前仆后继，在这里发展壮大红军队伍，创建了湘鄂西第一个县苏维埃政权——鹤峰县苏维埃政府。1929 年 1 月至 2 月，贺龙率革命军两次解放鹤峰县城，开始组建苏维埃政权和中共鹤峰县委，建立农民武装，创建苏区。1932 年 6 月 14 日，鹤峰县城被川军占领，9 月特委及独立团被迫转移，鹤峰苏区全部丧失。1933 年 1 月红三军返回鹤峰，县苏维埃政府重新建立至同年 12 月红三军转移。鹤峰苏区历时 5 年，在经济、政权、文化、武装建设以及教育事业等方面取得了很大的成绩。

土地革命运动

鹤峰苏区早在 1929 年上半年就开展了土地革命的宣传工作，并将土豪劣绅的土地分配给无地、少地的农民。比较全面普遍的土地分配还是在 1930 年 5 月召开全县第二次党代会和全县第二次苏维埃代表大会以后进行的。县委、县苏维埃举办训练班，培训区、乡部分党员和干部，组织学习土地革命的方针政策，鄂西特委特派员、中心县委主要负责人周小康，县委主要负责人郭天明、杨英亲自讲课。此外，县委还编印了一本小册子，指导土地革命工作。各区、乡苏维埃成立土地委员会（乡委员会下设贫农团），具体领导土地革命。城关区运动进行得最早，从 1930 年 10 月开始，其他区相继展开，至 1931 年 4 月，全县基本结束。

1930 年 10 月，湘鄂西第二次工农兵贫民代表大会制定通过的《土地革命法令》规定:“没收一切地主阶级、教堂、庙宇、祠堂的土地、财产和富农所余出租的一部分土地,平均分配给无土地和少地的农民及失业贫民,男女老幼均可分到土地。”“红军战士及家属亦得分配土地。”“废除地主、豪绅、军阀一切捐税,取消一切高利贷,政府只按累进率原则收公益费,并且不禁止雇佣耕种,不禁止买卖。”1930 年 10 月,湘鄂西特委通过《土地问题决议大纲》,明确规定党在农村中土地革命的路线是:“党对农民的策略,应该是抓住雇农贫农,联合中农,反对富农。雇农是乡村中的无产阶级,贫农是半无产阶级,应是党在乡村的基本群众。中农是乡村中的小资产阶级,应是党在农村中的同盟者。富农是乡村中的资产阶级,自地主阶级消灭之后,富农成为主要的剥削阶级,是我们的敌对阶级。”《土地问题决议大纲》还提出划分农村阶级的标准,即“凡有土地自己不耕种,也不雇人耕种,而只出佃坐收租谷者为地主。凡自耕农土地有余,而雇人耕种或以余田出租者,及佃农虽自己无土地,却有资本租得大批土地,所收获超过需要,并雇人耕种者为富农;不论自耕农、佃农土地仅是自给者为中农(中农分二等,一种富裕的中农,一种非富裕中农。富裕中农兼雇用少数工人耕种,因其土地数量与人口需要刚刚相符,故仍不失其为中农,不能因其稍有富余,便认为富农。自然,富裕的中农接近富农,但不能与富农同等看待);虽有小块土地,但不能维持生活,而兼做零工及其他副业方能维持生活者为贫农;完全没有土地而靠被人雇用者为雇农”。

鹤峰苏区在土地革命运动中,一般划分为四个阶级成分:1. 无产阶级(或称雇农、贫农);2. 半自耕农(或称贫农、下中农);3. 自耕农(或称中农);4. 土豪劣绅。土豪指的地主,占有大量土地,自己不劳而获;劣绅是地主中间的当权派,不仅占有大量土地、不劳而获,而且当官。

在土地革命中,首先满足贫雇农的需要,使他们得“满分”。如太平区赤贫吴海清没有土地,8 口人分得水田 15 石、旱地 30 石(以产量代面积,下同)。其次,对半自耕农也分给一部分,如太平区贫农傅定清2 口人,原有水田2 石、旱地 20 石,又给分进 2 石 2 斗水田;对自耕农是团结,不动他们的土地;对于未逃跑的土豪劣绅及其家属,也分给 1 分孬田,如燕子区土豪黄实秋的妻子未跑,给她留了 12 石苞谷的土地;商人和做手艺的人不分田。

当时,鹤峰苏区没有明显划分富农成分,不过在运动中对于“余田户”出租的土地仍然进行了分配。燕子区罗有德家 2 口人,有土地 200 多石,请了

3个人耕种，运动中将他多余的100石土地分给了别人。

凡是穷人所欠土豪劣绅的债务一律取消。农民之间的债务，按还息的年数，还本一部分或全部，如留驾司农民张典吾借了向国林1串钱，原息每年苞谷1斗，已付了3年息，这次本利都不还。

分田之前，以乡为单位，召开“无产阶级”会议，讲明政策，启发觉悟。接着，贫农团、共青团、妇女会、儿童团等组织一齐发动，大张旗鼓地宣传土地革命的道理，教唱革命歌曲，最流行的如周逸群创作的《农民歌》，家喻户晓，人人会唱：

农民联合起来啊，
黑地又昏天，压迫数千年，
耐劳苦、忍饥寒，生产供人间。
手胼复足胝，终岁不空闲。
历尽难中难，才到打谷关，
“四六”“三七”租常欠，衣食不周全。
想来好伤悲，农民真吃亏，
要吃饭，要穿衣，大家打主意。
快快结团体，加入农协会，
建设苏维埃，实行分土地。
杀尽土豪和劣绅，才得享安逸。

分配土地以乡为单位进行。在发动群众的基础上，由乡土地委员会和贫雇组长定出阶级成分，然后丈量田土、登记、造册，烧田契，插地标，按人口就近分配到户，以屋就田，肥瘦搭配，单身汉适当多分，乡苏维埃可留有少量机动田土。

对不法土豪实行坚决镇压。五里区蚂蟥坡土豪宋正义，反对土改，拒绝交出已分给贫农谭华之的好地。为此，区苏维埃政府在五里坪召开大会，以“反对土改”的罪名将其严惩。

土地革命的纪律十分严明，各级苏维埃经常进行检查，对于不执行政策的工作人员和积极分子，一经查实，坚决予以处理。燕子区溪坪乡共青团员严根培分田时，搞“肥进瘦出”，区乡苏维埃政府认为他严重违反政策，造成很坏影响，因此将其严惩。

1932 年 2 月至 4 月，城关、太平等区专门对执行土地政策的情况进行了复查，并做了一些调整。如太平区雇农李岩之分的田不好，都是些“烂泥糊”，属于搭配不当，经研究，重新给他调换了 4 丘好田。

经过土地革命，全县免除给豪绅的租课达 1000 万斤左右，农民分得土地，实现耕者有其田的愿望。各区乡都召开庆祝会，苏区成了一片欢乐的海洋。燕子坪召开数千人的大会，群众冒着风雪从方圆几十里处的乡下赶来，龙灯、狮子、采莲船等各种传统民间游艺形式都被搬上街头，土家族姑娘打起花鼓，有的还演起打土豪的“文明戏”（近似活报剧的一种），群众载歌载舞地欢唱：

分地盘，交工农，自己耕种自己用。

设政府，苏维埃，工农兵，好登台。

好快乐，好欢喜，共产党万岁万万岁！

土地革命有力地促进了生产力的发展，农民的生产积极性空前高涨。贫农彭连辉土改前租种土豪吴树堂一块 30 石的苞谷地，每年下肥 40 担，只薅两道草；这块地分给他以后，施肥 400 担，薅三道草，收了 50 筲（每筲约合 70 斤）苞谷，比往年多收 20 筲。土改后第一年全县粮食获得大丰收，农民家家户户有吃有穿有剩余，不少农户还杀了年猪。太平乡贫农吴海清一家 8 口人，往年没杀过年猪，有一年过年，全家只吃了 1 斤 4 两肉，这年杀了一头 100 多斤的肥猪，还做了糍粑、甜酒。

经过土地革命，广大农民群众的政治觉悟大大提高，踊跃参加保卫苏区、支援红军的斗争。城关区在土地革命前各乡赤卫队只有 100 多人，土地革命后激增到 500 多人。

苏维埃政权建设

鹤峰县苏维埃政权于 1929 年元月建立。历任县苏维埃政府主席的有吴天锡（1929 年）、易法琛（1929 年）、汪毅夫（1930 年）、郭天明（1930 年）、伍伯显（1931—1932 年）、张玉和（1933 年）、江君云（1933 年）、哈太成（1933 年）等人。副主席有徐锡如、陈协平、杨英、周琪、唐树勋、谭道见、田春甫、刘维山、张玉和、田玉山等人。

11 个区都建立了苏维埃政府（或农协会）。一区（城关）、二区（太平）、三区（燕子）、四区（留驾）、五区（邬阳）、六区（茅坪）、八区（麻水）、十区（走马） 1929 年建立；七区（梅坪）、九区（五里）、十一区（鹤建巴五特别区）农协会1930年建立。全县103个乡，到1931年上半年为止，有97个乡建立了苏维埃政府（含鹤建巴五特别区）。

县、区、乡苏维埃政府未正式成立以前，一般是先成立农协会，农协会既是以雇农贫农为主体的群众组织，也是苏维埃政权的代行机关。

苏维埃政权是工农民主政府，县、区、乡政权领导由群众大会选举产生。县苏维埃设主席1人，副主席2～4人，正副主席组成主席团，有秘书组，下设肃反、土地、军事、粮贸、组织、宣传、文教等委员会，每个委员会有委员3～5人。区、乡苏维埃均设主席1人，副主席1～2人，配有秘书1人以及土地、肃反、军事、财粮、组织、宣传、文教等委员。县、区、乡苏维埃每半年或一年选举1次，可连选连任。凡苏区人民，年满18周岁以上的，不分男女，都有选举权和被选举权。

各级苏维埃在党组织的领导下进行工作，各项重大政策、措施，首先在党内讨论、作出决议，然后由苏维埃政府宣布执行。

县苏维埃政府前后共召开过三次代表大会。第一次，1929年5月召开。第二次，1930年5月召开。第三次，1931年3月召开。出席大会的除了各区、乡苏维埃主席之外，有关委员也有参加。第二次县苏维埃代表大会重点讨论土地革命问题，区乡土地委员参加。第三次县苏维埃代表大会重点讨论肃反问题和生产建设问题，有肃反委员和财粮委员参加。

区、乡苏维埃政权建设，一般是由上到下，逐级建立，其中也有因特殊情况，由中共湘鄂西前委直接安排建立的。1929年2月，杜家村整编以后，贺龙委派红军战士贺从福（贺龙的族房弟兄）、杨家录（贺从福的郎舅）回家乡（吕坪、红鱼坪、老村）创办苏维埃政府，推举杨家录的外侄李宏林任苏维埃主席，杨家录任游击队队长，贺从福任联络员，彭如发任土地委员。政府设在吕坪的中坪，下设两个分政府：一是老村苏维埃分政府，由汪博武任主席；一是吕坪苏维埃分政府，由孙中华任主席。所以吕坪又称苏维埃联合政府。吕坪、红鱼坪、老村地处桑鹤边界的鹤峰一侧，鹤峰县城到堰垭、桑植的主要人行大道从这里经过，在这一带尽早建立苏维埃政府，有着很重要的意义。

经济建设

土地革命以后，苏区经济建设有了很大发展。1931年，苏区粮食总产量达到2000万公斤以上，比1930年增长两成。

各级苏维埃政府都很重视对生产的领导。驻在五里坪的中共湘鄂边特委和联县政府在1931年春发布了《号召春荒斗争宣言》。在宣言中，要求各级苏维埃政府购买大批谷种发给农民耕种，号召广大农民群众不完租，不完债，不完捐税，反对囤贱卖贵，到豪绅地主富农家里去搬粮食来度荒月；反对练团，组织农民协会，杀尽一切反动豪绅，反对进攻苏维埃区域，推翻国民党政府，建立苏维埃政府。为了解决粮食供给问题，联县政府还在白果坪设立“石鹤运粮办事处”，负责粮食购买、调运事宜。

自全县第三次苏维埃代表大会后，县、区、乡苏维埃干部亲自过问生产，帮助农民解决生产生活方面的实际困难。二区贫农范伯州缺乏农具，政府就给他发钱置农具。为了解决一些农户的劳力、牛工困难，有些乡还组织转工小组或换工小组。对屡教不改的二流子给予必要的惩罚。

土改之后，政府实行统一的税收政策，税率只有总产量的10%，而且粮食不满1石，茶油、桐油不满10斤的免予征税。除此之外，一切杂税概予取消，充分调动了群众的生产积极性。

鹤峰县铜铁矿的采掘、冶炼制造，历史悠久。在苏维埃时期又红火起来。1931年至1933年，红岩河铁厂在厂主卞海山的操持下，全厂有180多名员工，开展采矿、冶炼、铸造等生产经营活动，产生铁40余吨，铸造多种型号的铁锅等生活用品1700多件，制造小型铁质农具8000多件。不仅满足广大人民群众的生产生活需要，而且给各个枪炮局提供了大量制造土枪、土炮的优质生铁。在红岩河铁厂的带动下，黑湾铁厂、黄连台铁厂、青猴城锅厂、江坪河锅厂也相继开工生产。

对工商业，执行“保护小商小贩，取消一切苛捐杂税”的政策。如开馆子、开栈房、卖盐卖糖的一律免税。亏了本钱的，政府还给予贷款。对红茶商人，包括某些权势很大的商人，也加以保护。如留驾司的胡裕大茶号、五里坪和县城的茶号等，都能正常营业，并保证红茶外运安全。实行这种政策，打开了苏区和白区的商品交流渠道。苏区外运红茶，又从白区运进食盐、布匹、针线、食糖、电池等不可缺少的日常生活必需品。同时，还通过一些同情革命的商人，秘密运进苏区十分缺乏的医药品和武器弹药等军用物资，从而打破了国民党反动政府对苏区的经济封锁。

1931年春，鹤峰县设立农民银行，发行苏维埃政府货币，票额有五角、一元、一百文、二百文、五百文5种，发行的货币与市场上的银圆、铜币同时流通。1933年3月，将鹤峰县农民银行改名为鹤峰县苏维埃银行。为了保证货币信用，县区都成立了供销合作社，供应盐、布、糖、油、电池、火柴、针线等生活必需品，主要使用县银行的货币进行交换。

苏维埃政府的财政开支非常节俭，税收主要供给军队。在红军内官兵平等，待遇一样。政府工作人员一律没有工资，只有伙食费，有时可以分点“伙食尾子”（为伙食费结余的经费）。

教育事业

在未建立苏维埃之前，鹤峰全县仅福田寺、千斤坪、燕子坪、留驾司及走马坪5所小学，学生300余人，包括私塾在内也只有69所，学生1540人，无中学及其他种类教育。县苏维埃建立以后，特别是1930年5月全县党的第二次代表大会和第二次苏维埃代表大会之后，学校教育得到了前所未有的发展。各地除保留原有学校外，还兴办了一大批“苏维埃小学”，与此同时，也鼓励农民群众自己办学。短时期内，小学总数达151所，学生总数达3310人，其中新办小学93所，新增学生1770人。此外，还在红军主力部队中办起“学生队”“童子团”学校，在地方红军和游击武装中办起“子弟识字学校”。学校普遍建立起先锋队、儿童团组织，紧密配合苏区政治、军事及土地革命的开展，对广大青少年进行共产主义教育和初级军事训练。

其他如妇女夜校、农会夜校、青年识字夜校和识字组织等也纷纷开办，成千上万人参加扫盲活动。儿童团利用儿童特点采取大集中的训练方法，如回龙阁、栗子坪、留驾司、平山四处的学习训练，就集中了750余人。青年识字组采用革命竞赛办法，小组内识字者教不识字者，识字多者教识字少者，拟每人每天识5个字，要求能写能识。全县共青团和妇女会骨干在识字竞赛中起了带头作用。

1929年2月，第五区第六乡“学事委员”罗知军首先办起了茶园坡苏维埃小学。同年8月，第五区苏维埃政府召开教育工作会议，县委委员周琪主持，6个乡的苏维埃主席、副主席及学事委员、教师参加，专门研究部署苏维埃小学的创办和发展。

各级苏维埃政府领导学校，除筹措经费、聘请教师及改善办学条件外，特别注意团结旧知识分子，发挥他们的积极性，提高他们的无产阶级觉悟，贯彻苏维埃教育方针政策，从而保证了教育工作的正确方向。

苏区教育经费，除由县、区、乡三级政府筹措外，群众亦负担一部分。一般县、区两级苏维埃小学教师工资全由政府发给，每人月薪 20 串至 25 串，乡办小学教师月薪在 15 串左右，政府发 10 串，不足部分由家长负担。对家庭困难的学生，则减免学费。

苏维埃小学普遍禁止体罚，苏区运不进来课本，有的教师便把县里编的《苏维埃政府宣传提纲》作教材，编成一些通俗易懂的问答，如“问：乡下有几种人？答：有 5 种人。问：哪 5 种人？答：雇农、赤贫农、中农、土豪、劣绅……”。再如，“共产党，主义真。大团结，工农兵。打土豪、杀劣绅。”还有许多教师自编乡土教材，如邬阳关陈儒林编了一首破除迷信的顺口溜教学生：建始有个周戌春，眼睛瞎了学算命。他的记性也很好，算个八字记得清。三十六岁一把火，屋宇家囊化灰烬。慢后国军打红军，失落炮弹在边近，三个儿子拣到手，敲敲打打很高兴。哪料炮弹忽一炸，血肉横飞无影形。两般祸事这样狠，怎不自己先算命？看来都是龙门阵，安能替人指前程！

此外，还有选用政策法令中一些单词作为教材进行教学的，同时还允许以古书作为识字教材。私塾先生不会算术、音乐、体育，苏维埃就聘请干部或红军官兵去教。

湘鄂边党和红军领导人非常重视苏区的教育事业发展。1929 年春，贺龙在仓坪从沙塔坪请来教师，亲自筹办了仓坪历史上的第一所小学。1933 年，红三军重返鹤峰后，他得知这个小学在敌人“围剿”中停办，又从红军中抽调杨得品先生去办学，直到苏区沦陷，红军最后撤离湘鄂边时，杨得品才随红军转移。1929 年冬天，鹤峰县城十字街发生火灾，老先生洪墨林办学的房子被烧，贺龙指示一区特派员李子玉妥善安排，区政府迁移木房三扇归洪墨林所有，并发放救济款，资助学校复课。贺英游击队还在割耳台办了游击队学校。许多苏区知识分子出身的干部如谢文甫、唐成斋、廖汉生、徐锡如、陈年振等都为苏区教育事业发展付出过心血。

苏区各类学校在极其艰苦的条件下，为苏区培养了大批人才，输送了一批革命骨干，如红军学生队出来的范辉国在 1933 年第五次反“围剿”中担任鹤峰县游击大队长，陈义堂、王祝清等分别担任湘鄂边第五、第六游击大队长。在割耳台游击队子弟识字学校学习过的肖庆云、向轩等人在年纪尚幼时，即走上革命道路。

文化建设

鹤峰民间文艺形式丰富多彩。苏维埃政权建立后，党的宣传部门非常重视并广泛利用这些朴实的文艺形式，宣传无产阶级革命道理，宣传党和苏维埃的方针政策，鼓励广大劳动群众投身于这场伟大的革命战争，在启发广大青少年、妇女、工人、农民的阶级觉悟，掀起轰轰烈烈的工人运动、农民运动、妇女运动以及支援前线，参军参战方面起到了很大作用。《国际歌》《工农歌》《儿童歌》《妇女解放歌》及红军歌曲广泛流行，空前普及。鹤峰大山中亘古未见的话剧、活报剧等使苏区群众耳目一新。同时，妇女亦首次登上舞台，促进了女性的解放。

传统的民间文艺本身在形式上也得到了重要的突破和创新，在内容上更是灌注了生气勃勃的革命内容，焕发了夺目的光彩。鹤峰的传统戏曲剧种如南剧、柳子戏、满堂音、傩愿戏以及剧团大量上演具有英雄主义、爱国主义的剧目，使古老的地方剧焕发出具有革命时代特征的新活力。各种山民歌曲调如花鼓十二月歌、孟姜女哭长城，大量用来填写宣传革命内容的新词。尽情控诉国民党政府统治和地主资产阶级盘剥劳动人民的罪恶，如《壮丁恨》《抓兵歌》《国民党成什么样》《长工苦》《小媳妇》等；发动工农群众积极参加革命队伍的，如《工农联合起来》《死命跟红军》《铁壳大队真威风》《贺军长领我们闹翻身》等。

反映妇女参加革命的歌谣更多，仅流传至今的民歌小调就不下数十种，如《妇女歌》《放脚歌》《参加妇女会》《放哨歌》《送郎当红军》《盼红军》《望郎歌》等，更是家喻户晓，脍炙人口。

书写张贴标语，是苏区宣传、教育群众经常采用的一种文化形式。标语的内容，首先由中央统一宣传口径，然后由特委、县委的宣传部具体拟定，再发到各基层组织书写。标语口号分一般的和特殊的两类。一般的又分为政治、土地革命、苏维埃建设、工人、士兵、红军等类；特殊的分赤色区域、反水区域、城市贫民的、船夫的、编练队的、道友的等各方面，具有鲜明的政策性、针对性和鼓动性。此外，还有挂旗、画漫画等各种形式。1930年，在县城街头挂出一首写在白布上的“宝塔诗”：

穷
工农
可怜虫
为人雇佣
受尽牛马苦
生活在黑暗中
不辨南北与西东
共产党似暮鼓晨钟
唤醒了世界劳苦大众
拿起镰刀锤子向前冲锋
杀开一条血路遍地皆染红
打倒土豪劣绅实行土地革命
赶走帝国主义扫除一切害人虫
建设中华苏维埃一切权力归工农
无国家无买卖无竞争实现世界大同

工农红军也很重视宣传鼓动工作，他们每到一处，就开演讲会，写标语、画漫画、办壁报，向广大劳苦群众进行革命教育。1929 年 10 月，红四军在红岩坪休整以后，东进长阳、五峰，在长阳水竹园的小河边，有个土地庙，上面写了一副对联：“土发黄金宝，地生白玉珍”，横批是“吾土地也”。红四军经过这里，军部秘书蹇先为则利用“土地”二字，将对联改为“土豪劣绅土崩瓦解，地痞流氓地磨草光”，横批仍是“吾土地也”，这种巧改对联为我所用的宣传，群众印象极深。红军的标语、漫画，有的至今仍然依稀可见。

地方武装建设

地方工农武装，如独立团及县、区、乡各级游击队、赤卫队，是在全县苏维埃政权筹建和建立的过程中，敌人“围剿”不断加剧的情况下，为了保卫苏区、适应游击战争与扩大红军的需要，或先或后发展起来的。

湘鄂边独立团是湘鄂边地方武装中的骨干力量。开始称鹤峰县独立团，又称红四军第三游击司令部，团长贺炳南，副团长文南甫，中共湘鄂西前委于 1930 年 3 月决定组建，至 1931 年 1 月，中共红二军团前委决定撤销，部队编入红二军团。1931 年 3 月，红二军团前委决定将红四师之一部编为教导一师，师长王炳南，政委陈协平，参谋长董朗，留守湘鄂边。1931 年 4 月，中共湘鄂边分特委决定将教导一师改名为湘鄂边独立团。1932 年 9 月，湘鄂边独立团被迫撤出湘鄂边区，中共湘鄂西中央分局决定将湘鄂边独立团编入湘鄂西独立师。

除湘鄂边独立团外，湘鄂边特委管辖的还有三个游击梯队：湘鄂边第一游击梯队（又称桑鹤游击梯队，湘鄂边红色游击纵队、支队），梯队长贺沛卿，副梯队长王湘泉，活动在桑植、鹤峰、宣恩、建始边界；湘鄂边第二游击梯队（又称长巴游击梯队，由长阳、巴东、五峰等县游击队改编），梯队长田应畴，政委周易，活动在长阳、五峰、鹤峰三县边界；湘鄂边第三游击梯队（又称五鹤游击梯队，由湘鄂边独立二团和曾绍堂领导的洪湖游击队改编），梯队长汪沛然，政委贾国湘，活动在以湾潭地区为中心的五鹤边界。

鹤峰县游击大队于 1929 年 2 月成立，以后易名为县农民警卫团、县赤卫大队、湘鄂边红色警卫第十一大队、湘鄂边第一游击大队等。担任县游击大队大队长职务的有姚伯超、龚子生、吴琛、邱本仁、陈奇谟、杨万柳、李香甫、范辉国等人。全县先后建立了五个游击大队：第一游击大队大队长姚伯超、田玉山，300 多人，90 多条枪，活动在东乡坪、燕子坪一带；第二游击大队大队长田集堂，200 多人，90 多条枪，活动在桑鹤边界；第三游击大队大队长李斐然，50 多人，30 多条枪，活动在茅坪、麻水一带；第四游击大队大队长徐焕然，200 多人，100 多条枪，活动在太平镇一带；第五游击大队大队长范辉九，200 多人，100 多条枪，活动在城关新庄一带。

11 个区都建立了游击队（有的称游击大队、先锋队），一般 50 人左右，多的达 100 多人；乡苏维埃建立的地方武装，称之为赤卫队，一般是在苏维埃建立之后成立的，但也有在苏维埃成立之前由农民自发组织起来的。赤卫队人数无统一要求，30 ~ 50 人不等。赤卫队是不脱产的人民武装，凡年满 18 岁的工人、农民都可以参加（除土豪劣绅及其子弟外），平时为农，战时为兵，负责本地治安，有时也被调出协助红军和游击队作战。乡里除赤卫队外，还有少先队，队员 15 ~ 20 岁，是赤卫队的辅助力量，有正副队长、政委和军事、青妇委员等，全县有 1000 人左右。这样，除了独立团，仅县、区游击队就有 1500 人左右，600 多条枪，还有非常规武装（包括赤卫队、少先队）3000 多人。

1930 年春，中共鹤峰中心县委决定，围绕鹤峰苏区建立三个边防司令部：以金果坪为中心的巴建鹤边防司令部，司令曾贤文（又名曾平山）、副司令牛必松，下辖三个团；以椿木营为中心的恩宣鹤边防司令部，司令杨清轩、副司令王殿安，下辖三个团；以堰垭为中心的桑慈鹤边防司令部，司令贺文渊。边防司令部的建立是当时游击战争环境的产物，对加强根据地的保卫，特别在几次反“围剿”的斗争中，均发挥了重要作用。

在地方武装大发展时期，也有应运而生、不属上列的其他武装组织，如所坪青年大队。1930 年上半年，由于反革命两面派于名臣的破坏，走马区大部分乡没有建立苏维埃政权，苏区内所坪乡的主要权力，仍为大土豪龚思成所控制，当地人民群众仍然受其压迫、剥削，生活困苦，向往革命。6 月 1 日（农历五月初五），所坪、白果坪青年农民谢成禹、刘和生、朱佑生、张纯成、潘伦华等人自发组织起来，打出“青年队”的旗号，宣称与土豪劣绅为敌。第二天，队伍就发展到 50 多人。推举谢成禹代表“青年队”到走马坪找当时任独立团团长的贺炳南接头，贺炳南即正式承认这支自发农民武装，命名为“湘鄂边联防司令部青年大队”，任命谢成禹为大队长、刘和生为副大队长、张纯成为秘书。贺炳南指示青年大队发动群众，加强军事训练，在当地打土豪、筹款、造枪炮、扩充队伍。谢成禹回所坪后，将大部队迁到白果坪，迅速将青年大队发展到 140 多人，在所坪没收了土豪龚思成、向九武的 800 块光洋和 2 头肥猪。不久，移驻走马坪，参加歼击刘家瑞部的战斗，后又奉调参加麻水保卫战和战场坝阻击战。在激烈、残酷的战争岁月里，这支队伍逐步锻炼成长为一支战斗力很强的地方武装。

另外由中共湘鄂西前委或贺龙亲自任命组织的游击队有：1928 年 6 月至 1931 年 1 月，活动在堰垭七郎坪一带的七郎坪游击队（又称谷大姐游击队），队长谷德桃（人称谷大姐），40 余人、30 多条枪；1929 年 1—2 月，活动在走马地区的走马坪游击队，队长唐占丰，有 30 多人、枪；1930 年 4 月至 1931 年 2 月，活动在铁炉坪地区的铁炉坪游击大队，大队长刘云青、副大队长刘子松，40 多人、30 多条枪；1933 年 3 月至 8 月，活动在邬阳地区的湘鄂边第五游击大队，50 余人、30 多条枪，大队长陈义堂；1933 年 3 月至 8 月，活动在下坪、中营坪地区的湘鄂边第六游击大队，大队长王祝清，30 余人、20 多条枪。

这些地方武装对支援红军、保卫苏区、发展苏区均起到很大作用。①

［思考讨论］

总结鹤峰苏区各项建设具有哪些作用？如何体现新民主主义的基本纲领？

［案例点评］

一个政党的纲领，是公开树立起来的一面旗帜，是表明党的性质的重要标志。1940 年，毛泽东在《新民主主义论》中，阐述了新民主主义的政治、经济和文化。1945 年，他在党的七大所作的政治报告《论联合政府》中，进一步把新民主主义的政治、经济和文化与党的基本纲领联系起来，进行了具体阐述，形成了新民主主义的基本纲领，为新民主主义革命指明了具体奋斗目标。

革命的根本问题是政权问题。中国共产党领导人民开展新民主主义革命，是要建立一个新民主主义政权。新民主主义的政治纲领是：推翻帝国主义和封建主义的统治，建立一个无产阶级领导的、以工农联盟为基础的、各革命阶级联合专政的新民主主义的共和国。国体——各革命阶级联合专政，政体——民主集中制的人民代表大会制度，这就是新民主主义的政治。新民主主义的经济纲领是：没收封建地主阶级的土地归农民所有，没收官僚资产阶级的垄断资本归新民主主义的国家所有，保护民族工商业。新民主主义的文化纲领是：无产阶级领导的人民大众的反帝反封建的文化，即民族的科学的大众的文化。

鹤峰苏区的苏维埃政权建设就是新民主主义政治纲领的具体践行，土地革命运动和经济建设就是在践行新民主主义的经济纲领，教育事业和文化建设就是新民主主义文化纲领的践行。

鹤峰苏区在艰苦的环境中开展的各项建设具有重要的作用：1. 进行土地革命运动，打破封建的土地所有制，解放了生产力；2. 进行苏维埃政权建设，在苏区初步实现了人民当家作主；3. 进行经济建设，满足广大人民群众的生产生活需要，打破了国民党政府对苏区的经济封锁；4. 开展教育事业，提高了人民

① 材料源自中共鹤峰县委县人民政府史志办公室 . 中国共产党鹤峰县历史（第 1 卷）［M］. 北京：中共党史出版社，2009：104—134.

群众的文化素质，为革命培养了大批骨干力量；5. 进行文化建设，丰富了人民群众的精神生活，促进了人民群众的思想觉醒，启发了人民群众的阶级觉悟；6. 进行地方武装建设，为建立建设苏区提供坚强的力量保证。

［教学建议］

1. 本案例适用于第二章第二节“新民主主义革命的总路线和基本纲领”部分内容的辅助教学。

2. 本案例详细描述了历时 5 年的鹤峰苏区在政权、土地革命等各方面建设的史实。在使用过程中，可以提前布置学生搜集类似的革命根据地建设的事例，在课堂组织讨论，与案例材料进行比较分析，帮助学生进一步理解新民主主义革命的基本纲领。

案例4　略论鹤峰苏区在湘鄂西武装割据中的战略地位

[材料呈现]

鹤峰县，隶属恩施土家族苗族自治州，位于湖北省西南部，恩施州的东南部，与湖南省毗邻。在第二次国内革命战争时期湘鄂西武装割据中，以其特殊的战略地位发挥过十分重要的作用。它既是湘鄂边红四军的摇篮，又是湘鄂西武装割据的战略后方。在这里，贺龙等同志创建了湘鄂西第一个县苏维埃政权。全县人民在党的领导下最广泛地动员起来，同反动派进行了艰苦卓绝的斗争，为人民军队的建设和成长，为我党“农村包围城市、武装夺取政权”的基本理论提供实践经验，提供了经验和教训，为夺取全国政权做出了自己的贡献。

鹤峰苏区是湘鄂西武装割据的战略后方

为了开创湘鄂西工农武装割据的局面，1928 年 3 月，贺龙、周逸群、贺锦斋、李良耀、芦冬生等二十余人按照党中央的指示来到湘西桑植县洪家关，建立工农革命军，一举攻克桑植县城。工农革命军初战告捷，引起国民党反动派的恐慌，立即纠集军队进攻工农革命军。4 月初，工农革命军立足未稳，在贵州军阀 43 军龙毓仁旅的攻击下，桑植县城和洪家关相继失守，革命军被打散，余部撤到鹤峰境内堰垭山区的红土坪，贺龙化名“车胡子”在桑（植）鹤（峰）边界发动群众，扩大武装，以在敌强我弱的情况下消灭敌人，发展自己。并派人到鹤峰县城同党组织取得联系。要求鹤峰党组织加强政治宣传，并抓紧争取“神兵”的工作，为实现湘鄂西的武装割据做准备，还派李良耀协助工作。4 月下旬，在桑植被打散的王香权、刘玉阶、李少白等部也到了红土坪，经过休整扩军，部队发展到 700 多人。

1928 年 6 月，工农革命军再次出击洪家关，因敌强我弱，战斗失利，只剩 300 余人，第二次退到鹤峰七郎坪。7 月初，以贺龙为书记的中共湘西前委成立，部队进行初步整顿，正式编为工农革命军第四军，贺龙任军长，黄鳌任参谋长，陈协平任秘书长。部队根据几次挫折的教训，决定：一、以我军无产阶级革命化思想为指导改造旧部队，加紧对下级干部和士兵的政治军事训练，吸收士兵进步分子入党；二、进行土地革命和建立苏维埃政权的宣传；三、确立红军游击战争的基本原则，准备东进石门，扩大游击战争。这次整军发展士兵党员 40 人，大队以上设党代表。部队扩大到 1500 人。8 月 20 日，工农革命军从七郎坪和罗峪出发东进石门，支援石门南乡暴动，计划向松滋、澧县发展，于 9 月 8 日回师渫阳，遭敌军袭击，黄鳌牺牲。10 月 21 日，石门丝毛岭战斗失利，贺锦斋牺牲，工农革命军第三次退到鹤峰梅坪、堰垭，当时部队仅存百余人。1928 年 11 月底，工农革命军第四军在鹤峰堰垭整军。此时中共湘西前委更名为湘鄂西前委，贺龙为书记，在最困难的时刻，驻鹤峰太平锅耳台的贺民英游击支队给工农革命军送来一批布匹和棉花，同时找了十几个裁缝为工农革命军官兵日夜赶做棉衣，并协助整顿，疏散和安置伤病员和家属。经过整顿的工农革命军基本队伍只剩下 91 个人、72 支枪。人数减少了，但政治素质和战斗力有所加强。

1928 年冬，湘西军阀陈渠珍派姜文周团分两路由湖南白竹坪、三合街向红土坪进攻，我军血战突围，伤亡甚重。前委决定革命军化整为零，分散活动。贺龙、陈协平等四十余人转战于红土坪、七郎坪、堰垭、桑木坪、红鱼坪一带大山中，与敌周旋于山林峡谷，几乎天天搬家，夜夜转移。工农革命军得到了山里群众的支持，特别是贫苦农民，他们冒着生命危险掩护工农革命军，筹集粮食，侦察敌情，联络亲友，发动群众。敌军“进剿”月余，一无所获，只好在红土坪放火烧掉贺龙和红军住过的一所房子，然后悻悻而去。姜文周在给其上司的报告中写道：“该逆防范周密，日久数迁，据险固守，诚不易攻。”

工农革命军在堰垭地区的艰苦游击战中求生存，求发展，在实践中逐步摸索湘鄂边游击战争的客观规律，以适应湘鄂边武装割据初期的客观形势。前委鉴于湖南方面敌人力量较强，决定改变策略，选择敌人力量比较薄弱的地方进攻以开辟游击区域。1928 年 12 月 14 日，工农革命军自鹤峰梅坪出发，经湖北宣恩、咸丰、利川、恩施迂回游击，攻克建始县城，然后抵达地处鹤峰北部的邬阳关。1928 年年底，贺龙在邬阳关斑竹园会见了“神兵”首领陈连振，启发他把斗争矛头直接对准反动统治阶级，参加创建苏维埃的斗争。早已受我党影响的陈连振欣然接受收编，1929 年 1 月 3 日，二百多“神兵”正式改编为中国工农革命军第二特科大队，陈宗瑜任大队长，覃苏任副大队长。1 月 7 日，工农革命军 400 多人 200 多条枪，从邬阳关出发，在观音坡击溃鹤峰县常练队，接着以特科大队为前锋，8 日，强攻威风台，接着攻克鹤峰城、太平镇、洞长湾，开始以鹤峰为中心创建根据地。湘鄂西前敌委员会向中央汇报说：“腊月初三日，县苏维埃政府宣告成立。委员为吴天锡、江景云、徐锡如、汪毅夫、陈宗瑜、范松之、吴秉奎等。当天开庆祝大会，宣布了苏维埃政纲，参加大会的贫苦民众六百多人，革命空气异常高涨。”2 月，建立中共鹤峰县委，接受湘鄂西前委领导，“有陈协平、刘植吾、徐锡如等负责，各支部工作亦在积极进行”。

1929 年 2 月初，工农革命军集结于鹤峰梅坪杜家村，传达党的“六大”精神，学习关于建设根据地、分配土地的指示，根据中央指示，工农革命军第四军改编为中国工农红军第四军。贺龙任军长，恽代英任党代表（未到职）。贺龙回忆说：“进鹤峰后，整理了部队，搞起了苏维埃，红军中有了党代表，政治部……”这才站稳了脚跟。

贺龙同志领导的红军主力在鹤峰七进七出，每次失利受挫，都返回鹤峰休整，扩军，休养生息、发展壮大之后，又开始新的出击。在湘鄂西割据时期，红二军团历史上（包括工农革命军、红四军及后来的红二军团、红三军）十一次有史可考的整编，有六次是在鹤峰境内进行的。这样，在湘鄂西割据的全部过程中，以鹤峰为中心的湘鄂边区始终作为巩固的战略后方而存在。地方党和红色政权的建立，红军游击战争的发展，土地革命的进行，统一战线的建立，扩大了武装割据的政治影响，鼓舞了苏区军民的斗志，为湘鄂西大规模武装割据奠定了巩固发展的基础。

鹤峰苏区是湘鄂边苏区的中心和四次反“围剿”斗争的主战场

工农武装割据的思想，就是以武装斗争为主要形式，以根据地为依托，以土地革命为基本内容，通过农村包围城市，最后夺取城市。这就首先要求有相当力量的红军和相当规模的灵活机动的游击战争的发展作为重要保证，更需要有一块十分巩固的根据地和红色政权。

鹤峰县苏维埃政府的建立和中共鹤峰县委的成立，揭开了湘鄂西武装割据斗争的序幕。红军游击战争的发展得到了中央的充分肯定，周恩来为中共中央起草的指示信指出：“从建始与鹤峰两次战争经过看来，你们发动了群众，镇压了豪绅，收缴了反动民团和警察的枪支，这些都是合乎游击战争的原则的。”

面对湘鄂西武装斗争规模的扩大，敌人感到了严重威胁，1929 年 3 月发动了对红四军的“围剿”。红四军依靠巩固的群众基础，采用机动灵活的战术，开展反“围剿”，3 月 18 日的红鱼溪大捷，一举歼灭湘鄂西民团主力，并将敌总指挥王文轩击毙，左翼孙俊峰亦闻风而逃。从而彻底粉碎各路团防分进合击的部署，使鹤峰红色政权出现了一个稳定发展的新局面，红四军发展到 3000 多人。1929 年 6 月 14 日，红四军再攻桑植县城，建立了桑植县苏维埃政府，湘鄂边苏区迅速扩大。桑植境内南岔、赤溪两次战斗后，红四军发展到 5000 多人。同年 10 月，红四军与国民党“围剿”军作战，因五团团长伍琴甫叛变，战斗失利，一团团长贺贵如、四团团长陈宗瑜牺牲，红四军撤到鹤峰西北的红岩坪休整。11 月又在邬阳关组建红四军第五路军指挥部，指挥陈连振，党代表刘植吾，下辖四个团，共 1500 余人。1930 年年初，红四军受命东下与红六军会师，配合一、三军团攻打中心城市，第一次从邬阳关出发东进，在五峰渔洋关受敌阻截，“损失千多人，撤回鹤峰整顿”。3 月，红四军从鹤峰五里坪出发二次东进。在五鹤边境消灭大团防孙俊峰，在湾潭鹿儿庄成立了五峰县苏维埃政府。

红四军东下之前，为加强苏区政治军事的统一领导，成立了鹤峰中心县委。“鹤峰有中心县委，总管桑（植）鹤（峰）五（峰）长（阳）宣（恩）”，其后长阳、石门两县苏维埃政府相继建立，这时湘鄂边根据地以鹤峰为中心，把长阳、五峰、桑植、石门等县部分地区连成了一片，形势一派大好。1930 年 12 月，红二军团克津市、围澧州，后在杨林市被强敌围困，且战且走，退回鹤峰，接着就在中心县委、鹤峰独立团和贺民英游击支队配合下，在走马坪收编了川军甘占元等部 3000 余人，得到很大补充。1931 年年初，红二军团向石门出击，在瓜子峪失利后再退鹤峰走马坪，休整后再出鹤峰，连克五峰、长阳、资丘，到枝柘坪改编为红三军。红二军团前委在枝柘坪开会决定，成立湘鄂边分特委和联县政府，组建教导师留守湘鄂边，以鹤峰为依托，巩固湘鄂边苏区。4 月 3 日决定分特委机关和联县政府设鹤峰五里坪，4 月 7 日正式办公。

5 月初，中共中央湘鄂西分局代表唐赤英到五里坪主持分特委扩大会，传达中央六届四中全会精神，改分特委为特委，周小康任书记。特委和联县政府在军事上除领导和指挥独立团以外，还发展和整顿苏区地方武装。各县区乡普遍建立了游击队、赤卫队、少先队，尽管此后一年多时间内红三军远离湘鄂边，独立团仍在人民支援下与十倍于我之敌开展游击，有效地保卫了苏区的土地革命，直到 1932 年下半年向江陵转移。

1932 年 7 月和 9 月，监利周老咀、洪湖瞿家湾先后失守。红三军退出洪湖，经豫南、陕南、川东入鄂西巴东，然后南渡长江，于 1932 年 12 月到达邬阳关。12 月 30 日攻占鹤峰县城，恢复了鹤峰县苏维埃政府。1933 年 2 月，中共中央湘鄂西分局在走马坪开会，再次做出了“以鹤峰为中心发展周围苏区的决定”。由于湘鄂边武装割据历时五年，鹤峰早被敌人视为贺龙和红军的“老巢”，他们估计到红三军离开洪湖，必回鹤峰，因而倾力进攻，湘鄂边成为国民党军队第四次“围剿”计划的重要组成部分。果然，红三军刚到鹤峰，敌军就蜂拥而至，迫使红三军在七千里长途转战之后又仓促投入战斗。红三军在走马坪和芦冬生率领的独立师会合后，整编为七、九两师，红三军军部、中央分局机关随之迁往邬阳关、金果坪、红岩坪等地，一边反“围剿”，一边打给养，一边搞“肃反”。1933 年 12 月，敌军占领鹤峰苏区，中央分局决定放弃湘鄂边，转到川东南，开辟湘鄂川黔边苏区。

从 1929 年 3 月到 1933 年 12 月，湘鄂边苏区反“围剿”大小战斗数百次，多数在鹤峰境内或边境地区进行。鹤峰因其在苏区的中心地位，成了苏区反“围剿”的主要战场。苏区军民同仇敌忾，浴血奋战，保存了革命力量，粉碎了敌军的多次大规模进攻，在相当长时期内，保证了湘鄂边武装割据局面的巩固和发展。①

［思考讨论］

1. 鹤峰为什么能够成为湘鄂边苏区的中心？

2. 思考中国共产党为什么要建立农村革命根据地，它的作用是什么？

---

① 材料源自中共鹤峰县委党史资料征编委员会，政协鹤峰县文史资料研究委员会. 血染的土地——纪念鹤峰苏区创建六十周年［M］. 鹤峰县，1985：1—15.（内部资料）

[案例分析]

“工农武装割据”是实现农村包围城市、武装夺取政权的必由之路。它是指在中国共产党领导下，以武装斗争为主要形式，以土地革命为中心内容，以农村革命根据地为战略阵地的三者密切结合。武装斗争是中国民主革命的主要斗争形式，是进行土地革命，巩固和发展革命根据地的最有力的工具；土地革命是中国民主革命的中心内容，农民是民主革命的主力军，满足了农民的土地要求，才能最广泛地动员和组织农民群众参加武装斗争，巩固和扩大革命根据地；农村革命根据地是中国民主革命的战略阵地，是开展土地革命，进行武装斗争的基础和依托。三者相辅相成，缺一不可，是有机的统一体。土地革命、武装斗争和根据地建设，既是新民主主义革命的重要内容和主要形式，也是农村包围城市革命道路的重要组成部分。

毛泽东在阐述走农村包围城市道路的必要性时指出，广大农村是反动统治的薄弱环节，无产阶级要坚持奋斗下去，准备积蓄和扩大自己的力量，就必须把落后的农村建成先进的巩固的根据地，借以在长期战斗中逐步地争取革命在全国的胜利。他还指出，要想完成农村包围城市最后夺取全国政权这个伟大任务，就必须在游击区域建立巩固的红色政权。而其基本内容就是有根据地的，有计划地建设政权的，深入土地革命的，扩大人民武装的路线。

鹤峰苏区的开辟和形成完全符合上述条件。它建立了巩固的红色政权，有一块巩固的地盘；它深入进行了土地革命；它拥有一支相当数量的地方红军武装，在整个湘鄂西工农武装割据的伟大斗争中，鹤峰苏区不仅是湘鄂边苏区的中心，而且是湘鄂西最富生命力的苏区之一。

从政治上看，鹤峰虽偏僻，但受革命影响较早，20 年代初即接连爆发以反抗封建统治阶级的政治压迫和经济剥削为主要目标的农民起义。1926 年又受北伐和湘鄂农运影响，一批共产党员下到山寨、乡村，到农民群众中，到“神兵”中，宣传马列主义。由于党的影响，农村阶级斗争已开始了由自发到自觉，由分散到集中，由非武装到武装的演进过程。以活动在桑鹤边界的贺民英农民武装和邬阳关“神兵”为例，他们都具有鲜明的反帝反封建反官僚地主阶级统治的性质，他们常常自觉地站在被压迫阶级的立场上，爱憎分明，疾恶如仇，一旦觉醒就接受党的领导，投入革命阵营。陈连振的“神兵”一开始建立，就坚决地打击当地的土豪劣绅。数万土家族、苗族贫苦农民除了深受阶级压迫以外，还受到民族压迫和歧视，因而具有强烈的反抗精神，向往革命。

在经济上，土地、山林高度集中，人数占总人口 5% 的土豪劣绅却占有全县水田的 80% 和旱地的 41%。土豪劣绅剥削方式繁多，搜刮农民的办法层出不穷，农民农、副、土特产品价格极为低廉，远不足以应付各种苛捐杂税，无论荒年、丰年，贫苦农民都难以摆脱官府、土豪、奸商的盘剥，迫切要求改变现状。

从地理上看，鹤峰地处湘鄂边，地势高，为四水（溇水、澧水、酉水、渫水）之源，山势险要，山深林密，易守难攻，东出江汉、洞庭，西通川黔，北有清江为堑，南有武陵为屏，适于开展游击战争。且山中多峡谷、盆地，气候温和，物产丰富，精粗杂粮，足可养兵。

从敌方力量看，国民党政府在这里的政治统治和军事力量同其他地区比较，相对薄弱，且内部矛盾多，指挥不统一，便于各个击破。

从社会关系看，贺龙同志的外婆家在鹤峰，从护国、护法战争起，鹤峰就有不少人追随他。他的旧部属、拜把兄弟和亲朋遍及鹤峰各地，社会联系广泛。贺龙的胞姐贺民英也在鹤峰长期居住，对鹤峰极为熟悉。

综上所述，天时、地利、人和，各种主客观因素，构成了鹤峰成为湘鄂边苏区的中心并起到战略后方的作用。

［教学建议］

1. 本案例适用于第二章第三节“新民主主义革命的道路和基本经验”部分内容的辅助教学。

2. 本案例主要阐述了鹤峰苏区在湘鄂西革命根据地中所处的战略地位。在使用时，有条件的话可以组织学生去鹤峰苏区遗址实地参观考察，引导学生深化对“工农武装割据”思想的理解，加强学生的马克思主义信仰。

案例5 贺龙同志
在创建鹤峰苏区时的统战思想

[材料呈现]

第二次国内革命战争时期，贺龙领导创建的鹤峰苏区，不仅是湘鄂边根据地的中心，而且是湘鄂西武装割据的重要策源地和战略后方。

苏区的经验极为丰富，其中重要的一条，就是贺龙等主要领导人运用统一战线这个法宝，团结各路人马，组成浩浩荡荡的革命大军共同奋斗。

胸怀博大汇百川

1928年冬，党中央派贺龙、周逸群、芦冬生等几个同志来到湘鄂边开创革命根据地。星星之火很快形成了燎原之势。

贺龙为什么能够一呼百应，很快集中三千人马在洪家关聚义，一举攻下桑植县城呢？

在湘鄂边，贺龙有着十分广泛的社会关系：有亲朋好友，有部属故旧，有同赶骡子的老伙伴，有哥老会的众弟兄。这些关系，虽然有的包含着一些封建色彩，但是，贺龙以革命大局为重，从团结的愿望出发，利用各种盘根错节的关系，广为联络，凭着他的声望，迅速拉起了队伍，一下子形成了叫反动派胆战心惊的局势。他的大姐贺英首先起来响应。贺英原是哥老会中的凤头大姐，民国初年随丈夫谷绩廷拖队伍，驻扎在桑植让家山的鱼鳞寨上。谷绩廷被军阀陈渠珍阴谋暗杀后，她就代夫领兵。这时，她将自己的队伍，还有大妹贺满姑和幺妹贺绒姑之夫的武装共一千多人，全部交给了贺龙，成为工农革命军的基本力量。

在哥老会中，贺龙曾是小老幺。桑植南岔的文南甫是三哥，曾参加过贺龙组织的巴茅溪夺枪，二人很要好，听说贺龙回来了，文南甫星夜率部投奔洪家关。在斗争中，他们那种结拜弟兄的关系，逐渐升华成志同道合的革命战友关系。后来，文南甫担任了独立团副团长，利用哥老会的特殊身份，为收编川东土著武装立了大功。

罗贵富是鹤峰走马坪的一个富商，素来敬仰贺龙。贺龙当澧洲镇守使的时候，他们有过交往。桑植失利以后，贺龙带着芦冬生等几个人到鹤峰走马坪住在罗贵富家，罗贵富热情接待，帮助他们安全渡过难关。离别时，罗贵富要儿子拜贺龙为父，贺龙欣然同意。结成干亲家之后，他们过往甚密，建立了很深的友谊。后来，罗贵富被敌人抓住，打得死去活来，至死都未叛变。

具体分析辨敌友

神兵，在当时的湘鄂西比较普遍。1929 年 9 月，贺龙在给中央的报告中，对鄂西神兵做了实事求是的分析。报告说，“神兵虽属迷信团体，但大部分是被压迫的劳动人民啸聚而成，为了反对军阀、反对苛捐杂税而武装起来的，以神堂为单位，平时务农、战时为兵，他们念咒画符，歃血请盟，自信刀枪不入，作战十分勇敢。他们亦有严重弱点：一是成分复杂，思想狭隘，没有进步的政治纲领；二是封建迷信，多受宗族左右和敌人的利用”。因此，“对神兵领袖必须采取分化政策，吸收其下层觉悟的群众，成为党的群众”。基于这种认识，以贺龙为书记的中共湘鄂西前委，对农民出身、富有正义感、被迫造反的邬阳关神兵领袖陈连振、陈宗瑜父子，宣恩晓关的乾善统等，采取了教育、改造、收编的办法，变神兵武装为革命武装；对知识分子出身、咸丰黑洞有权有势的神兵首领王锡九，采取联合的办法，变神兵为朋友；对危害百姓、作恶多端的利川汪营神兵首领铁拐李，则坚决消灭之。

邬阳关神兵，是鹤峰、建始、巴东、五峰、长阳五县交界之地最大的一支农民武装。他们的口号是“抗捐抗税、抗兵抗佚，有福同享、有难同当”。1928 年 5 月，鹤峰地下党组织向贺龙汇报了这一情况之后，贺龙立即指示，派共产党员到神兵中去做争取工作。次年元月，贺龙率工农革命军转战鄂西南来到邬阳关时受到陈氏父子的热烈欢迎，顺利地将这支神兵收编为工农革命军第三特科大队，成为解放鹤峰城的先锋。以后编为红四团，南征北战，成为红四军的一支主力部队。陈氏父子都为革命捐躯。邬阳关神兵首领中也有反动派，那就是神坛师傅黄金鳌。工农革命军攻下鹤峰县城以后，他煽动四、五十个神兵兄弟到留驾司，打出“神兵第一军”的旗号。对于这种人，贺龙没有迁就，也没有派大兵进剿，只派了两名与神兵有密切关系的党内同志，深入虎穴，除掉了坏蛋，带回了受骗的弟兄。

力争盟友灭顽敌

贺龙对待革命的同盟者，哪怕是不太坚定的、对合作有苛刻条件的，都尽力争取；同时，也准备着一旦他们向革命宣战，就给予坚决的打击。

鹤峰红土坪的大土豪田少梦，民国初年与贺龙有交往。革命军在桑植受挫之后，贺龙带少数人搬到红土坪，田少梦热情款待，为掩护革命军出了力，湘军团长姜文周曾因此以“共匪”的罪名，下令烧了田少梦的房子。随着革命斗争的深入，尤其是革命军队在红土坪一带打了几个土豪，田少梦父子惊慌起来，趁工农革命军主力游击鄂西北之机，将贺龙留给他的几支枪拖下鹤峰城，投靠了伪县政府，当上了常练队队长。当工农革命军攻打鹤峰城时，他带兵驻守观音坡阻击。失败后，他又随伪县长唐廷耀逃到太平镇。工农革命军追至太平镇，在洞长湾击毙了唐县长，将他活捉。贺龙仍以礼相待，耐心争取。可是田少梦并不悔改，同儿子田三幼一起继续对抗红军，鹤峰城第二次解放时，贺龙掌握了他们大量罪证后，坚决予以镇压。

贺龙在任澧州镇守使时，部下一名连长叫王文轩，被任命为石（门）慈（利）鹤（峰）边区清乡司令，他打着“清乡安民”的旗号，独霸一方。洪家关聚义时，他有数百人枪驻在鹤峰县城，贺龙约他参加。他既不敢马上翻脸、得罪老上司，又怕丢了老本，于是，耍了一个滑头，来话不来钱，只口头上表示支持。桑植失利后，贺龙带十几个人转移到走马坪王文轩的防区，他也曾掩护了贺龙等人，并安置了工农革命军的部分伤员和家属。这事后来受到了其干老子孙峻峰（五鹤边界最反动的团防头子）的指责，敌四十三军又给了他一顶“教导二旅长”的帽子。这就使他完全倒向了反动派，要与贺龙划清界限。1929 年 2 月 24 日，他一手制造了杀害工农革命军干部伤员的走马坪惨案，并以“湘鄂西团防总指挥”的名义，组织手下数百人枪，煽动胁迫上千群众，妄图“攻下鹤峰城，活捉贺云卿（贺龙）”。尽管如此，贺龙还是给他写信，劝他不要玩火自焚。同时派人到走马阳河做于章如的工作，争取他那百十人枪中立。于章如遵贺龙意，按兵未动，王文轩却孤注一掷，发兵鹤峰。红军被迫应战，在离城二十余里的张家坪红鱼溪设伏，将王文轩击毙。其部全线溃退，贺龙领兵追敌 30 多里。

团结尊重文化人

贺龙学历虽不高，但他却能同党内外的知识分子合得来，并注意充分发挥他们的聪明才智。

当时的革命阵营，特别是领导层中，知识分子为数不少。县苏维埃主席团七名委员，有四个是文化人。1929年，贺龙亲自组建中共鹤峰县委，三个主要成员，有两个知识分子。全县十个区，有七个区苏维埃负责人是文化人。对于这些同志，贺龙以诚相待、肝胆照人，因此，他们为革命出生入死，竭尽全力。这些知识分子都是革命的英雄好汉，绝大多数为中国人民的解放事业献出了自己的生命。

对社会上有知识的人才，贺龙也很注意发挥他们的一技之长为苏区服务。县城西街的姚氏三姐妹，出身书香门第，读过私塾，略知经史。她们不裹足、不蓄长发，执意终身不嫁，皈依佛门，以示对封建礼教的反叛。县苏维埃成立后，贺龙派人去做工作，鼓励她们参加苏维埃的斗争。她们参加革命活动后，工作很积极，分别被选为县苏维埃妇女会的委员和队长，大姐二姐后来都嫁给了红军干部。鹤峰城有个著名的教书先生叫洪墨林，1929年冬，十字街发大火，把他的房子和教馆烧成灰烬。贺龙得知后，亲自去看望，还指示城关特派员给洪先生安排房子住，发给救济款，支持鼓励他继续办好学。在敌人不断围剿的战争年代，贺龙作为一个红军指挥员，能如此关心教育和教师，足以表现贺龙的远见卓识。

掌握政策得民心

工农革命军成立之初，成分比较复杂。其中有的人违反政策任意胡来，打了土豪、还要烧屋杀人，杀了老子不算、还要杀儿子，一些乌七八糟的事也时有发生，严重地影响着军民关系。这样下去，势必要脱离群众。1929年春，贺龙根据党中央的指示，坚决地制止了大烧大杀大抢的歪风。对于违反政策的行为，从党的最高利益出发，决不姑息迁就。当时打土豪，不是普遍都打，而是只打罪大恶极、老百姓切齿痛恨的。工农革命军在桑鹤边界整顿时，战士刘武为了报私仇，谎报情况，煽动两个班长一路回到家乡梅坪，将不是土豪的汪德奎等四人作为土豪杀了。贺龙派人去查实，确系公报私仇，立即召开大会将刘武就地正法。通过不断整顿，不断肃清游民无产者的流寇作风，提高了部队的素质，深得广大民众的拥护。

为了减少对立面，贺龙十分注意教育群众，对于反属也能区别对待。王文轩在红鱼溪丧命后，一时间谣言四起，说贺龙要到走马报仇，杀个鸡犬不留，搞得人心惶惶，特别是被胁迫参与过王文轩叛乱行动的群众，思想更加紧张，更加害怕。革命队伍内部也有人流露出要“血洗走马、报仇雪恨”的情绪，贺龙制止了这种错误倾向，率红军主力到走马坪开了一个震动湘鄂边的安民大会。事前，将王文轩的妻子刘申月带到走马坪，同贺英住在一起。在群众大会上，贺龙发表演说。他说：“睡觉有枕头，冤家有对头，我只找王文轩、刘家瑞几个人算账，找老百姓干什么？王文轩的婆娘我们都不杀嘛！我们共产党人是为穷人办事的。”接着讲了一大篇革命道理和党的土地革命政策。并当场释放了刘申月，解除了群众心中的疑虑。会后，走马地区建立了革命政权。

田少梦第二次被俘处决后，他的家属亲友很害怕。正在他们诚惶诚恐之际，贺龙亲自到田少梦家中对其妻室儿女晓明大义，并送去一对母子牛作为当初因帮助红军受牵连、房产作为“匪产”烧掉的损失。

这样，丁是丁、卯是卯，功是功、过是过，不抹杀、不株连，有理有节有分寸，化阻力为动力，因而，最大限度地孤立了敌人，壮大了自己，赢得了民心，取得了胜利。

贺龙创建鹤峰苏区时的统战实践有着丰富的内容，尽管那时“不晓得统一战线这个词”，只知道“拉关系”“挖墙脚”“同我们有关系的就拉过来，敌人内部有矛盾就分化他”“你不打我、我不打你，你打我，就消灭你”。这正好说明统一战线这个法宝不是天上掉下来的，它是在长期革命斗争实践中产生的，是中国革命和建设的法宝之一。①

［思考讨论］

1. 结合材料，总结贺龙的统战思想由哪些内容构成？

2. 统战思想在中国民主革命斗争史中发挥着什么样的作用？

---

① 材料源自中共鹤峰县委党史资料征编委员会，政协鹤峰县文史资料研究委员会. 血染的土地——纪念鹤峰苏区创建六十周年［M］. 鹤峰县，1985：24—30.（内部资料）

［案例点评］

贺龙的统战思想做到了以下五点：（1）胸怀博大汇百川。贺龙在湘鄂边有着亲朋好友、部属故旧、哥老会弟兄等十分广泛的社会关系，虽然有的包含着一些封建色彩，但是，贺龙以革命大局为重，从团结的愿望出发，利用各种盘根错节的关系，广为联络，凭着他的声望，迅速拉起了革命的队伍。（2）具体分析辨敌友。对鄂西“神兵”进行实事求是的分析，采取教育、收编、联合等多种办法，将先进势力转变为革命武装，将中间势力转变为朋友，对顽固势力进行坚决镇压。（3）力争盟友灭顽敌。贺龙对待革命的同盟者，哪怕是不太坚定的、对合作有苛刻条件的，都尽力争取；同时，也准备着一旦他们向革命宣战，就给予坚决的打击。（4）团结尊重文化人。贺龙能同党内外的知识分子联合起来，并注意充分发挥知识分子的聪明才智。（5）掌握政策得民心。贺龙坚决整顿违反党中央政策的行为，同时十分注意教育群众，对于反属也能区别对待，从而深得广大民众的拥护。

统一战线是无产阶级政党策略思想的重要内容，是中国共产党在中国革命中战胜敌人的重要法宝之一。建立最广泛的统一战线，首先是由中国半殖民地半封建社会的阶级状况所决定的。毛泽东指出：“中国社会是一个两头小中间大的社会，无产阶级和地主大资产阶级都只占少数，最广大的人民是农民、城市小资产阶级以及其他的中间阶级。”① 作为无产阶级先锋队的中国共产党所领导的革命力量，要战胜作为地主阶级和官僚资产阶级集中代表的国民党所领导的强大的反革命力量，就必须把农民、城市小资产阶级以及其他中间阶级都团结在自己的周围，结成最广泛的统一战线。其次是由中国革命的长期性、残酷性及其发展的不平衡性所决定的。中国政治经济发展的不平衡性也造成了革命发展的不平衡性，这就使得无产阶级及其政党有必要采取正确的统一战线的策略，把一切可以团结和利用的力量尽可能团结在自己的周围，以逐步从根本上改变敌强我弱的态势，夺取中国革命的最终胜利。

在半殖民地半封建的中国社会，诸多矛盾交织在一起，客观上为无产阶级及其政党利用这些矛盾建立和发展统一战线提供了可能性。近代中国社会最

① 毛泽东选集（第3卷）［M］. 北京：人民出版社，1991：808.

大的压迫是民族压迫，决定了无产阶级及其政党可以把一切爱国的、不愿受帝国主义奴役的人们团结在自己的周围。民族资产阶级深受帝国主义和封建主义的压迫，因而能够在一定时期和一定程度上参加反帝反封建的革命斗争。当革命的锋芒主要是反对某一个帝国主义的时候，受别的帝国主义支持的官僚资产阶级集团也可能在一定程度上和一定时期内参加统一战线。

新民主主义革命时期，中国共产党领导的统一战线先后经历了第一次国共合作的统一战线、工农民主统一战线、抗日民族统一战线、人民民主统一战线等几个时期，为新民主主义革命的胜利做出了重要贡献。

［教学建议］

1. 本案例适用于第二章第三节“新民主主义的道路和基本经验”部分内容的辅助教学，或用于该部分课程内容的考察。

2. 本案例通过讲述贺龙在创建鹤峰苏区时的事例凸显出统一战线的法宝作用。在使用时，可以联系我们党在民主革命时期组成的系列统一战线状况，引导学生深化统一战线的组成及其重要影响的认识，同时还要将统一战线、党的建设、武装斗争这三大法宝之间的关系梳理清楚，使学生进一步深入理解新民主主义革命的基本经验。

案例6　周念民游击队的建立与斗争

[材料呈现]

周念民（1905—1935），原名周永淪，又名周集成、周益林，土家族，利川县小河人。他主持正义，办事公道，刚直不阿，不平则鸣。

1926年，冯玉祥“五原誓师”后，国民革命军到处招兵买马，周念民投笔从戎，入国民革命军军校教导团河南陆军训练处学习。毕业后任连长、营副。1928年夏到1929年秋，周念民在国民革命军第一集团军方振武将军领导的第四军中任上尉参谋。后来，蒋介石在南京将方振武扣押，并强行改编其部队。周念民拒绝改编，愤然离队，转到武汉与中共地下组织取得了联系。12月回到小河，接过父亲手中的民团，攻打川匪甘占元的部队，使流匪在此不敢立足，保护了当地人民的财产和安全。

1930年4月，周念民去武汉，在汉口加入中国共产党。9月回小河继续开展对敌斗争，利用民团武装反对苛捐杂税，并将区长周宗奇的忠实爪牙周则友处决。周宗奇密告周念民是共产党，利川县政府大为震惊，立即调集两个连的驻军攻打，周念民失利后，转移到四川黔江县黎水坝广文小学，以教书为掩护，继续进行革命活动。

1931年“九一八”事变后，周念民组织“抗日救国会”，宣传反蒋抗日，受到通缉。10月，周念民从黔江带回十几名骨干，在小河组建了一支有30多人的游击队，自任大队长，冉必成、赵天寿任大队副，刘福贵任军事教练。他们提出了“取消苛捐杂税”“反对征粮征税”“穷人不出款不完税”等口号。区长周宗奇鱼肉人民，周念民率游击队奇袭区公所，杀伤区丁1人，缴步枪1支。县长张登平亲自带兵进剿游击队，游击队牺牲11人，周念民再次转移到黔江。

1932年4月，周念民回小河筹备造枪，7月在龙塘铺关庙开设地下兵工厂，请工匠 30 多人，造出土夹板枪十几支，还有几十支缺少部件的花坯子枪。9 月 12 日，县政府派出大批武装力量，突袭龙塘铺，抓走造枪工人，掠去造枪器材。周念民秘密离开小河，只身抵武汉，公开职业是教书。

1933 年 6 月，周念民根据党组织的决定，回小河再次组织游击队，开展武装斗争。周念民积极而又秘密地与原在川鄂交界处黎家坝、乐福店一带的农民组织“八德会”的中队长李平波、贺文湘、肖瑞廷及本地素有反抗精神的青年农民李景凯、冯家发等人联系。同时，又利用各种关系，做了大量的策反工作，把团防头子冉作霖的勤务兵冉祝先争取过来，与保安大队长占学成达成默契。通过串联发动，很快组织起 300 多人。接着在龙塘铺办了 40 桌酒席，以“拜把”的形式，召开游击队成立大会，大会宣布：周念民任团长，李平波任营长，冉祝先、贺文湘、阮光银任连长，李景凯任兵站站长。周念民胸怀革命大志，激情奔放，在大会上发表演说：“打牌要有靠张，我们干革命要靠共产党。共产党多的是人，多的是枪，不仅有红三军，还有红四军。只要我们团结一心，大家都起来跟着共产党干，就一定能够解放全中国。”

会后，周念民即令冉祝先率队攻打理智坳刘惠卿的团防。游击队到理智坳时，天将拂晓，为了不暴露目标，40 多名战士就埋伏在山坡上。夜幕降临，战士们手臂上捆个草圈做标记，悄悄地摸进理智坳街上。战士吴老六和罗金和扮成米贩子，有意搞泼大米而大吵大闹，两人拉扯到团防评理。本想引蛇出洞，干掉刘惠卿，结果出来一个师爷，吴罗两人举刀就砍，顿时杀声四起，敌人有的在抽鸦片，有的在睡大觉，措手不及，慌忙应战。游击队战士冲进敌营，摸着手臂上没捆草圈的就杀，大获全胜，夺枪 20 多支。与此同时，周念民还命周玉贤带着 8 名战士奇袭马前附近一个税卡，杀了税卡的 3 个恶棍。归来途中，两队会合，回到龙塘铺。

为了防御敌人的反扑，周念民游击队在龙塘铺附近的石膏洞内修粮仓，备柴米，建立据点。游击队的革命行动，使反动政府十分惊恐。1933 年 8 月 17 日，恩施专员袁济安亲自出马，纠集胡承武、陈立荣等地方武装 1000 多人围攻石膏洞。敌人用大炮猛击，石膏洞失守。敌人没抓到周念民，就将其房屋付之一炬。接着敌人四处搜山，抓走掉队的游击队战士秦廷仁、徐瑞林、李茂林、周义方、周辉绪，并杀之于石膏洞前。旬日之间，周念民带领游击队员五六十人转移到活龙坪王文臣的金家洞。在此，周念民又命李平波带领 27 名英勇善战的游击队员回小河大杀回马枪。李平波回到小河，首先打了大横路老团总李天青，使土豪劣绅不敢轻举妄动。后与敌军多次发生战斗。一次，游击队抓到一个叫林炳炳的敌探，班长江元林来个将计就计。一战士来到江元林面前说："报告班长，要多堆点苞谷面，今晚上周团长要来，明早晨48门大炮攻打小河。"不多久，江元林有意让敌探逃走，敌人成了惊弓之鸟，果然退往鸡公岭，后来见无动静，才知受了骗。

又一次，李平波带着17个战士驻在杉木根。敌人一个正规连朝这里开来，妄图"围剿"游击队。李平波把战士分成三个组分头埋伏起来，待敌人走到鼻子底下才一齐开火。两只军号齐吹，吓得敌人不要命地逃跑。后来游击队又联合石柱的神兵，两军共七八十人，合力攻打小河，打不过桥，就转身扑向山顶。这次战斗打死敌人1名，游击队1名战士受伤。这段时间，游击队在小河，以虚虚实实、真真假假、声东击西、把关设伏的战术，神出鬼没地打击敌人，搞得敌人心惊胆战，草木皆兵。

1933年下半年，红三军转战到鄂西。周念民为了和红三军取得联系，于9月派游击队员鄢福林以卖猴为名，带他的亲笔信，从活龙坪出发，到恩施芭蕉找到贺龙。贺龙接信后，派出12名便衣战士到活龙坪与周念民联系。10月21日，红三军到达堰水，周念民又派游击队员陈朝云送信给贺龙。22日，红三军到活龙坪，周念民在活龙坪率领100多人参加了红三军，被编入新兵独立团，任团长。11月，周念民在小河的游击队员亦全部入伍。①

［思考讨论］

周念民为什么要组建游击队？周念民游击队有哪些特点？

［案例点评］

武装斗争是中国革命的特点。1939年10月，毛泽东在《〈共产党人〉发刊词》一文中指出："我们的政治路线的重要一部分就是武装斗争。十八年来，我们党是逐步学会了并坚持了武装斗争。我们懂得，在中国，离开了武装斗争，就没有无产阶级的地位，就没有人民的地位，就没有共产党的地位，就没

① 材料源自中共利川县委党史征集编研委员会办公室．利川县革命斗争史［M］．利川县，1985：49—54.（内部资料）

有革命的胜利。十八年来，我们党的发展、巩固和布尔什维克化，是在革命战争中进行的，没有武装斗争，就不会有今天的共产党。这个拿血换来的经验，全党同志都不要忘记。”①这是毛泽东根据中国人民在长期斗争中用鲜血换来的经验而得出的结论。周念民的游击队实质上就是中国共产党领导的武装队伍，用枪杆子去打击土豪劣绅和一切敌对分子，为人民群众服务。

中国革命以武装斗争为主要斗争形式，是由中国国情和中国革命的特点决定的。在半殖民地半封建的中国，没有资产阶级的民主制度，帝国主义、封建主义和官僚资本主义的联合势力总是凭借其强大的军队和暴力，对人民实行独裁统治。在这样的社会历史条件下，中国革命只能以长期的武装斗争为主要形式。其他形式的斗争虽然也是重要的，但它们直接或间接地都是配合武装斗争的。近代以来的中国历史已经一再地证明，在中国离开了武装斗争，就不能完成任何的革命任务。同时，中国是一个以农业经济为主的半殖民地半封建的大国，政治经济发展不平衡，帝国主义势力之间的争夺造成中国反动统治集团之间的分裂和战争。这种特点又使革命武装能够在反动统治薄弱的农村不断积蓄和发展自身的力量，逐步扩大斗争的阵地。

1927 年大革命失败以后，中国共产党独立地承担起领导中国革命的重任。这个革命只能采取武装斗争的形式，也只能走上农村包围城市，进而夺取全国政权，建立人民当家作主的新中国的道路。党从单独领导中国革命时起，即以武装斗争在农村开辟革命根据地，实行土地革命、武装斗争和根据地建设三方面的结合，形成在四周白色政权的包围中若干小块红色政权存在和发展的工农武装割据的局面。党逐步克服以城市斗争为重心、企求速胜的“左”倾错误，将工作重心转入农村，长期以农村根据地为依托，开展武装斗争。

周念民的游击队与一切反动统治势力掌握的残害人民的军队根本不同，又在政治上、军事上和组织程度上远远超过历史上旧式的农民起义武装。首先，坚持中国共产党的领导。周念民游击队成立时就发出号召，要跟着共产党干。其次，团结各种可以争取到的力量。周念民与农民组织“八德会”的中队长李平波、贺文湘、肖瑞廷及本地素有反抗精神的青年农民李景凯、冯家发等人联系。同时，又利用各种关系，做了大量的策反工作，把团防头子冉作霖的

① 毛泽东选集（第 2 卷）[M]. 北京：人民出版社，1991：610.

勤务兵冉祝先争取过来，与保安大队长占学成达成默契。通过串联发动，组建了游击队。最后，采取了灵活机动的游击战术。游击队在小河，以虚虚实实、真真假假、声东击西、把关设伏的战术，神出鬼没地打击敌人，搞得敌人心惊胆战，草木皆兵。周念民游击队最终编入中国工农红军第三军，成长为一支由共产党领导的新型人民军队。

［**教学建议**］

1. 本案例适用于第二章第三节“新民主主义革命的道路和基本经验”部分内容的辅助教学。

2. 本案例描述了周念民组建游击队并领导游击队进行革命斗争的史实，在使用过程中，可以让学生搜集类似于“周念民游击队的建立与斗争”、能够体现无产阶级政党领导农民斗争的故事，在课堂中交流讨论，帮助学生更好地理解武装斗争在新民主主义革命中的重要性和必要性。

第三章 03

社会主义改造理论

案例1　利川的解放

［材料呈现］

1949 年是中国历史上发生天翻地覆巨变的一年。在毛泽东同志宣告中华人民共和国成立之后，人民解放军继续向我国的西部、西南部、南部迅速进军追歼残敌。11 月初，人民解放军挺进鄂西南。这月的 14 日，利川县城获得了解放。从此，利川各族人民站起来了。

解放利川城

1949 年 11 月初，以宋希濂为首的国民党川湘鄂边区绥靖公署所辖 6 个军还盘踞在鄂西，国民党湖北省逃亡政府由恩施迁来利川，保安部队一、二师来此驻防，其八团摆在黄泥坡、团堡寺、石板岭一线，他们把齐岳山划为“死战区”，企图依仗这个天然“长城”阻我军西进。

国民党利川县政府及常备大队所辖 3 个中队，亦配合国民党军队，处处设防。一个中队驻守建南太平镇（后调驻土地坡），以对抗共产党在那里组建的游击队武装；一个中队屯兵于文斗，以镇压该地区的共产党地下组织；一个中队留守县城。同时，湖北省民政厅长彭旷高以绥靖总部的名义，命令利川设置 4 个指挥所，每个指挥所配枪 100 余支，任命东路指挥所主任冉国英守卫石板岭、马鬃岭；南路指挥所主任蒋作栋，守卫忠路、文斗、沙溪一线；西路指挥所主任瞿赓扬，守卫鱼泉皂角岭；北路指挥所主任罗济，守卫齐岳山店子垭口。

人民解放军于 11 月 3 日解放长江南岸之巴东县城，5—11 日又相继解放建始、恩施、宣恩、咸丰等县城。由湘西进入四川的人民解放军一部于 7 日攻克秀山县城，并于 11 日、12 日连占川东要地酉阳、黔江县城。在我军强大攻势面前，鄂西南之敌纷纷溃乱，有的被全歼，有的向西逃窜。利川之敌犹如惊弓之鸟，仓皇不已。

13 日，湖北独立二师第八团三营九连攻打利川之要隘——石板岭，激战两小时，未能取胜。因敌占有利地势，居高临下，兼之武器精良，配有迫击炮和重机枪，故不能强攻。人民解放军改变了作战方案，于当天晚上，派出一班人，由在车坝附近抓获的李保长带路，沿小溪河经杨泗岩，插入敌后，形成迂回包围、上下夹击之势。14 日清晨，人民解放军小分队突然从敌后打来。枪声一响，正面部队立即发起冲锋，敌阵一片混乱，全线崩溃，纷纷溃败。英勇的人民解放军一举夺取了石板岭之后，直逼利川城，是日傍晚，轻取县城，宣告了利川的解放。

接管政权

1949 年秋，中共湖北省委决定利川县委由徐达三（恩施地委委员、社会部长兼利川县委书记）、陈明（委员、县长）、许丹（委员、宣传部长）、席士杰（委员、组织部长）等同志组成，随后，县委随着恩施地委及其率领的大批军队和地方干部到达宜昌，在此学习了月余。其间，县委决定，派文光回利川做策反工作，通过其胞兄文崇辉（常备大队中队长）向县常备大队长骆汉初传达三条意见：一、起义，二、投降，三、任便。

文光几经周折，于 10 月 18 日回到团堡老家。24 日至利川，先见文崇辉，面谈了来意，然后向骆汉初做了工作。骆汉初、文崇辉皆为徐达三旧部，他们听说徐达三要率军解放利川，表示愿意投诚，并说“起义有困难，因力量小，卡不住八团”。为了安全，文光回老家潜伏起来，等待着利川的解放。

中共利川县委随军到达恩施以后，对利川县人民政府各科室、各区人民政府的干部人选做了决定。11 月 14 日上午，由席士杰代表县委在恩施栖凤桥召开大会，宣布了干部的任职和工作人员的分配名单。接着县委率地方干部 96 人随湖北独立二师第四团第一营第三连，向利川进发，抵车坝宿营。当晚，县委又召开会议，对利川的敌情做了具体分析，并对接管利川旧政权的有关事宜进行了进一步的研究和部署。

15 日上午，县委一行从车坝到达团堡四方洞，出于统战工作的需要，徐达三、陈明会见了当地大地主谢筱石。午后起程，夜宿团堡，文光于此归队。16 日召开群众大会，宣布成立团堡区人民政府，由吕杰任政委兼区长，牛宪合任副区长。徐达三在会上讲了解放战争的形势和人民政府有关政策，以稳定人心。同时，县委还决定就地留下数名干部，并由席士杰指导该区工作。会后，县委率部挺进利川城。

县委进城后，立即宣布成立利川县人民政府，并以县长陈明的名义出了安民告示。当时利川县人民政府各科室的负责人：秘书室秘书吴云明；财政科长刘政；公安局局长陈明（兼），副局长韩延年；文教科负责人杜益三。建立了县委、县政府机关党支部。支部书记徐长清，党员有徐达三、陈明、许丹、席士杰、刘政、韩延年及预备党员黄敏。

几天之内，城关、汪家营区人民政府亦相继成立。城关区政委袁振杰，区长韩秉臣，副区长赵永兴；汪家营区政委马岱峰，区长张友仁，组织委员尚金富。

解放军进城前夕，国民党湖北省政府从利川撤至四川时曾通知县长郑子阳、县大队长骆汉初一同撤走。郑子阳、骆汉初见国民党已处于穷途末日的境地，便以县政府的撤退尚未准备就绪为借口，而未随之同行。待省政府撤走后，他们于11月14日清晨出城，朝老屋基方向潜逃，16日到达小河红沙溪。紧接着国民党阳和乡公所、忠路乡公所、忠路区公所都撤退到此。

县委进城后，得知郑子阳、骆汉初去向，决定派白景益（利川城人）等三人携带徐达三书信，于17日到红沙溪劝敌投诚，继而又派文光利用其社会关系前去继续做策反工作。文光18日出城，20日抵红沙溪。此时，郑子阳、骆汉初已到忠路，文光当天投宿于老同学邓致君（小河乡公所经济股主任）家。稍后，一个乡丁来报：从白羊塘来了一支40多人的部队，是在鱼泉口被人民解放军击溃的敌零星部队。由于人民解放军声威大震，敌人屡遭失败，所以当他们窜入小河境内，听说解放军已到小河乡公所时，他们吓得魂不附体，在不知我虚实的情况下，敌副团长派一连长来与文光联系，表示愿意投诚，并要求给饭吃。文光向其解释了我军对待俘虏的宽大政策，并由邓致君给他们解决了食宿问题。

21日，文光将该部带到忠路，会见了郑子阳、骆汉初。22日，县长陈明根据县委的决定，率一连解放军和10余名地方干部前往忠路，当天投宿于三步街。在这里，碰到郑子阳派其秘书花有铭来接头。23日清晨，陈明派人先行，送信至忠路给文光，命敌不走，即在忠路缴械投诚。是日下午，陈明率部到达忠路境内。

为了防止敌人的诈降，陈明慎重行事。事先，他把干部和部队组成三个战斗小组，摆在寨坡、大秧门、高台子，形成对忠路镇三面包围之势，以防意外，然后再派出三人进镇探听虚实。当陈明率部进抵忠路镇时，他受到群众热烈欢迎。

陈明随即找来郑子阳、骆汉初等谈话，以严肃的态度向他们解释共产党的政策，指明利害，消除了他们的疑虑。他们当即表示愿意投诚，陈明即决定先交武器，后开大会。郑子阳、骆汉初向人民解放军缴长短枪 330 支，轻机枪 7 挺，六〇炮 2 门，炮弹 6 发，各式子弹 21222 发，手榴弹 348 枚，洋纱 27 捆，土布 94 匹，现洋 900 元，电话机 1 部。

24 日上午，国民党县大队全体官兵和在忠路的县区乡政府人员在关庙前集合，到城隍庙举行投诚大会。陈明县长在会上阐述了形势和政策后指出："愿意参加革命的我们欢迎，不愿意干的我们发给证明和路费回家。"会后留下少部分人（主要是一些头目）到县城学习，绝大多数士兵就地遣散。

郑子阳、骆汉初投诚后，陈明宣布成立忠路区人民政府。马延清任政委，张春元任副区长。

26 日，徐达三、陈明等在县人民政府会议室召开会议，接受旧政府的移交。徐达三、陈明等领导人端坐主席台，各界代表及有关人士坐"代表席"，郑子阳和民、财、教各科头目依次坐"旧政人员席"上。徐达三、陈明在会上分别讲了全国解放的形势和我党各项政策，正告旧政人员要老老实实，重新做人，并对郑子阳、骆汉初等的投诚给予了肯定。代表讲话后，郑子阳发了言，他说："我过去干了不少坏事，今后愿意接受人民政府的监督和改造，遵守人民政府的法令。"他讲完话就打开裹着的红布包，把县印取出来交给陈明，陈明转身把印交给了秘书。郑子阳还将旧县政府各科人员花名册也交了出来。人民政府有关工作人员清查和接管了档案。

清扫残敌

解放军占领县城以后，原守城之敌已窜至齐岳山，负隅顽抗。11 月 18 日，湖北独立二师第八团第一营从县城出发，经南坪、茅槽、谋道打到龙驹坝，不久打到万县。连日里，人民解放军唐山部队通过利川赴西南。此部于 18 日在利川与石柱交界处——鱼泉口，同敌保安部队一、二师激战数小时，把敌人打得七零八落，四处逃窜，俘敌 200 多人，取得重大胜利。

11 月下旬，原在忠路接受县常备大队投诚的解放军开赴沙溪时，闻敌特武装刘庄如部尚残存在咸丰活龙坪。他们在三连指导员高德峰的率领下神速地转战到二仙岩，与敌一仗，大获全胜，俘敌数十人，缴枪 100 余支，胜利归来。与此同时，牛宪合带领部队一班人和几名干部到毛坝，忽闻敌七十九军的一个输送营窜抵白蜡坪，牛宪合令保长黄文庚找来基本群众 10 多人，与干部、战士星夜奔赴该地。当时敌人已入睡，我部深入虎穴，发起突然袭击，俘敌 40 多人，夺取机枪 3 挺，步枪 30 多支，冲锋枪 4 支，手枪 2 支。次日，牛宪合率部猛追逃敌，一直追到咸丰大村方返，把俘虏押送回城。此前，许丹在红椿沟附近活捉了敌副团长杨大金及其残部 50 余人，并缴了他们的枪弹。

18 日鱼泉口之战后，国民党湖北省保安部队第一师之一部溃退到建南乐福店。这时，中共石利万忠边区区委书记邵容光、边区游击队大队长黎万川偕同地下党员滕章华率领全部武装人员，奔赴利川兴隆场、石柱临溪等地，摆开了围歼残敌的战场，迫使敌人狼狈逃遁。

11 月初，文斗敌政权处于风雨飘摇之中。区、乡、保、甲人员和地主豪绅恐惧不已，而群众因听了流言蜚语，人心浮动。为了尽快安定人心，稳定社会秩序，防止敌人乘机作祟，在这里搞地下工作的共产党员郎宗文、李民运、杜宗银、白仲山、赵青云、王定阳、孙相传等一起出动，到周围数十里远的地方，分头串联召开群众会，讲政策，辟谣言，安民心，收效甚好。

未几，解放大军的枪声传来，国民党残兵风卷云散。一天，杜宗银、王定阳得知有大股敌军从咸丰向文斗境内窜来，乃决定用兵设伏于岩垭口，奇袭敌人。敌人进入伏击圈了，杜宗银、王定阳率伏兵以居高临下的有利条件，猛烈开火，当即将敌人机枪手击毙，打得敌人鬼哭狼嚎，弃甲曳兵而走。此仗获全胜，得步枪 108 支，机枪 2 挺，手枪 1 支。

11 月 27 日，郎宗文获悉国民党残兵一部将由四川黔江向长顺窜来，就立即组织群众把郁江长顺段渡口的船只全部集中收藏。及敌蜂至，无船可渡，只得绕道择滩，涉水过江，仓皇向彭水境内逃跑。

稍后，当人民解放军西湖、唐山部队正从黔江向长顺进发时，郎宗文偕同赵青云又指挥史朝举、史朝松、罗秉宣、文学高等 20 余名群众积极分子，沿街刷写标语，准备好柴、米、油、盐、茶，并在长顺渡口搭建浮桥，以迎接雄师过江。李民远、杜宗银、廖素华、雷剑飞等还发动群众开展支前工作，沿途设立了茶水站，成立了炊事班、担架队，并指派向导给解放军带路，介绍本地情况，侦察和报告敌情。这一切为解放军向南进军追歼残敌，提供了有力的后勤支援。

利川解放前夕，中国共产党领导的下川东游击纵队齐南支队司令员兼政委刘孟伉潜伏于毛坝青岩。利川解放后，他于11月18日从青岩来利川与徐达三、陈明取得联系。刘孟伉派刘祥芬回云阳清水塘通知刘朔把游击队带到利川，刘朔率领游击队员70多人经梅子水、马坪到建南，与正在这里组织支前工作的利川县人民政府干部刘中立接了头，然后携带刘中立给陈明的书信向利川城进发。为了避免利川驻军的误会，刘朔把游击队安排在小箐垭暂驻。城关区干部马润田、陈竟夫、王文灿在小箐垭附近访贫问苦，召开小型座谈会宣传政策，发动群众起来当家做主。突然一农民来报，说小箐垭来了股国民党军队。马润田等3人立即组织群众，占据山头，虚张声势令其缴枪投降。这时，刘朔决定向马润田等3人缴枪，经解释消除了误会。刘祥芬进城请刘孟伉与利川县人民政府和驻军联系后，即将游击队带进城，驻在北门大店子。是时，奉节吐祥地下党员朱图麟也来利川搬兵求援。

在利川城东门刘资文的栈房里，刘孟伉、刘朔、朱图麟、刘资文等向利川驻军三连指导员高德峰通报了柏杨坝和吐祥的敌情，并绘制了解放这两个集镇的军用地图。

12月5日，高德峰率领所属连队的两个排，在齐南支队的配合下，从县城向柏杨坝进军，部队行至白庙子，兵分三路攻占柏杨坝集镇。当时镇上设有国民党区公所、柏杨、楠杨两个乡公所，拥有72支枪，但区乡丁们一见解放军，便拖枪逃命。此时刘资文喊话，向他们解释我军的宽大政策，乡丁陈伯清一听是刘资文喊话，当即放下武器，并叫其他乡丁也缴械投诚。解放军立即将所缴的枪支机柄取下，点数交给区公所代管，待转回时取走。为了安定民心，高德峰又令乡丁曹金国上街，鸣锣通知群众到衙门坝开会，进行了政策宣传工作。

下午，部队截断通往吐祥的电话线，由朱图麟带路飞奔吐祥。吐祥驻有敌军廖作为的3个连。当天深夜，解放军在吐祥游击队的配合下，包围了敌军。次日拂晓，向敌军发起进攻。是役，俘虏敌军两个连，活捉了廖作为，并缴获了大批枪支弹药和军用物资。这些东西除给吐祥游击队分配少部分外，其余运回柏杨坝，然后请李由念等 50 人运至利川县城。

巩固新生政权

县委接管政权后，鉴于刚解放的利川情况复杂，驻军又不多，遂决定派许丹赴恩施向地委汇报，并请求增派部队。尔后，上级给利川增派了 2 个连，连同原有的部队已达 4 个连。

12 月，中国人民解放军利川县大队成立。大队长李斌、政委陈策。继后，各区成立了区中队：团堡区中队长苏玉，城关区中队长闵怀君，汪家营区中队长张保华，忠路区中队长刘福顺。

区中队成立后，各区中队肩负起了既是战斗队又是工作队的任务。他们与地方干部同心协力，互相配合，先后缴获了团堡乡长冉树屏、毛坝乡长何青廉、凉雾乡长牟来本、清源乡长牟鸿图、忠路乡长喻多士、南坪乡长段联弟等人的大批枪支弹药，解除了敌人的武装。

为了巩固新生政权，县委、县人民政府在人民解放军追歼残敌的同时，认真抓了党的统战工作和宣传工作。县委根据当时利川的情况，认为错斗一人就会惊动一片，宽大一人就会稳住一批。县委书记徐达三是利川人，有不少上层人物是他的亲朋故旧，这些人主动上门来找他，这为县委抓好统战工作提供了有利条件。县委决定由徐达三出面，利用各种机会做好统战工作，对当时利川的“三老”“四少”“一红人”实行区别对待，即争取和团结“三老”，孤立和打击顽固分子。在县委进城的第二天，徐达三就带着干部孙营之去西门大桥踵府拜望陈耀智，接着又探望了杨耀卿等知名人士，并在花梨岭召开了贫雇农座谈会。不久又组织召开知识界和工商界代表会议，做了大量的思想政治工作，这样就争取团结了群众，分化瓦解了敌人。在我党政策的感召下，不少敌人纷纷自首。咸丰县长石宗林、蒲圻县长熊迪敏也缴械投诚。

但是，由于国民党的长期统治和欺骗宣传，不少群众对共产党及其政策很不了解，颇有顾虑。对此，县委认为要巩固政权，必须扎根于群众；要扎根群众，必须从思想上解放群众。因此，便组织各级干部和部队指战员，采取街头演讲、访贫问苦、书写标语和召开群众大会等多种形式，广泛深入地宣传《中国人民解放军宣言》《三大纪律，八项注意》和党的各项方针政策，形成了强大的社会舆论。同时，地方干部和军队官兵严守纪律，处处为群众做好事，与群众同甘共苦，亲如一家。广大群众听其言观其行，对共产党无不敬佩。党怎么说，群众就怎么做，很快涌现出以瞿春相、高王氏为代表的大批农民积极分子。他们协助地方干部发动群众，打开了工作局面，城镇各家商店开了门，学校上了课。农代会、妇代会、民兵组织相继建立，社会秩序逐步得到稳定，其他工作也有条不紊地进行着。

解放初期利川的工作之所以能如此迅速地走上正轨，这是与党的正确领导、人民解放军的浴血奋战、地方干部的艰苦努力、人民群众的支持拥护分不开的。①

［思考讨论］

1. 利川为什么能够解放？

2. 解放初期利川的工作为什么能够迅速走上正轨？

［案例点评］

利川的解放来之不易，当时国民党利川县政府及常备大队所辖三个中队，配合国民党军队处处设防，加之占据有利地势，兼武器精良，解放利川的任务很是艰难，但是，由于国民党统治的腐朽，中国共产党得到了人民的无私支持，解放军正确的战略战术等综合因素的影响，我人民解放军得以一举拿下利川。随着国民党反动统治的覆灭，利川县城回到了人民的手中，利川各族人民摆脱了受剥削、受压迫的悲惨命运，翻身得解放，从此站起来了。

解放初期利川的工作之所以能如此迅速地走上正轨，这是与党的正确领导、人民解放军的浴血奋战、地方干部的艰苦努力、人民群众的支持拥护分不开的。这充分说明了，中国共产党不仅勇于打破一个旧世界，也善于建立一个新世界。

［教学建议］

1. 本案例适用于第二章第一节“从新民主主义到社会主义的转变”部分内容的辅助教学。

2. 本案例详细回顾了我人民解放军解放利川县城的历史过程。在使用时，

① 材料源自恩施自治州政协文史资料委员会. 鄂西文史资料（1998年第1—2辑合刊）［M］. 恩施，1998：119—128.（内部资料）

教师可以提前布置学生收集自己家乡解放的故事，以小组为单位在课堂进行故事讲述，讨论总结革命胜利的得来不易，引导学生珍惜现在的安定生活，增强对我们党和政府的信任。

案例2　为了巩固人民新政权

［材料呈现］

1949年11月6日，中国人民解放军以摧枯拉朽之势，击溃了盘踞在鄂西的国民党湘鄂绥靖司令宋希濂和湖北省绥靖司令朱鼎卿残部，解放了恩施山城。从此，恩施人民结束了帝国主义、官僚资本主义和封建主义长期的黑暗统治，见到了光明，在中国共产党的领导下，开始当家做主。

在解放初期，恩施全县面临的社会治安情况极其复杂，敌情十分严重。匪、特、霸、反动党团、反动会道门（主要有皇极道、紫霞教、一贯道、大刀会、同善社等）五位一体，反革命势力猖獗，散兵游勇四处窜扰。他们聚啸山林，隐匿莽丛，在我工作队尚未到达的边远偏僻地区扰安殃民；或化整为零，四处游击，抢劫掳掠；或组织暴乱，暗杀干部和积极分子，制造恐怖。据解放初4个月的不完全统计，散匪抢劫农户、商人的案件达400余起，反革命预谋暴乱30多起，被匪、特、霸杀害农民、商人35人，被杀害干部、战士16人，被烧毁、拆毁房屋2000多间，任意宰杀耕牛200余头。反革命分子趁广大群众对我党政策缺乏了解之隙，煽风点火，制造谣言，胡说什么"共产党是三头政策，初见点头，过后摇头，长久杀头""共产党口甜心辣，先骗后杀""共产党共产共妻，拆散家庭"。煽动群众抢占房屋，胡说什么"谁先在大门上贴上条子，这房子就归谁，否则无房居住"，搞得群众四处奔躲，远至数百里，闹得人心惶惶。

11月10日，恩施县公安局正式成立，首任局长曹辉。初建时干部仅7人（包括勤杂3人），战士13人。县公安局成立后，在县委的领导下，根据"发动群众，清匪反霸，巩固政权，准备土改"这一总方针，制定了迅速安定社会秩序、巩固新生人民政权的战略决策，采取了一系列强有力的措施，发动和依靠群众，及时有力地打击敌人的破坏活动，保障了党的各项中心工作的顺利进行。

一、实行全党动员，大张旗鼓地宣传党的路线、方针、政策和解放战争胜利发展的大好形势，粉碎敌人的各种谣言，澄清各种混乱思想，动员广大人民群众，团结起来当家做主人，与敌人做斗争。

我们的干部每到一地，就张贴布告，书写标语，散发传单，组织集会，开展宣传。同时，严格执行《三大纪律，八项注意》。那时，干部身背背包下乡，坚持“三同”（同住、同吃、同劳动），帮助群众清扫庭院、生产劳动、喂牛喂猪、挑水推磨，真正做到纪律严明，秋毫无犯。在城内，县、局领导利用群众进城赶场的机会，在南门一个大院内召开了有工人、农民、市民共3000多人参加的大会，宣传形势和政策。当时正值寒冬，多数人穿着褴褛，衣不蔽体，但都聚精会神地听党政领导的讲话，解除了许多思想顾虑。县委还组织了工作队下到基层，访贫问苦，搜集敌情和社情，揭露敌人的阴谋诡计，批驳谣言，安定民心。还在城乡组织工会、贫雇农团和民兵，发动群众起来清匪反霸，减租减息，清缴枪支弹药。

1950年1月14日，召开了恩施县第一次各界人民代表大会。到会的有党、政、军、工、农、商、学等各界代表273人，还有士绅代表7人。如崔坝的徐子尚（曾任国民党山东临清县县长、恩施县参议长）、鸦鹊的向子美（国民党区长、县参议员）、和湾的刘蔓萍（国民党恩施县参议会议长）、城关的李巩一（工商业兼地主）等，也参加了会议。投诚人员鲁坚（国民党专员）、傅锡章（国民党师长）也作为特邀代表出席了会议。大会做出了在全县范围内开展清匪反霸、减租减息运动的决议。会上，代表们揭露了恩施城关最大的封建把头、中统特务、反共纵队司令廖洪举的罪行。县公安局在大会期间将廖洪举逮捕，并在大会上宣布了廖洪举的罪状，揭露了廖洪举藏匿特务专用的钢笔手枪及手枪2支、子弹3发（均在逮捕时搜查缴获）等新的罪行。这进一步激发了各界代表对反革命分子的义愤，一致要求严惩。这次会议对动员全县人民、团结各界人士参加党的中心工作，掀起清匪反霸、减租减息、清缴武器弹药的高潮起到了重要作用。

二、迅速肃清匪患，保障人民生命财产的安全。

1949年11月至1950年春，桅杆、大集、白杨、熊家、鸦鹊、板桥、太阳石乳观一带匪患尤为严重。匪徒常以青布蒙面，劫后匿迹。太阳十村邓圣香母女被土匪活活闷死；板桥一带，四川三角坝的匪徒常来窜扰，多时达七八十人；见天坝一带，匪首欧少奇（利川三县场人）与惯匪杨振华等 8 人，携步枪 7 支，多次在沙子门枫香河一带抢劫民财。

面对严重的匪情，县公安局与县大队及有关区中队密切配合，一面突击清剿，一面发动群众捉拿，同时开展政治攻势，迫匪弃暗投明。1950 年 3 月 24 日，县大队奉命在四川奉节三角坝击溃了一股土匪，击毙总头目郑左龙等 9 人，活捉 120 人，缴获步枪 4 支、土炮 4 门、大刀 20 把。1950 年 2 月 13 日深夜，杉木乡惯匪熊天昌等 5 人在恩施、建始两县交界处，抢劫韩铁匠家，把韩家 4 口人丢进苕窖，用石磨封口，其家财被匪洗劫一空，我一仓库干部发觉后迅速报案，公安机关将匪徒全部抓获。还有惯匪黄新元等 3 人深夜持刀抢劫农民向中文家，工作组闻讯带领 3 个村的群众 200 余人，打起灯笼火把，持刀拿棍，将其在山洞擒获。熊家乡恶霸、国民党乡长黄迪安（化名王学初）与王自树、柯善良等人，于 1949 年年底潜逃上山为匪，多次在石乳观一带拦路抢劫。公安机关和政府发动群众四处捉拿。1950 年 5 月 4 日，10 名军干学员带领白杨坪九根树群众 80 余人，连夜将王自树捕获。白果坪民兵 10 人，追赶 40 余里，在天鹅池终将黄迪安捉拿归案，并从其身上搜出一封信，上写："铸成吾儿……你要把 3 支枪好好保存，以后要做大用……"

在武装清剿土匪的同时，开展了声势浩大的政策攻心工作，强调"首恶必办，胁从不问，立功受奖"和"坦白从宽，抗拒从严"的政策。在党的政策感召下，流窜境内的敌军散兵游勇及匪徒纷纷携械投降。1949 年 11 月 15 日，企图在木贡一带建立"游击根据地"的国民党绥靖四十三团上校副团长刘天培，接到县人民政府县长张树林的劝降信后，于 17 日派常备营副营长李堂华携枪 12 支到屯堡向郭增才书记投降。22 日，刘天培又与常备营长刘海帆等 40 多人，携步枪 62 支、手枪 5 支、机枪 2 挺、手榴弹若干，到白杨坪向人民政府投降。在解放后一个月之内，全县原32个国民党乡镇公所及绥靖团70余人，先后向人民政府投降，交出了大量武器弹药。通过武装清剿，发动群众擒拿，开展政治攻势，至 1950 年年底，全县共歼匪 693 名，缴获长短枪 382 支，土枪、刀矛等 403 件，各种子弹 21856 发。境内土匪基本肃清。

三、教育、改造旧政权人员，收缴武器弹药。

1949年12月27日，由县军政办事处公布《反动党、团、特、匪、会首、军政人员登记办法》后，先后到县公安局登记的有226人，通过登记，对其进行形势、政策和前途教育后，绝大部分人愿意痛改前非，并交出了武器弹药及证件。为教育、争取旧人员，地、县党政领导还亲自主持召开了有114人参加的旧人员及士绅会议。恩施军分区政委李人林（地委书记）及恩施县委书记王英先、县长张树林在会上讲话，分析形势，阐明党的政策，揭露了顽固分子藏枪不交、图谋不轨的反革命行径，要求他们立功赎罪，交出武器，悔过自新。同年12月19日，专署公安处举办了全地区旧人员训练班，恩施县先后送受训人员227人。训练班视表现情况确定受训时间，数月至一年不等。受训期内，学习《社会发展简史》《新民主主义论》《论人民民主专政》以及人民政府政策、法令。地、县党政军领导人李人林、周敬学、王定烈、徐达三、段芝英、曹辉均亲临讲课，并派专人辅导学习。集训学习中，学员们办墙报、谈体会、写心得，感谢政府对他们宽大为怀，给了他们重新做人、立功赎罪的机会，不少旧人员主动交出了没交完的武器弹药。

为肃清隐患，广泛发动群众清缴武器，效果显著。1949年12月22日，燕子乡农民代表孟启方、谭祖义在山上发现重机枪一挺，立即抬交县政府。孟启方等还积极宣传收缴武器的政策，又动员他人交出子弹240发，受到了政府的表扬，其事迹载于《恩施报》。随着形势的发展，加上我强大的政治攻势，敌人内部已分崩离析，迅速瓦解。但仍有少数顽固不化的分子，玩弄花招，企图蒙我耳目，有的交枪交坏不交好，交公不交私，交长不交短。如东乡大恶霸冯玉墀，有长枪130支，手枪20支。但他第一次只交90支坏枪和7发手枪子弹，后经过别人检举揭发和政府一再督催，第三次才交清。冯玉墀被捕后，还查获其隐藏的子弹3000发。原警察局局长谭涛，1949年11月21日随国民党残部窜逃四川时，途遇解放军，被迫交出了部分枪支。但其手枪2支、子弹60发长期隐藏在家中，直到1950年5月谭涛在集训期间，经人检举才被迫交出。

全县清缴武器的工作，经过宣传政策，发动群众，开展政治攻势，只两个月，共收缴各式步枪1556支、轻重机枪25挺、卡宾枪5支、冲锋枪57支、各式手枪103支、迫击炮5门、六〇炮10门、掷弹筒1个、土炮7门、土火枪292支、刺刀166把、手榴弹828枚、六〇炮弹85枚、马刀319把、信号弹20发、各式子弹47554发。通过清缴武器、弹药，政府消除了重大隐患，安定了社会秩序。

四、加强侦察破案，及时打击敌人的现行破坏活动，粉碎敌人的反革命复辟阴谋。

县公安局在清缴敌人武器、打击公开现行破坏活动的同时，加强了侦察破案工作，破获了一批重大案件。如通过清理敌旧档案和深入群众调查，首先破获了以廖洪举为首的预谋反革命暴乱案件，给敌人以迎头痛击。廖洪举于解放前夕的8月15日，在湖北省民政厅长彭旷高、恩施县长彭时斌等人的直接策划和授意下，组织了反共委员会，并由廖洪举任主任委员兼纵队司令，同时还兼任国民党十五军高参。解放前夕，一一八军谍报队长刘国辉住在廖洪举家，窜逃四川时，命上校谍报员麦正科、孟庆新潜伏下来，由廖洪举指挥。麦正科、孟庆新四处收买枪支弹药，并到东乡与冯玉墀等人联络，收编残部以扩充其反革命势力，成立"游击队"。解放后，廖洪举指使麦正科、孟庆新转入地下活动，并狂妄叫嚣:"共产党乌合之众，国民党绝不会垮台，反共组织要保存，可与瞿波平联络……"12月下旬，麦正科秉承廖洪举的旨意，将写好的造谣信掷于街上，其内容:"川军已抵建始，八面山上的国民党军队要包围恩施，共产党马上就要撤退……"一时谣言纷纷，人心惶惶。七里街上银圆价格从每块3000人民币（旧币）涨到6000元，次日涨到14000元，导致人民币买不到东西。廖洪举、冯玉墀、麦正科、孟庆新等还计议于1950年2月10日举行反革命暴乱，幸好我方先发制人，使其阴谋未逞。廖洪举在东乡的支柱冯玉墀，是血债累累的大恶霸，1930年冯玉墀任"义勇军"大队长时，多次袭击贺龙部队，枪杀红军100余名，深得上司赏识，故被保送国民党中央特训班受训，后任区长、营长、团长等职。解放前夕，他又积极组织反革命地方武装，建立其"游击根据地"。解放后，他不仅藏枪不交，而且与廖洪举秘密联络，预谋2月10日暴乱。这一案件被县公安局及时破获，将以上4犯逮捕归案。1950年8月8日、9日，分别将廖洪举、冯玉墀执行枪决。

继破获上述反革命暴乱案件后，县公安局又在县大队、军分区的密切配合下，及时破获了解放以来最大的一起反革命预谋暴乱案件。首犯彭遂三，系中统特务，是龙凤坝向家乡的恶霸。1950年1月，该犯勾结龙马乡大恶霸彭明若（团总），并派专人与川匪王学初和神兵大刀会联络，并与湘西瞿波平匪部串通。至4月底，先后发展反革命组织成员和外围人员千余名，且将某中队战士滕××、廖××等7人拉过去做内应，其反革命活动已波及全县及邻县宣恩、利川、建始等地。彭犯以小龙潭袁家湾为指挥中心，以城关、龙凤坝、屯堡、木贡、杉木、板桥、太阳河、龙马、熊家岩、白杨坪、桅杆堡、大集场、见天坝等地为重点，以匪、特、霸和封建帮会为组织基础，定旗号“罗平”，暗语为“坤”，进城后以红线缠扣为记，计划先打区公所，再攻恩施城，开仓抢粮，夺取武器，从监狱里抢出廖洪举、刘天培、钟介卿，再上山为匪。彭犯等具体策划：于4月9日先由屯堡高××（保长）组织十余人，化装成卖柴人进街探听消息，见机行事；由李顺廷（旧政权乡长）掌握渡口船只，以接应川匪。龙凤坝则由彭犯亲自指挥，与屯堡暴动分子会合于“半边庆”，然后于4月10日攻城，与城关旧地方法院书记官向天降、国民党军上尉参谋张国良、旧县府科长陈茂龙等组织的“正义社”合流，颠覆新生的恩施县人民政权。正当其反革命活动十分嚣张之际，县公安局与县大队密切配合，先后在木贡、屯堡、龙凤等地侦知其反革命阴谋，以迅雷不及掩耳之势，于4月8日逮捕了暴动骨干分子22人。县委领导和军分区司令员王定烈、参谋长熊光武等亲自指挥，在重点地区增派力量，在重点哨卡架设机枪，各大集镇连夜开展户口大检查，审查嫌疑分子。在武装镇压和强大的政治攻势下，不少暴动分子纷纷登记悔过，但首犯彭遂三、彭明若、彭亚藩、代显棋等十余人乘机潜逃四川含瑞坝王学初匪部藏匿。县大队指战员跟踪追击，在含瑞坝将其围困于室，当场逮捕了首犯彭遂三、彭秀曙、彭渊明、彭贤培等，彭明若负隅顽抗，被战士用火烧死于屋中。至此，全案共逮捕暴动分子43人。

但是，在破案中忽视了对桅杆堡、大集场一带的防范工作。由于在审讯中挖敌不深，隐患犹存，以致4月10日，大集场车蓼坝反革命暴乱得逞，造成我工作组干部6人被杀、1人受伤的重大损失。

车蓼坝暴乱首恶分子吴三纲（男，75岁，神兵头子、匪首、恶霸），自1950年2月起就多次与当地匪、霸秘密集会，进行反革命煽动。诡称：“庙上菩萨旨意，赐给我们5面旗帜，每面8万阴兵，暴动定能成功。”又称：“当年打靖国军都取得了胜利，共产党几个工作同志还怕打不掉吗？”后于4月5日，吴犯在七龙圣庙上再次聚会，到会40余人。会上，他们喝雄鸡酒盟誓，定反革命组织名称为“人民救国军”，由吴三纲任总队长，下设中队、分队。派杨月桥、胡宣林等人分别与宣恩、利川、来凤、恩施城的反革命组织联络，并与瞿波平匪部串通。4月9日，反革命暴动分子83人，携长枪9支、短枪1支、手榴弹8枚以及刀矛等武器，麇集于天上坪，筹划通宵。10日拂晓，趁我工作组不备，发动了突然袭击，邱英杰、陈发扬、康纪纯等同志英勇还击，终因弹尽，寡不敌众，邱英杰等6位同志惨遭匪徒杀害，1人受伤，丢枪3支，仅刘永杨同志因着便衣未被匪徒发觉，突出重围。县大队、军分区闻讯赶赴现场（军分区副司令员汪立进、刘元奎，参谋长熊光武及县大队政委巴方廷等均莅临现场指挥），但匪徒已逃散。后陆续捕获匪首、匪徒20余人，缴获步枪12支及神兵旗帜等大量罪证。吴三纲及其子吴圣华、杀人凶手吴定钟，均在宣恩境内捕获。惯匪欧少奇、胡宣林等40余人逃窜金竹堡后，又纠集旧乡保人员开会，企图扩充势力，上山为匪。但在我部队进剿下，已无处藏身，大部被迫自首，少数顽固分子亦陆续被捕归案。我人民政府于5月4日，在大集场街头召开群众大会，处决了首犯吴三纲和凶手吴定钟。这是中华人民共和国成立后首批枪决的罪犯。7月15日，又枪决了彭遂三、向天降。被追捕的反革命分子陈茂龙（沙地人，县府科长）于4月29日窜到建始朝阳街52号，与沙地逃亡反革命分子王权（国民党四川资中师管区少将司令）、张鹏（建始人，已处决）组织“中国青年救国会”。王权任会长，下设四科一室，由陈茂龙与瞿波平匪部联络，策划继续暴乱后与瞿波平匪部会合。这一反革命集团亦被我公安机关及时破获，并在建始抓获了王权，缴获了八音手枪1支。陈茂龙逃至瞿波平部，与新塘逃亡恶霸黎华轩等人策划在三岔、茆山、万寨三处组织暴动。陈茂龙、黎华轩潜回恩施后，继续进行阴谋活动，于1950年10月26日被公安机关捕获。陈茂龙、王权、张鹏、黎华轩均先后被人民政府处决。

五、坚决贯彻中央关于镇压反革命的指示，大张旗鼓地开展镇压反革命运动。

经过清匪反霸、收缴敌人武器弹药和打击反革命现行破坏活动以后，敌人公开的破坏活动有所收敛，但更加隐蔽、狡猾了。如以城关现行反革命分子李振声、党炳森为首，煽动欺骗一部分青年学生组织“救民党”，活动十分嚣张。在李吉云（反共委员会主任委员）、党子和（特务）的教唆下，多次秘密集会，拟定“党章”，下发“党证”，印刷《宣传要点》，并下设科、组，在全城大部分中学发展组织，进行反革命煽动。又如，1950 年国庆节期间，在专署公安处集训的旧人员训练班中，张家训（旧恩施县长）等人乘管教干部参加庆祝大会之机，扭锁入室，翻箱倒柜，将室内的一支冲锋枪装上子弹，用麻绳把扳机套住，置于被窝中，又把室内的一支手枪上膛后置于抽屉内，将枪口对外，扳机也系上麻绳，然后盗走子弹 7 发，逃离现场。幸因管教干部警惕性高，及时发现了问题，排除了隐患。

此外，反动会道门活动也非常嚣张，而且更加诡秘。一贯道点传师李全志（河南郏县人），于 1948 年受其上司指派，携带活动经费，由保定经重庆来恩施“传道”。1950 年 4 月，李全志与马颜图、孟保珍、郑顾三、蔡逢春、陈东楹等（均系河北、河南等地职业道首）改名换姓，以叔侄或姐妹相称，组成两个“特殊家庭”，分别居住在城关解放路 48 号和 59 号。明做生意，暗设“香坛”，发展“中庸天道教”道徒，制造反革命谣言，鼓吹第三次世界大战要打起来，并制定反革命纲领策略，配合敌特进行反革命暴乱。这一时期，皇极道、紫霞教等反动会道门的活动也相当突出。

我们虽然对反革命现行破坏活动给予了一定打击，但是，还不够有力。如对以吴三纲为首的反革命暴动案，当时只枪决了 2 名主犯，对以彭遂三为首的反革命暴动案件也只枪毙了 3 名主犯，少部分判了短期徒刑，有的具保释放。群众埋怨政府对那些“东霸天”“西霸天”“有天无法”“下不了手”。在这关键时刻，党中央于 1950 年 12 月做出了在全国范围内开展镇压反革命的英明决策。

全县的镇压反革命运动是从 1950 年 12 月 15 日正式开始的。县委于 1950 年 12 月 9 日召开了有各区委书记参加的县委扩大会议，传达、学习中央关于开展镇压反革命运动的指示，贯彻放手、坚决镇压反革命骨干分子的方针。会后，县公安局将各区掌握的反革命骨干分子的材料整理上报，经县委审批后集中搜捕。这次镇压反革命运动，在党委的直接领导下，在公安、武装部门的密切配合下，部署周密，行动迅速，严格保密，运动发展健康、顺利。搜捕对象除 6 名潜逃外，其余全部落网。1950 年 12 月 15 日至 20 日第一次集中搜捕后，又经专署批准，处决了一批罪大恶极、不杀不足以平民愤的反革命骨干分子。

大张旗鼓地开展镇压反革命运动，给广大干部、群众极大的鼓舞，群众扬眉吐气。城关街道居民杀猪宰羊，像庆贺节日一样敲锣打鼓，放着鞭炮到人民政府和公安机关送锦旗，表示祝贺。尤其是白果五村，在枪决了恶霸向茂清以后，群众纷纷起来控诉其残害农民、组织反革命暴乱的罪行，并查获私藏的步枪 4 支，子弹 100 发。经过集中打击，在全县范围内，一场揭发、控诉反革命罪行的群众运动轰轰烈烈地开展起来，促进了镇压反革命运动的深入开展，继而破获了“中庸天道教”“救民党”“皇极道”“紫霞教”等一批反革命案件，抓获了一批潜逃在外的反革命道（教）徒，并于 1950 年 12 月 25 日处决了反革命集团“救民党”首犯李吉云、党子和等 5 人，还分别判处了其余 7 名主犯的有期徒刑。1951 年 4 月 29 日，恩施县人民法庭在城内召开大会，公审了反动会道门“中庸天道教”一案，判处死刑 4 名，死缓 1 名，有期徒刑 3 名；对坦白交代好、有立功表现的予以宽大释放 2 名，对一般人员采取教育登记悔过的办法，促其自新。自 1951 年 4 月 1 日恩施专署发布取缔反动会道门“皇极道”的布告后，县公安局还逮捕了首犯李吉庭等 35 名反动会首头子，缴获 20 种罪证。

1951 年 3 月 26 日，在专署公安处的指导和配合下，县公安局抓获了潜逃重庆继续作恶的全县最大的恶霸王献谷、邓廉溪等，查明了王、邓 2 犯与旧政权恩施县长林人俊于解放前夕逃渝后，组织“大同难会”与特务勾结，企图东山再起的反革命罪行。6 月 30 日，在县体育场召开了解放后第一次大规模公审大会，各界、各区代表和城郊群众近万人参加。会上，有十余名代表控诉了 2 犯的罪行，会场上群情激愤，“血债血还”“坚决镇压反革命”等口号声此起彼伏。最后，县公安局局长兼审判长曹辉宣布判处王、邓 2 犯死刑，立即执行，广大群众无不拍手称快。

为了深入宣传镇压反革命的重大意义和方针政策，县公安局印发了《宣传要点》，县直和各区召开了各种会议。除区、乡分别召开群众会外，县公安局还召开了为期 3 天的全县旧人员会议，讲形势，学政策，解除顾虑，指明出路。1951 年 3 月，县政府又发布了敦促反动党、团、特、匪、会道登记的布告，要求他们登记悔过，检举揭发反革命分子，主动赎罪，进一步分化瓦解了敌人，扩大了战果。但是，少数顽固不化的暗藏的反革命分子，预感末日来临，加紧了反扑。

1950 年 12 月 24 日凌晨 2 时，县公安局中队战士詹厚钱（男，22 岁，湖北随县人，1947年入伍），在清江桥头站岗被反革命分子暗杀。后经县公安局侦察破案，查明系反革命分子王汉卿（国民党警察局刑缉队员、烟毒犯、盗窃犯）、刘慎五（土匪）、李永清（土匪）、方××等4犯作案。当晚，4犯前往航空站盗窃该站的枪支零件等物时，途经清江桥头，被哨兵发觉，令其站住。黑暗中，4犯趁詹厚钱不备，将其摔倒，并夺过武器，朝其后背打了一枪，詹厚钱惨遭暗杀。当县公安局干警赶赴现场，枪膛尚有余热，弹壳尚未退出。破案后，将3名主犯处决。

1951年3月，盛家坝反革命分子杨宗孔（旧乡长）、杨宗可（旧保长）、杨巧云（旧保长）以及被他们掌握的假农会主席谌明详、李文章等人，在杨昌银（其兄被政府处决）家三次密会，计划于3月21日将工作组申××暗杀，又计划暗杀辛仲斋区长，均因故未得逞。21日下午5时，恩施县公安局侦察员傅德明路经此地，谌明详和傅德明早已认识，将其骗到杨昌银家吃豆皮。这伙匪徒夺过傅德明的手枪，并从后背一火枪，将其打倒在地，脱光衣服，乱刀砍死。案后，又大造舆论，说抓到了土匪。区政府闻讯，立即与公安局联系，及时赶赴现场，只见尸体血肉模糊，难以辨认，从手枪和遗物分析，证实是傅德明无疑。经及时侦讯，罪犯全部落网，报请上级批准，于3月28日将杨宗孔等9名主犯就地枪决。

1951年4月1日上午，恩施县大队三连一个班从监狱提出16名罪大恶极的犯人，准备押往屯堡执行枪决。这伙罪犯自知罪行严重，在押解途中乱喊乱叫，并在鸭松溪暗地串通，企图集体逃跑未遂。下午6时到达屯堡，先关在空屋中，又有2犯企图夺战士的枪未逞。7时许，将其转入小监狱（原金库）。8时许，战士胡德胜查监，听见犯人在监内故意乱喊乱叫，胡德胜便开门查看。门刚打开，胡德胜即被犯人用绳子拉进去，用钉子钉死。带班的战士发现情况后及时赶到，但门被死死抵住，无法打开，只得在墙上挖洞，用枪射击。犯人用胡德胜的尸体挡住洞口，战士遂将监内14名犯人击毙。

敌人的反扑是疯狂的。为了巩固镇压反革命的成果，严防敌人狗急跳墙，县公安局在县委领导下，一面发动群众，加强防范，开展政治攻势；一面加强侦察破案，及时打击现行犯罪分子。从1951年4月20日开始，对全县各村、街道的治安员进行轮训（一周），并在全县范围内开展了广泛深入的镇压反革命宣传工作。在广大群众的协助下，公安机关先后又破获了一大批预谋进行反革命活动的案件，彻底打击了敌人的嚣张气焰，迅速安定了社会治安秩序，巩固了新生的人民政权，为开展土地改革运动扫清了道路。①

［思考讨论］

中共恩施县委为了巩固新生的政权做出了哪些努力？获得了怎样的成效？

［案例点评］

新民主主义革命的胜利，结束了中国半殖民地半封建的社会状况，实现了中国从几千年封建专制向人民民主的伟大飞跃，但是，新中国成立初期，我们面临着许多困难和严峻的挑战。我们党要继续完成民主革命遗留的任务，也要完成国民经济恢复、建设新中国的任务，这是一个极大的挑战。当时，国民党从大陆撤退时遗留下许多军队、土匪、特务分子还有待肃清；在广大城乡，反动会道门和传统黑恶势力还危害着老百姓的生命财产安全；在广大的新解放区还没有完成土地改革。只有坚决肃清这些敌特分子和黑恶势力，为土地改革扫清障碍，才能保卫住革命的胜利果实，巩固新生的政权。

恩施县委采取了一系列强有力的措施，保卫了革命胜利成果，巩固了新生的政权。一是实行全党动员，大张旗鼓地宣传党的路线、方针、政策和解放战争胜利发展的大好形势，粉碎敌人的各种谣言，澄清各种混乱思想，动员广大人民群众，团结起来当家做主人，与敌人做斗争；二是迅速肃清匪患，保障人民生命财产安全；三是教育、改革旧政权人员，收缴武器弹药；四是加强侦察破案，及时打击敌人的现行破坏活动，粉碎敌人的反革命复辟阴谋；五是坚决贯彻中央关于镇压反革命的指示，大张旗鼓地开展镇压反革命运动。这些措施的实行从思想、行动等方面都遏制了敌人的反扑，不给敌人留任何机会重来，稳定了社会秩序，巩固了新生政权，为后续的发展奠定了扎实的基础。

［教学建议］

1. 本案例适用于第二章新民主主义革命第一节“从新民主主义到社会主义

① 材料源自恩施自治州政协文史资料委员会. 鄂西文史资料（1998年第1—2辑合刊）［M］. 恩施，1998：104—118.（内部资料）

的转变”部分内容的辅助教学。

2. 本案例阐述了恩施县委领导公安机关为巩固人民新政权所采取的主要措施。使用时，教师可以结合新中国成立初期的全国大背景和形势，引导学生更深刻地认识到在新民主主义革命胜利之后我们面临的严峻形势，继续完成民主革命遗留任务的紧迫性和重要性。

案例3 恩施专区“一五”计划建设

[材料呈现]

1953年，中共中央提出过渡时期的总路线，恩施专区根据国民经济底子薄、基础差的实际，编制1953—1957年的第一个五年计划，并在实践中大力发展工农业生产，完成农业、手工业和资本主义工商业的社会主义改造任务，全面推进国民经济发展。

学习贯彻党的过渡时期总路线

恩施专区为贯彻党在过渡时期的总路线，进行了声势浩大的学习和宣传活动。从1953年11月拉开学习宣传帷幕，到1954年8月，历时10个月，前后分两个阶段。11月中旬，地委召开地直党政机关干部会议，地委书记王英先传达湖北省第三次党代会精神，要求地直各战线认真学习党在过渡时期的总路线，逐步实现国家工业化和对农业、手工业及资本主义工商业的社会主义改造。随后，地直各行各业各条战线开展总路线的学习宣传运动，各县也召开扩大会议传达学习总路线。为把各县干部扩大会议开出成效，专员史占道、组织部长霍震、宣传部长齐抗率干部13人，到各县指导工作，结合各地实际谈认识，做部署。紧接着，以县为单位召集乡干部传达学习总路线，时间一般为7天至8天，共有1.5万多名干部参加学习。通过学习讨论，广大乡干部普遍认识到工业化是农民的最高利益，互助合作是农民的光明大道。

地委、专署采取多种方式宣传总路线，一是评选学习宣传积极分子，通过积极分子集中学习，然后分散各地进行活学活讲；二是地委党校举办互助组长训练班，学习宣传总路线，地委领导宣讲形势，增强互助组多为国家卖余粮、支援国家建设的责任感；三是地委机关报《恩施报》以及各县委机关报集中时间、集中版面开展宣传，如《恩施报》连发4个通版《大家来算三笔账，跟着共产党走向前》《越算越比越明亮：社会主义放光芒》《大家看看社会主义的道路》《国家工业化是农民的最高利益》。同时，用诗配画、讨论会、大家谈等形式，大张旗鼓向农民宣传总路线，开展“两条道路，你走哪一条”的农民讨论会，联系群众思想实际，编写通俗的“大家谈”讲话。这些宣传方式得到上级肯定，湖北省委宣传部将恩施报社编委会的宣传总结《总路线 70 天》批转给全省地市报，中南局宣传部《宣传通讯》、省委宣传部《宣教通讯》登载和摘登此文。这一阶段的学习宣传，从特点上看，一是规模、声势大；二是普及面广；三是形式灵活多样，学习宣传总路线的氛围十分浓厚。

12 月 28 日，中宣部发布《为动员一切力量把我国建设成为一个伟大的社会主义国家而斗争——关于过渡时期总路线的学习和宣传提纲》，对党在过渡时期总路线做了准确、完整的表述。随即地委发出指示，在全区开展总路线再教育活动，要求各地以几天到半个月时间，通过粮食计划收购、计划供应工作，对群众进行支援国家工业化教育，使广大群众认识到国家工业化与农民利益的一致性，发动群众以实际行动支援国家工业建设。这构成总路线学习宣传的深入阶段。

1954 年 6 月 20 日，地委召开各县委宣传部长、县委办公室主任、县文教科长和地直机关负责人参加的全区宣传工作会议，决定动员全区力量，有领导、有计划、有规模地开展总路线再宣传运动。重点研究总路线再教育的内容、方法、工作计划。成立总路线宣传办公室，各县相应成立以县委宣传部为主，吸收文教、青年团、妇联、财经等部门参加的总路线宣传办公室，全区共组织 8 万人次再次深入乡村宣传总路线。宣传队成员由 4 方面组成：一是县、区、乡三级主要骨干；二是县、区、乡财经干部；三是国营农场、技术指导站、劳模、妇女、青年、民兵；四是宣传员、剧团成员、教师、民间艺人、文化馆（站）工作人员。专署财委从直属企业抽调 30 名财经干部作为第一批宣传队伍，到恩施县、建始县开展总路线再教育宣传活动。文教战线全面出动，每一个完全小学、重点乡村小学都办一板黑板报，用当地活人活事宣传总路线；每个小学组织 1 ~ 2 个读报组，为群众读报学习总路线；中学办好墙报、画刊宣传总路线；文化馆（站）幻灯全部出动，每月至少放映 8 场；油印小报一月两期；每个电影队每月放映 16 场至 18 场。

地委宣传部成立文艺、美术创作组，为 8 万宣传人员创作宣传材料。文艺组创作短小精悍的山歌、快板、三棒鼓和短剧；美术组创作连环画、招贴画和幻灯片。地委和专署直属机关结合本机关特点制订总路线宣传计划。恩施县高桥乡作为总路线宣传试点乡，经过10多天的工业化宣传和两条道路的教育，并结合实际进行充分讨论，收到了较好的效果。此前很多有粮食的农民要求国家供应，粮食少的要求多供应，其中第六行政组的10多户人家要求供应8500公斤，通过学习主动减少1050公斤；通过宣传粮食计划供应政策、批判资本主义套购政策后又主动减少2500公斤粮食。

这一时期，恩施专区对总路线的学习宣传更加广泛深入、具体明确，通过学习宣传与贯彻落实紧密结合，取得较好的效果。

“一五”计划的编制与实施

1953年1月，中共中央宣布开始执行国家建设的第一个五年（1953—1957）计划。地委、专署据此制定全区国民经济和社会发展五年规划。“一五”计划坚持实事求是的原则，根据矿产资源和自然条件，结合历史发展状况和生产发展水平，确定以农业为基础，以工业为主导的国民经济发展方针，其主要任务是发展工农业生产，推动各项事业发展，提高人民生活水平。

一、“一五”计划的编制

恩施专区受自然、地理、历史条件的限制，生产力发展比较缓慢。解放初期，全区仅有几处小型工业企业，主要为原煤、硫黄、毛铁、硝、电力、茶叶等少量工业产品。专区仅有巴石、咸来两条等外级公路。土布、食盐、西药一般由四川万县（今重庆市万州区）、奉节（今重庆市奉节县）输入，其他日用品由巴东输入；恩施的土特产品也由此路线输出。恩施专区所辖8县153.3万人，棉纱、布匹均靠外地输入，价格较贵，人民群众收入少，购买力差，穿戴比较困难。耕地贫瘠，粮食产量低，群众的吃饭问题仍然处在困难状态。农民接受教育的机会少，文盲较多。

地委坚持实事求是的原则，根据自然条件和工农业生产实际确定发展目标，编制“一五”计划，基本任务是发展工农业生产，提高人民生活水平。工业生产重点发展电力、原煤、土铁等，支援国家建设，服务农村经济；农业生产以粮食为主，广泛开展互助合作运动，把小农经济纳入国家计划管理；大力发展农副业生产，增加粮食产量，增加农民收入，活跃城乡经济，满足人民需要。

在计划编制过程中，贯彻以农业为基础，以工业为主导的方针，恩施是以农业为主的山区，农业生产工具以犁、耙、锄等为主，农业合作社化运动需要改进生产工具，因此地方工业要为农业生产服务，生产农民需要的工业产品。贯彻推进国民经济全面发展的方针，在以农业为基础，以工业为主导的同时，相应地发展交通运输业、商业、林业和文化教育卫生事业。实行边制定边实施原则，由于恩施解放时间不长，统计资料不齐全，资源状况不明，难以把握工农业发展速度，同时各经济主管部门缺乏经济建设计划的经验，只能边制订边执行，不断进行修订、调整、补充。

恩施专区国民经济发展的第一个五年计划时期执行分级管理制度，中央和省所属企业由中央各部和省各厅管理，专、县主要管理农业、地方工业、地方交通、文教卫生事业。恩施专区共编制属于地方管理的 7 种计划，即工业、农业、林业、交通运输、商业、基本建设、文化教育卫生发展计划，其中工农业生产计划较为全面系统。

工业生产的主要任务首先是发展煤矿、硫黄和铁矿等矿业生产，其次是发展农具和电力生产，最后是发展食品工业和轻工业生产。完成手工业的社会主义改造，建立手工业合作社，扩大手工业生产规模，提高手工业产品质量，壮大集体经济。全区列入第一个五年计划的地方工业企业 24 个，工业产品主要有电力、原煤、土铁等 9 个品种，工业总产值计划期末达到 3303.92 万元。

农业生产的主要任务是坚持以粮食生产为主，林业、畜牧、土特产全面发展的方针，充分发动群众，在保证粮食自给的原则下，放手发展多种经济。粮食作物从 1953 年的种植面积 591.1 万亩、产额 96.5 公斤、总产量 1141.2 万担发展到 1957 年的种植面积 670.5 万亩、产额 136.8 公斤、总产量 1698.3 万担。土特产作物从 1953 年的种植面积 31 万亩发展到 1957 年的种植面积 310 万亩。

林业生产计划在“一五”时期，国营林场造林 1.11 万亩，育苗 0.36 万亩；群众造林 112.5 万亩，育苗 0.51 万亩；采种 75 万公斤；封山育林 80 万亩；幼林抚育 8 万亩；油茶垦复 10 万亩；木材总产量 15.1 万立方米。

牧业生产计划在“一五”时期，牛、马、骡等大牲畜平均每户饲养 1 头，其中黄牛增长 30%，水牛增长 21%，马骡驴增长 18%。生猪养殖平均每户 3 头以上；鸡鸭养殖平均每户 5 只以上，达到 350 万只。

交通运输方面，计划修建公路、大车道，改建乡村桥梁，整治水运航道。

大部分区修通公路，大部分乡修通大车路，农业合作社修通骡马和手推车大路。发展兽力车运输和水上运输。计划汽车货运量23万吨，货运周转量3500万吨公里，旅客周转量5062万人公里。

商业方面，以国营经济为主，大力依靠合作社商业，利用、限制、改造资本主义工商业。发展合作贸易，完成私营商业改造，做好农村的收购、推销和供应工作，满足工农业生产需要。

1955年，随着农业合作化高潮的到来，农民生产积极性大大提高，农村合作经济占据绝对优势。地委修订补充全区农业生产计划：到“一五”期末，建立30个国营农场，7个国营畜牧场，5个药材场，3个茶场，4个林场，8个园艺场，3个茶麻园艺综合场。每个区设立农业技术指导站，每个乡设立技术推广组，每个社设立技术员。粮食总产量达到12.5亿公斤，人均粮食585公斤；油料总产量4410万公斤，人均油料20.8公斤；森林面积1587万亩；牛马猪羊290万头；土特产种植面积102万亩。农村达到“粮食有余、森林满山、特产遍地、牛马成群”的新面貌，农民购买力增长一倍。

地委根据工业生产发展需要修订工业生产“一五”计划：计划“一五”期末，新建国营场矿73个；扩建小水电、药材、制糖、猪肉加工、榨油等工业企业19个；专县机械厂、农具厂扩大规模，大力生产新式农具；加速农村手工业改造，每个区、乡建立农具生产合作社，生产和改革旧式农具。

1955年修订文化教育卫生发展计划：开展业余文化教育，1956年青壮年扫盲33.5万人，占青壮年文盲半文盲的40%；1957年扫盲46.2万人，占青壮年文盲半文盲的56%。50%的乡建立有线广播；恩施设立电影院，每个县建立流动放映队；每个乡设立文化站；每个农业合作社建立俱乐部和运动场。加强专区和县医院建设，每个区建立卫生所，每个卫生所组织2个巡回医疗组深入农村诊治。1956年增设电话单机920部，线路6440千米，使100%的高级合作社和50%的乡通电话；1957年增设电话单机1533部，线路10731千米，每个区设立电话总机，乡乡通电话。

二、“一五”计划的实施及取得的成就

1953年，地委、专署开始贯彻实施“一五”计划。在农业上，多措并举发展生产。一是积极推进农业基本建设。在人多地少的地方组织移民开荒，扩大耕地面积。兴修水利，改良土壤，发动群众兴修水库、塘堰、水井、沟渠，

扩大灌溉面积，推广旱地改水田、塝田改活田、坡田改梯田。二是全面改良种子。引进外地良种，通过国营农场示范推广；农业生产合作社建立种子田，优选水稻、小麦、玉米、薯类良种；发动群众留种、选种、换种，普及高产作物。三是增施肥料。合作社开展千车万担积肥运动，每户办两个高温速成堆肥，提倡养猪积肥、养牛积肥，每亩施肥 60 挑。四是大力推广新式农具。农业生产合作社逐步使用双轮双铧犁、播种机、条播器、玉米脱粒机、脱谷机、杀虫器械、改良筒车、简便压水机、拖拉机，产茶区使用揉茶机，产麻区使用剥麻机。五是改革耕作制度。改低产作物为高产作物，改单种为套种，改一季为两季，改稀株为密株，改撒播为点播。

“一五”期间，在农田水利建设方面，新建水库 39 座，渠道 1.63 万米，兴修小型水利工程 26434 处，大型水利工程 10 处，控制水土保持面积 4097 平方公里，占水土流失面积的 35%；新增有效灌溉面积 31.84 万亩，有效灌溉面积达到 80 万亩，其中旱涝保收面积 50 万亩；坡改梯 3.1 万亩，旱改水 9 万多亩，垦荒 20 万亩。同时推广水稻良种播种面积 80% 以上，推广小麦良种播种面积 70%，推广玉米良种播种面积 26% 以上，推广薯类良种播种面积 10% 以上；普遍推广密植技术；成功改良生产工具 51 种，推广新式农具 7884 部；为农业生产打下了良好基础。到 1957 年，粮食总产量达到 6.2 亿公斤，比 1952 年增加 1.3 亿公斤，增长 26.5%；其中稻谷完成计划的 109%，薯类完成计划的 115%。

土特产品的生产采取培训技术人员，推广新的耕作、培植、收获、加工技术，产品数量增加和质量大幅度提高。到 1957 年，茶叶播种面积 16.2 万亩，产量达 3.5 万担，完成计划的 108%；苎麻播种面积 7.8 万亩，产量达 3.8 万担，完成计划的 134%；甜菜播种面积 0.77 万亩，产量达 400 万公斤，完成计划的 30% 以上。

工业生产方面，进行新的工业企业建设，新建国营煤矿，扩大小型炼铁厂。贸易公司设立粮食加工厂，建立精制茶厂，推广手摇木质揉茶机，发展纺织厂（社）、制鞋企业。试制打谷机、红薯切片机、水轮泵等改良农具。各县先后创办国营造纸厂、印刷厂。经过 1954 年、1956 年的发展时期和 1953 年、1957 年的巩固时期，到 1957 年，全区地方工业企业发展到 67 家，比 1952 年增长 2.79 倍。五年间，国家共投资 271.3 万元，年均增长 218%。在工业企业中，有硫黄、铁、煤矿企业 25 家，农具、电力企业 13 家，印刷、皮革、建材等轻工业 23 家，油、酒等食品工业 6 家。主要设备有硫黄大炉 516 部，坛炉 297 部，炼铁高炉 22 部，炼铁炉 28 部，动力设备 21 台，各种机床 43 台，机榨设备 1 套，砖瓦机 2 部，印刷机 14 台。1957 年的工业总产值 2326.2 万元，占国民生产总产值的 11.32%，完成计划的 109.67%，比 1952 年增长 15.5 倍，其中矿业产值占 61.29%。“一五”期间，完成工业利润 257.3 万元，年均增长 301%，其中，1957 年完成利润 75.7 万元，比 1953 年增长 8.9 倍。1957 年，全区 331 个手工业合作社完成产值 1241.7 万元，完成利润 36.1 万元，自有资金达到 20.4 万元。

五年间，除粮食总产量只完成计划的 93% 以外，主要指标均完成或者超额完成计划。工农业总产值达到 3.97 亿元，比 1952 年增长 44.36%；农业总产值 3.58 亿元，比 1952 年增长 34.8%；粮食产量达到 61.1 万吨，比 1952 年增长 27.6%；苎麻 858 万吨，比 1952 年增长 84.52%。工业总产值 0.36 亿元，比 1952 年增长 3.6 倍；发电量 64 万千瓦小时，原煤产量 15.19 万吨，硫黄 1.14 万吨，棉布 143 万米，分别比 1952 年增长 8.14 倍、12.56 倍、8.5 倍、3.5 倍；社会商品零售额 7600 万元，比 1952 年增长 1.73 倍。“一五”期间财政收入达到 5053.2 万元。其中 1957 年的财政收入比 1952 年增长 1.6 倍。

交通运输业得到较快发展。“一五”期间，全区动工新建公路 17 条近 400 公里，其中 10 条 189 公里投入使用。修建大车道 9 条 73.6 公里，改善驮运道 22 条 873.5 公里，修缮人行大道 18 条；新建改建乡村桥梁 193 座、渡船 24 艘。1957 年，货运量完成五年计划的 101.33%，其中当年货运量 7.7 万吨；货运周转量完成五年计划的 141.89%，其中当年周转量 1155.8 万吨公里；客运周转量完成五年计划的 143.73%，其中当年周转量 1633 万人公里。

超额完成林业生产计划。五年间，国营造林 9.24 万亩，完成计划的 835%，育苗 4382 亩，完成计划的 121%；群众造林 586.8 万亩，完成计划的 521.1%，育苗 7218 亩，完成计划的 142.8%；采种 111.5 万公斤，完成计划的 149%；幼苗抚育 111 万亩，完成计划的 14 倍；油茶垦复 45 万亩，完成计划的 450%；封山育林 47.4 万亩，完成计划的 69%。

文教卫生事业发展卓有成效。1957 年，全区有民间职业剧团 5 个，木偶剧团 1 个，皮影组 3 个，业余剧团 362 个，电影队 27 个，电影院 1 座，农村俱乐部 828 个，书店 8 所，文化馆（站）21 个。全区有高中 1 所，中师 2 所，初中 23 所，初师 1 所。普通中学和中专在校生分别达到 9225 人、1837 人；教职员工 551 人；共有小学 2423 所，学生 22.24 万人，学生人数比 1953 年增长 6.97 倍，入学儿童占学龄儿童的 82.49%。“一五”期间，全区共投入卫生事业基本建设费用 84.9 万元，医疗设施显著改善。1957 年有医院 1 所，卫生院 8 所，卫生所 66 所，防疫队 1 个，保健站 29 个；卫生医疗床位 1161 张，卫生技术人员 1118 人。有中医联合医院 16 所，联合诊所 424 所，中草医 3598 人；保健室 220 个，私人诊所 24 个，接生站 406 个。

地委、专署领导全区人民艰苦奋斗，在完成社会主义改造的基础上，工农业生产能力和技术水平得到较大发展，到“一五”计划期末，各项主要指标均大幅度超额完成，为恩施专区的国民经济发展奠定了基础。①

[思考讨论]

1. 结合材料分析，恩施专区是如何贯彻党在过渡时期总路线的？
2. 归纳总结恩施专区在“一五”建设时期取得了哪些成就？

[案例点评]

经过三年的努力，到 1952 年我国国民经济得以恢复，民主革命遗留任务已经完成，经济、政治及社会面貌发生巨大变化。如何引领中国社会逐步向社会主义过渡的问题成为以毛泽东为主要代表的中国共产党人亟待回答的问题。1953 年 6 月，毛泽东在中央政治局会议上首次正式提出过渡时期的总路线和总任务：“从中华人民共和国成立，到社会主义改造基本完成，这是一个过渡时期。党在过渡时期的总路线和总任务，是要在十年到十五年或者更多一些时间内，基本上完成国家工业化和对农业、手工业、资本主义工商业的社会主义改造。”② 9 月，中共中央向全国人民公布总路线，明确地向全国人民提出了建设社会主义的伟大任务。10 月 11 日，中共湖北省第三次代表大会召开，传达

① 材料源自中共恩施自治州人民政府史志办公室 . 中国共产党湖北省恩施历史（第 2 卷）[M]. 北京：中共党史出版社，2019：101—109.

② 中共中央文献研究室 . 毛泽东传（1949—1976）（上册）[M]. 北京：中央文献出版社，2003：249.

党在过渡时期的总路线，讨论对农业、手工业和资本主义工商业社会主义改造及第一个五年计划。

恩施专区为贯彻党在过渡时期的总路线，进行了声势浩大的学习和宣传活动。从 1953 年 11 月拉开学习宣传帷幕，到 1954 年 8 月，历时 10 个月，前后分两个阶段。首先是 11 月中旬地委、专署采取多种形式宣传总路线。然后是 12 月底全区开展总路线再教育活动，进入总路线学习宣传的深入阶段。

恩施专区在“一五”建设时期取得了巨大的成就，除粮食总产量只完成计划的 93% 以外，主要指标均完成或者超额完成计划，工农业生产能力和技术水平得到较大发展，交通运输业得到较快发展，超额完成林业生产计划，文教卫生事业发展卓有成效。

［教学建议］

1. 本案例适用于第三章第一节“从新民主主义到社会主义的转变”部分内容的辅助教学。

2. 本案例描述了恩施专区学习贯彻党的过渡时期总路线、“一五”计划编制实施过程及取得的成效。在使用时，可以布置学生搜集自己家乡“一五”计划编制实施的相关材料，在课堂展示并分享，引导学生深入认识党在过渡时期总路线的内容及特点。

案例4 巴东县农业的社会主义改造

［材料呈现］

在进行有计划的经济建设的同时，中共巴东县委领导进行了对生产资料私有制的社会主义改造。对个体农业，重点先发展半社会主义的初级农业合作社，再发展到社会主义性质的高级农业合作社。在党的正确领导下，1953 年至 1956 年，巴东对农业的改造得到了稳步前进和健康发展。

农业互助合作运动的发展

土地改革以后，广大的无地或少地的农民得到了土地，从而激发了生产积极性，促进了农业生产的发展。但是小农经济无法按照国家计划进行生产，势必与国家的计划经济发生矛盾。同时，小农经济的分散、落后，无法满足日益增长的工业化建设对粮食、原料和市场等的需要。所以党及时引导全国农业走社会主义合作化道路，依靠集体力量克服自然灾害，推广新技术，进行社会基础建设，发展生产，以适应社会主义工业化的需要。

根据党中央的号召，中共巴东县委首先引导全县农民组织农业生产互助组。在此前的 1952 年 7 月，县委土改复查工作组在中元乡组织农民，进行农忙换工互助活动，贫雇组组长李同铨串联三组干部和贫雇成员共七户成立全县第一个农业生产互助组。通过实践，互助组初步显示出互助合作的优越性，使农民群众尝到了甜头，对互助合作形式产生较强的愿望和积极性。在此基础上，县委因势利导，于 1953 年 5 月召开区委书记、区长会议，对合作化运动进行认真讨论，并做出具体安排。会后，各区、乡迅速发展一批有组织、有领导的临时互助组。至 7 月底，全县共组织临时互助组 1459 个。

8 月上旬，县委再次召开区委书记、区长扩大会议，对前段互助合作运动进行总结和研究，对少数地方急躁冒进的倾向和盲目追求高级形式等做法进行了纠正。会议决定对互助合作形式加以引导，逐步按照民主、自愿、互利的原则加以完善和提高。11月，全县传达贯彻党在过渡时期的总路线和总任务，推动互助合作化运动的发展。到1954年6月底，全县办起临时互助组6540个、常年互助组566个，参加互助组的农户40811户，占全县农户总数的65.2%。

农村互助合作组织的新发展，推动了全县农业生产的发展，为下一步农业社的建立积累了经验，准备了条件。

农业生产合作社的发展

在互助合作运动不断发展的基础上，县委根据省委农村工作部1953年11月召开的全省农业生产合作社会议精神，开始试办初级农业合作社。试办地点定在风吹垭和茶店子。12月中旬，集中10名互助组的骨干进行培训，12月21日分头下去开展工作。通过半个多月的努力，1954年1月中旬，风吹垭乡三溪口农业合作社和茶店子乡红旗农业合作社先后成立。初级社成立时实行土地作股入社，统一经营，按股分红，大农具入社统一使用，由社付给报酬，社员参加集体生产劳动，按劳力和入社土地多少进行分配。接着，县委举办为期7天的全县519名互助组长训练班，提高认识，统一思想，制订规划，办初级农业合作社。会后，全县试办四个农业合作社。7月，按照省、地委指示，抽31人组成专门班子，在10个区19个乡进行试点办社，这批试点共23个社，409户。到1955年上半年，全县各区、乡先后办起初级社136个，其规模：15户以下的59个，16户至20户的62个，21户至30户的13个，31户至40户的2个。入社农户2290户，10322人，劳动力5666人，耕地27325亩。农业合作社成立后，这年秋季增产社128个，占总社数的94.1%。11月，全县传达贯彻党的七届六中全会和毛泽东《关于农业合作化问题》的指示，广大农村掀起农业合作化热潮，截至年底，全县共成立初级农业合作社2288个。

在办初级社的基础上，开始组建高级农业合作社。在风吹垭乡，通过召开党团员和积极分子会，学习宣传党的七届六中全会精神，造声势，深入进行思想发动，进行串联入社等措施。1956年1月，巴东第一个高级农业合作社——先锋高级农业生产合作社成立。这个高级社由原来的“三溪口”“青年”两个初级社和周围的四个常年互助组及部分单干农民组织起来，全社104户，有耕地701.1亩。土地无偿转为集体所有，不再计算报酬，耕畜、大农具折价入社，社员参加集体生产劳动，实行按劳分配。随后，组建高级农业社在全县逐渐展开。至 1956 年 3 月，全县共办高级社 340 个，入社农户 43858 户，占全县总农户的 68.1%。年底，全县入社农户占总农户的 96%，在农村实现农业合作化。

为适应农业合作化的发展要求，1956 年，县委健全农村工作部组织机构，设会计辅导站，组织农业社搞好财务管理和收益分配等业务工作，各区亦先后配备会计辅导干部。

对农业社的计划管理和生产管理

高级农业社的建立，取消土地分红，实行社员参加集体生产劳动，按劳分配，多劳多得的制度，改变了土地私有制，从根本上改变了旧的生产关系，也就要求必须适时改变管理。1954 年年初，全县第一个初级农业社建立时，对其计划管理做出过一些规定，如根据当地情况和社会生活需要，民主制订全年生产计划和季度生产计划；以经营农业为主，兼营畜牧业及副业生产，鼓励社员家庭种好园圃和喂猪、养鸡及其他家庭副业等。高级农业合作社建立后，农业社规模扩大，取消土地报酬，编制全面的生产计划显得更为重要。因此，县委在领导农业合作化运动中，十分重视计划管理，要求各地在转高级社时，必须因地制宜地开展“两挖”，即挖增产潜力，挖全面收入。民主制订出全年生产计划和长远生产规划，以便把集体经济引向健康发展的道路。

在生产管理上，初级农业社时期，一般是采取临时包工、小段包工和季节包工等形式。实行包工制以后，社员的劳动积极性提高了，生产的进度加快。随着农业合作化运动的发展，在高级农业合作社建立、规模扩大后，生产管理的矛盾突出。为搞好生产管理，县委首先在四区风吹垭前进农业社和茶店子乡红星农业社做“双包”（包工、包产）的试点。即将各个耕作区（生产小队）的土地按土质情况和耕作难易，分作物进行包工包产到队，实行超产奖励、减产适当赔偿的办法，使得基层生产单位的责任心得到加强。

“双包”责任制在全县推广以后，各地从实践中发现投资的种子肥料是个漏洞。于是，县委决定将“双包”改为“三包”（包工、包产、包投资）。为了确保“三包”任务的完成，县委根据群众的实践经验，在全县推行“三包四到田”“一年早知道”“管理四到户”等措施。“三包四到田”即社与队包工、包产、包投资，把产量收入、技术措施、肥料、工分等逐块落实到田；“一年早知道”即农业社根据生产计划和“三包”的投资和工分，制订分配方案，求出各生产队应得的实物和现金，生产队再按各户社员自报的出工、投肥计划，将应得的收入计算到户，得出每户社员完成当年计划后可分得的粮食和现金数，张榜公布，使社员心中有底；"管理四到户"即田间管理、山林管理、农具管理、牲畜管理到户，做到责任明确，防止混乱和损失。

对农业社的计划管理和生产管理，在当时的历史条件下，很大程度上促进了农业生产的发展，为人民公社的建立和管理积累了经验。

粮油统购统销政策的实施

大规模经济建设开始后，由于粮食生产的增长和收购量的增长赶不上粮食销售量的增长，从而导致粮食严重紧缺。1953 年，工业建设全面展开，城镇人口急剧增加，致使粮食销售大大增长，如果任其发展，就会出现粮食供销严重脱节的混乱局面。为了改变这一状况，10 月，全国粮食会议决定，对粮食实行"计划收购"和"计划供应"，即"统购统销"。10 月 16 日，中共中央做出《关于实行粮食的计划收购和计划供应的决议》。11 月 19 日，政务院发布《关于实行粮食计划的收购和计划供应的命令》。统购统销政策的基本内容：在农村向余粮户实行计划收购；对城市居民和农村缺粮群众实行计划供应；实行由国家严格控制粮食市场，严禁私商自由经营粮食；实行在中央统一管理之下，由中央与地方分工负责粮食管理的政策。

11 月 16 日至 12 月 6 日，中共巴东县委在县城召开干部扩大会议，各区委书记、区长、一般干部、农村党员、县直机关干部等 478 人参加会议。巴东县人民政府县长王向晨传达中共中央所制定的关于党在过渡时期的总路线和总任务以及《关于实行粮食的计划收购与计划供应的决议》，布置全县粮食收购任务。12 月 21 日，县委再次召开全县区乡干部扩大会议，贯彻粮食计划收购政策。同时，县委下达《关于执行粮食计划工作的指示》要求，在统购工作开始时，应继续大张旗鼓地宣传党在过渡时期的总路线、总任务和粮食统购统销的必要性与重要性，只有不断提高区乡干部与群众的社会主义觉悟，方能清除可能发生的抵抗情绪和不满情绪，并及时揭露坏分子的造谣破坏活动。各区一定要适当组织力量，深入地宣传动员，做到家喻户晓。各区应随着收购工作积极做好供应准备。还强调，为了保证国家建设和我县各区大小城镇人民及农村缺粮户的需要，必须实行统销，把粮食工作纳入国家计划之内，严格掌握粮食市场，严禁私商投机经营，加以严格控制。会后，从 12 月开始，实行统一收购，至 1954 年 1 月结束。1953 年统购粮食除征收公粮 265.5 万公斤以外，收购 624.5 万公斤，比 1952 年收购量多 373 万公斤，增长 1.48 倍。1954 年是统购统销的第二年，在总结 1953 年统购的基础上，贯彻留口粮、留种子、留饲料、留机动的“四留”政策，开展支援工业、支援灾区、支援解放台湾的宣传动员工作。当年征购粮食 1057 万公斤。同年，全县开始实行食用油脂、油料市场统购，由中国油脂公司巴东营业所承担购销任务，不向区乡下达任务。

1955 年 5 月，贯彻中共中央、国务院《关于迅速布置粮食购销工作，安定农民生产情绪的紧急指示》，在全县实行粮食“三定”政策，即定产、定购、定销，实行定产定购一定三年不变，有灾照减，增产不增购，定销一年一核定。首先在四区茶店子乡做试点，9 月全面展开。全县培训 4947 名骨干和积极分子，分两批在 225 个乡、5 个集镇落实粮食“三定”。三定结果：定产 6587.5 万公斤，占省分配数 7000 万公斤的 94.1%；定购 820 万公斤，占省分配 700 万公斤的 117.14%；定销 321 万公斤（全县缺粮户 19668 户 83868 人，占总农户的 30.62%）。当年落实粮食征购任务 755.5 万公斤，由于部分地方受灾减产，征购完成 643.5 万公斤。

在实行统购的同时，实行粮食统销，取代粮食自由贸易。1953 年 12 月 5 日，在巴东县城正式发放供应证，实行计划供应，规定每人每日吃粮标准：市民 0.5 公斤，工人 0.75 公斤，机关、团体、学校工作人员 0.6 公斤。随后，野三关、官渡口两地也开始实行计划供应。1954 年 1 月，巴东县第一次对农村实行粮食统销。农村缺粮户，经本户自报，民主评定，乡造册上报，区委批准，粮店发票，定点供应。1955 年 8 月，国务院颁布《市镇粮食定量供应暂行办法》后，巴东首先在城关实行“核实人口，按人分等，以人定量，分户计算”的粮食定量供应试点。试点结束后，随即在全县展开定量供应。当年实销粮食 407.5 万公斤，超定销数 86.5 万公斤。1956 年 11 月，食用油开始实行计划供应，用油单位每人每月一斤，居民限量不限次。同年 12 月 15 日，巴东县人民政府决定从 1957 年 1 月 1 日起，对食用油实行统销，按月按计划供应，并拟定出《巴东县食油统销方案（草案）》，指导食油的统销，确保食油统销的顺利进行。

粮油统购统销政策的贯彻实施，确立了国家在粮油商品交换与分配中的垄断地位，使私营粮商退出粮油流通市场，缓解了粮食供求矛盾，维护了社会稳定。①

［思考讨论］

结合材料说明巴东县是如何进行农业的社会主义改造的，我们从中获得了哪些经验？存在哪些问题？

［案例点评］

对农业的社会主义改造，是三大改造中率先进行的。中国的一个特点是农民占人口的绝大多数。如何将几亿农民的个体所有制改造成集体所有制，组织起来走社会主义道路，是一个历史性的难题。以毛泽东为主要代表的中国共产党人根据马克思列宁主义关于农业社会主义改造的基本原理，从我国农村实际出发，制定并实行了一整套适合中国特点的对农业进行社会主义改造的方针、政策和办法，开辟了一条适合我国情况的农业改造道路。第一，积极引导农民组织起来，走互助合作道路；第二，遵循自愿互利、典型示范和国家帮助的原则，以互助合作的优越性吸引农民走互助合作道路；第三，正确分析农村的阶级和阶层状况，制定正确的阶级政策；第四，坚持积极引导、稳步前进的方针，采取循序渐进的步骤。

中共巴东县委根据中共中央精神和省委的安排部署，对农业进行社会主义改造分为两个时期：前一时期是按照民主、自愿、互利的原则，积极引导农民建立互助合作组；后一时期则是有组织有领导地办农业合作社，先试办初级合作社，经过实践取得成效后，在办初级社的基础上开始办高级农业合作社，土地、牲畜等生产资料转为集体所有，社员参加集体生产劳动，实行按劳分配。

巴东农业社会主义改造的完成，将农民个体所有的私有制转变为集体所有的公有制，使得社会主义经济制度得以确立，全县农民成为社会主义的集体劳动者，从根本上改变了旧的生产关系，解放和发展了生产力，促进了全县农业生产的发展，缓解了粮食供求矛盾，维护了社会稳定。在改造过程中，党领导人民创造了一系列从初级到高级的过渡形式，不仅没有破坏生产力，造成

① 材料源自巴东县史志办公室，巴东县档案局．中国共产党巴东县历史（第 2 卷）［M］．北京：中共党史出版社，2014：67—75.

社会动荡，而且明显促进了生产力的发展及人民的团结。但是，由于各方面原因，也还存在许多问题，主要是农村在实现初级农业合作化以后，迅速发展和扩大高级农业合作社，要求过急，改变过快；对农业生产进行计划生产、统一经营后，存在计划统购定额过高，损伤农民生产积极性的现象。总的来说，这一改造是成功的，从初级到高级的过渡形式是一条独创性经验。

[教学建议]

1. 本案例可用于第三章第二节“社会主义改造道路和历史经验”部分内容的辅助教学。

2. 本案例描述了中共巴东县委领导的对个体农业的社会主义改造过程。使用时，教师可以结合教材内容，向学生说明在改造后期出现指导工作上的脱离实际、要求过急、工作过粗、改变过快、形式过于简单划一的缺点和偏差，以至在较长时间内还存在的一些遗留问题，引导学生深入理解社会主义改造的功过。

案例5　利川县
资本主义工商业的社会主义改造

［材料呈现］

利川县对资本主义工商业的社会主义改造，大致经历了两个阶段。第一阶段，从中华人民共和国成立初期到1954年上半年为初级形式的国家资本主义阶段。中华人民共和国成立前夕，全县有个体工商户595户，从业人员980人。中华人民共和国成立后，县委、县人民政府鼓励工商业者积极经营、稳步发展。1950年5月，开展商户调查登记，县城有百货、棉布、花纱、旅栈等11个行业，有344人加入商民联合会。至年底，全县有工商户1515户，批零总额27.4万元。1951年2月，成立县工商联合会，私营商业有了新的发展。7家生漆商联营，成立“益民联营山货商号”（益民商店），有股东12人，股金5万元。至年底，县城工商户增加到739户，3209人，分别占总户数的54.7%和总人口的59.2%。1952年，县工商联在区、乡设立6个分会和6个办事处。全县个体工商户发展到2014户，批零总额234.5万元，占全县批零总额的52%。1953年，县财委组织有关部门整顿初级市场，贯彻“六项措施”，打破私营工商业者的思想顾虑，加上银行提供贷款扶持，到5月，全县工商户发展到5480户，从业人员25532人，分别占总户数的6.4%和总人口的6.8%。到下半年，由于国合商业掌握了90%的收购量，私营商业的经营比重下降到28.34%。1954年上半年，由于总路线的广泛宣传，统购统销物资种类逐步增加，自由市场相对缩小，私营工商户经营困难，全县工商户由上年末的2896户、11473人转歇业1259户、5149人。至6月底，全县只剩下私营工商户1637户、6324人。

第二阶段，从1954年下半年至1956年为高级形式的国家资本主义阶段。1954年7月，中共中央《关于加强市场管理和改造私营商业的指示》发布后，县委、县政府认真贯彻“统筹兼顾、全面安排、积极改造”的对私改造方针，按“踏步走”的精神，维持私营工商业者的生活。1955年年初，县委成立对资本主义改造领导小组，县政府成立市场改造办公室，由统战部、工商联、供销社抽调干部统一办公。下半年，开始试行全行业公私合营。在农村，改造工商户262户，组织合作商店65户，经销户128户，代购代销户19户。至年底，经营比重下降到15.73%。1956年，各区均成立市场改造小组，县城和各区集镇工商户积极要求走社会主义道路。至3月底，将全县私营工商户纳入国家资本主义轨道，对私营工商户1540户、从业1666人、依业2413人进行改造，改造面达95%。其中，过渡的占总户数的26.1%，合作的占总户数的36.17%，经销代销户占总户数的37.33%，共拥有流动资金55387元，固定资产20857元。从而巩固了社会主义经济地位。

利川全县“三大改造”任务的基本完成，使社会经济结构发生了深刻的变化，社会主义经济成分已占绝对优势，社会主义公有制已成为全县的经济基础。个体农业户仅占全县总农户数的3%，个体手工业户占全县手工业总户数的5%，私营工商户占总户数的5%，剥削阶级已基本消灭，社会主义制度已在全县基本确立，完成了从新民主主义向社会主义转变的伟大任务。①

[思考讨论]

利川县是如何进行资本主义工商业的社会主义改造任务的？我们可以从中获取哪些经验？

[案例点评]

我们党和政府创造性地开辟了一条适合中国情况的对资本主义工商业进行社会主义改造的道路。中共中央的方针是：要在一定时期内有步骤地把一切对国计民生有利而又为国家所需要的资本主义企业改造为国家资本主义企业，并使初级形式的国家资本主义向高级形式的国家资本主义发展，在条件成熟时，逐步地变国家资本主义经济为社会主义经济。第一，用和平赎买的方法改造资本主义工商业。所谓赎买，就是国家有偿地将私营企业改变为国营企业，

① 材料源自中共利川市委史志办公室．中共利川简史［M］．北京：中央文献出版社，2001：90—91.

将资本主义私有制改变为社会主义公有制。赎买的具体方式不是由国家支付一笔巨额补偿资金，而是让资本家在一定年限内从企业经营所得中获取一部分利润。第二，采取从低级到高级的国家资本主义的过渡形式。所谓国家资本主义，就是在国家直接控制和支配下的资本主义经济。我国社会主义改造中出现的国家资本主义经济，是在人民政府管理之下的，用各种形式和国营社会主义经济联系着的，并受工人监督的资本主义经济。这种资本主义经济已经不是普通的资本主义经济，而是一种特殊的资本主义经济，即新式的国家资本主义经济。这种新式国家资本主义经济是带着很大的社会主义性质的，是对工人和国家有利的。对资本主义工商业的改造经历了从初级形式的国家资本主义（委托加工、计划订货、统购包销、经销代销等）到高级形式的国家资本主义（个别行业的公私合营、全行业的公私合营）的步骤。全行业公私合营后，企业的生产关系已经发生根本的变化，基本上成为社会主义国营性质的企业。

利川县有步骤地对资本主义工商业的社会主义改造，大致经历了两个阶段：第一阶段，从解放初期到 1954 年上半年为初级形式的国家资本主义阶段；第二阶段，从 1954 年下半年至 1956 年为高级形式的国家资本主义阶段，逐步将资本主义私人所有制转变为社会主义全民所有制。利川县资本主义工商业社会主义改造采取了积极引导、逐步过渡的方式，没有出现社会混乱、动荡的局面，维护了社会稳定，巩固了社会主义经济。但是改造后期存在改得过快的缺点。这些正反两方面的经验为我们党继续探索回答什么是社会主义，怎样建设社会主义提供了参考。

［教学建议］

1. 本案例可用于第三章第二节“社会主义改造道路和历史经验”部分内容的辅助教学。

2. 本案例梳理了利川资本主义工商业改造的大致历程。使用时，可以让学生搜集其他县市资本主义工商业“和平赎买”的案例，自主讨论和分析，引导学生更清晰地理解资本主义工商业改造的道路和重要意义，使学生认识到社会主义改造的成功实现了中国历史上从私有制到公有制的伟大变革，改变了中国历史的发展方向，为我们开辟了一条社会主义的光明大道。

案例6　初生的沙道区供销合作社

［材料呈现］

我们国家从1949年至1952年，经过三年的艰苦努力，胜利完成了国民经济的恢复工作，于1953年开始执行国家建设的第一个五年计划，从此，宣恩同全国一样，各项事业开始迈向发展的阶段，这时候，随着统一的社会主义计划经济市场的形成，一种崭新的供销合作商业组织便由小到大发展起来。宣恩的供销合作社从1951年萌芽，到1953年已经实现区区建立的目标。由于国家向供销社选派了大批干部，投入了大量的资金，充实了原来单由群众入股的资本，从而使供销社的所有制形式与性质逐渐由半社会主义转变为社会主义的集体所有制。供销社作为当时农村的商业主体，它对于连接工业与农业、城市与农村、生产与消费等方面的关系，发挥了桥梁与纽带的重要作用，实现了对农村商业的领导地位。

沙道区供销合作社是1953年建立的。区供销社所在的沙道沟镇，自古市场繁荣。它位于湘鄂两省交界之处，是湘鄂川商业往来的要冲，有“小上海”之称。新中国成立以前，外地商人云集于此开行坐商，本地人设号开铺的，纷至沓来，素有市场竞争的传统。在区供销合作社刚建立时，曾出现过私营经济和公有制经济明争暗斗的局面，但由于供销合作社不断发展壮大资本，增加经营范围和网点，实行明码实价的公平交易，积极改进服务态度，很快就占据了市场优势，赢得了人民群众的信赖。

“服务农业，支援生产”，是当时供销社的首要任务。为了满足农业需要，区供销社向农民供应的生产资料，基本上都是传统产品，如薅锄、挖锄、镰刀、犁、耙、晒席、搭斗、围席、铧口、纤索、箩筐、撮箕、背篓、蓑衣、斗笠等。肥料只有枯饼，没有化肥供应。从1954年开始，增加了农械供应。所经销的农具，都是与手工业者签订加工合同就地委托加工的，由供销合作社提供生铁、木炭等原材料，加工的产品由供销合作社包销。为了保证供应，优质服务，不出现脱销，还实行了经营责任制，分片加工，分片供应，淡季储存，常年不缺，开展保质、保量、保时、保修、保用的“五保”竞赛活动。如果谁处出现了脱销，要当作政治事故来追究责任，因此，生产资料能常年保障供给，从未出现过脱销的现象。

做好土特产品的采购工作，是供销社服务农业、支援生产的又一重大任务。为了帮助农民增加收入，千方百计地扩大农副土特产品的收购品种，凡二三类物资和分散零星的小宗土特产品，都想方设法地找销路，放开收购，不仅收购干货，生湿毛货也收。从 1954 年起，供销合作社推行农副产品预购合同制度，通过预购投资，调动农民的生产积极性，并为国家有计划地掌握各种物资。收购的大宗品种：生漆、桐油、木油、菜油、茶叶、五倍子、苎麻、黄连、厚朴、杜仲、棕片、楠竹、土纸、娃娃鱼、猪鬃、肠衣、牛皮、羊皮、狐皮、鹿皮、锦鸡皮以及其他皮张；收购的小药材有 40 余种；废铁、废铜、废锡等旧金属也收购。有些产品的收购量在全县占有相当大的比重。例如，生漆，每年可收购 300 担左右，几乎占全县收购量的一半。沙道是全县的黄连、娃娃鱼生产区，其收购量超出全县的收购量的一半。在收购中，当时坚决反对压级压价和喜大厌小，凡是收购的品种，一律挂有牌价，还采取将收购品种扎成“钱人”“钱树”和活苗展览等形式进行宣传，让群众既认准样品，又知道价格，喜闻乐见，童叟无欺。当时社会上做“燕儿客”生意的人不少，他们得知供销合作社收购的品种和价格以后，每到逢场天，便背着秤杆，到离沙道镇不远的地方，拦路压价抢购山货，然后转手卖给供销合作社，从中牟取暴利，许多老百姓都上过这样的当。因此，供销合作社采取明码实价、多种形式宣传的目的，既是为了扩大收购业务，也是为了维护农民的利益，避免他们上当受骗。

薄利多销，深购远销，是供销社在开展收购业务中把住的关键环节。为了紧紧抓住这一环节，区社领导经常组织干部职工学习，联系工作实际，领会供销社的根本宗旨和根本方针，克服单纯的营利观点和任务观点，牢固树立生产观点和群众观点，全心全意为人民服务，为生产服务。收购农副土特产品，不仅依托社直采购门市部和各供销分店，而且走出店门，广辟网点，采取定期送货下乡、购销结合的办法，扩大购销业务。

位于八大公山的野溪沟村，与湖南桑植县的庄儿坪接壤，这一带栽黄连已有较长的历史。当时黄连市场走俏，为了把八大公山南北两省边陲地带的黄连收购到手，供销社特地在偏袋溪设了一个购销点，派技术员周华生和另一名职工到这里开拓购销业务。在距偏袋溪约 3 华里的山羊洞，有户农民叫陈学洋，是这一带生产黄连的首户。购销点的同志经常“缠”住他，想方设法在他身上做生意，他也靠卖黄连发了大财。为了把他卖黄连的钱通过推销工业品反馈回来，供销人员经常登门向他宣传某些当时属于高档的商品，劝其购买。他家里仅有夫妇两人，女儿已经出嫁，他们觉得有钱无处花，听到供销社同志推荐好商品，不管钱多钱少，动心想买。于是，供销社的同志便从来凤、龙山、宣恩等地为其购回所要的商品。在 1953 年到 1954 年间，陈学洋先后购买的商品有留声机、毛毯、羊毛衫、高级蚊帐、呢大衣、皮鞋、口琴、打火机等。自从在偏袋溪设点收购黄连和其他产品后，野溪沟村的黄连生产逐年发展，成了当地农民的主要收入来源。

沙道沟位于酉水河上游及其支流交汇地带，盛产娃娃鱼（大鲵），而且销售市场看好。供销合作社就利用这一得天独厚的条件，积极收购，直接运往广州销售，每年运销的娃娃鱼有几十根担子。运销前，将娃娃鱼养在十几口大木缸里，供销社的职工几乎每天早晨都要轮流下河挑水，给娃娃鱼换新鲜的水。十几挑水桶来往于河岸间，一干就是一个多小时，既是完成任务，又是锻炼身体，不用安排都乐于去干。娃娃鱼养在缸里经常打架，凡被咬伤不能运走的，就成了美味佳肴。

顾客就是“上帝”。为使营业人员不断转变经营作风，改进服务态度，供销社除了尊重监事会，认真履行监督职能以外，还组织职工经常开展互帮互学活动，并且在每年春节过后，参加县里集训，有针对性地开展整风式的学习，批判各种不良的经营倾向。当时反映出来的不良经营作风，主要表现为 8 个“不愿意”，即不愿意起身恭迎顾客，不愿意折整售零，不愿意让顾客多试多选商品，不愿意做几分钱的小生意，不愿意主动向顾客宣传商品的性能，不愿意将商品整理陈列美观，不愿意在夜间睡守柜台，不愿意商品标价。

经过经常学习和整顿，营业人员提高了改进经营作风的自觉性，在各个门市部的柜台里，举目可见“百问不烦”“百选不厌”等大幅口号，它既是用以鞭策自己，也是为了接受群众监督。凡逢场天，供销社各级领导都要参加各个门市部营业，同本门市部营业人员一样，用热情的服务态度去争取顾客，照顾生意。譬如，有的农民穿着水草鞋，脚上糊满了泥土，想买胶鞋但不便于试，营业人员就主动用面盆打来水让他洗脚，以便他挑选。有的农民买布做衣服，搞不准需要买多少才合适，营业人员就带着他到邻近裁缝铺请教师傅，然后比着尺码给他裁布。逢场天，商品一律摆出柜台，便于顾客选购。这些行动在群众中传为佳话。

当时在经营管理上，推行的是苏联的拨货计价、实物负责制，对各营业单位，委任有实物负责人，实行按月盘存制度。每月月底盘存时，由区供销社派人到各门市部和分店进行监督盘点，要求做到账实、账款、账据、账账都相符。否则，追究其经济责任。

在 1953 年和 1954 年间，国营商业和供销合作社对经营范围进行过几次分工，先是按商品分工，后是按城乡分工，直至将国营商业企业全部移交给供销合作社，从而使供销合作社的经济实力逐渐增强，承担的任务更加繁重。沙道区供销合作社随着业务范围和经营规模的扩大，在当时的市场竞争中已居于绝对优势的地位，发挥了城乡经济交流的主渠道作用，形成了对私营商业的领导。在这种情况下，依据中央的部署和上级指示精神，又对私营商业着手进行了改造。改造的办法，大体上经历了以下几种形式：一是对有些商户，实行了经销、代销；二是本着自愿的原则，将一部分商户组建成了合作商店；三是个别小商小贩，由于有条件而本人又愿意，转入了农业或手工业行业；四是有几户经营旅社、饮食、山货等行业的，过渡到了区供销合作社。在改造私商的大潮中，沙道沟的改造工作是比较顺利的，不管采取哪种改造形式，被改造者都认为是顺理成章的事，他们欢欢喜喜，敲锣打鼓，跨入了新的领域。①

［思考讨论］

1. 沙道区供销合作社采取了哪些措施赢得了人民群众的信赖？

2. 结合材料，谈谈沙道沟采取了哪些办法改造私营商业？为什么被改造者欢欢喜喜，敲锣打鼓，跨入新的领域？

3. 为什么说新民主主义社会是一个过渡性的社会？

---

① 材料源自恩施自治州政协文史资料委员会. 鄂西文史资料（1998年第1—2辑合刊）［M］. 恩施，1998：248—252.（内部资料）

［案例点评］

沙道区供销合作社刚建立时，曾出现过私营经济和公有制经济明争暗斗的局面，但由于供销合作社不断发展壮大资本，增加经营范围和网点，实行明码实价的公平交易，积极改进服务态度，很快就占据了市场优势，赢得了人民群众的信赖。一是服务农业，支援生产。供应传统的农具等生产资料，后增加农械供应。为保证供应，农具都是供销社提供原材料，委托手工业者加工，供销社包销。生产资料能常年保障供给，从未出现过脱销的现象。二是帮助农民增加收入。为帮助农民增加收入，千方百计地扩大农副土特产品的收购品种，明码实价，防止中间商牟取暴利，维护农民利益，并推行农副产品预购合同制度，通过预购投资，调动农民的生产积极性，并为国家有计划地掌握各种物资。三是牢固树立生产观点和群众观点，全心全意为人民服务，为生产服务。区社领导经常组织干部职工学习，联系工作实际，领会供销社的根本宗旨和根本方针，克服单纯的营利观点和任务观点，薄利多销，深购远销，走出店门，广辟网点，采取定期送货下乡、购销结合的办法，扩大购销业务。四是不断改变经营作风，改进服务态度。组织职工经常开展互帮互学活动，有针对性地开展整风式学习，批判各种不良的经营倾向。五是在经营管理上，推行拨货计价、实物负责制，对各营业单位，委任有实物负责人，实行按月盘存制度。

沙道沟对私营商业改造的办法，大体上有以下几种形式：一是对有些商户，实行了经销、代销；二是本着自愿的原则，将一部分商户组建成了合作商店；三是个别小商小贩，由于有条件而本人又愿意，转入了农业或手工业行业；四是有几户经营旅社、饮食、山货等行业的，过渡到了区供销合作社。由于遵循了自愿原则，而且对私营商业者的营业据实做了妥善调整，沙道沟的改造工作是比较顺利的，被改造者都认为是顺理成章的事，愿意接受。

新民主主义社会不是一种独立的社会形态，而是由新民主主义向社会主义转变的过渡性社会形态。在新民主主义社会中，存在着五种经济成分，即社会主义性质的国营经济、半社会主义性质的合作社经济、农民和手工业者的个体经济、私人资本主义经济和国家资本主义经济。其中半社会主义性质的合作社经济是个体经济向社会主义集体经济过渡的形式，国家资本主义经济是私人资本主义经济向社会主义国营经济过渡的形式。所以，主要的经济成分是三种：社会主义经济、个体经济和资本主义经济。在这些经济成分中，通过没收官僚资本而形成的社会主义国营经济，掌握了主要经济命脉，居于领导地位。新民主主义社会要向前发展，就要不断扩大国营经济，同时逐步将资本主义经济改变为社会主义经济，使社会主义经济逐步成为我国的经济基础。

［教学建议］

1. 本案例适用于第三章第一节“从新民主主义到社会主义”和第三章第二节“社会主义改造道路和历史经验”部分内容的辅助教学。

2. 本案例通过描述宣恩沙道区供销合作社的建立和发展壮大成为沙道区商业的领导折射出沙道区当时的经济社会现状。使用时，可以结合当时全国经济社会的状况，总结分析新民主主义社会的经济社会状况，引导学生认识新民主主义社会的过渡性质，总结我国社会主义改造中建设与改造同时并举、和平过渡、积极引导等经验。

案例7　人民代表大会制度在建始的确立

［材料呈现］

1949年11月5日，建始县获得解放，从此结束了国民党反动派统治建始的历史。从1949年11月到1952年，中共建始县委领导全县各族人民，一方面肃清国民党政权在建始的残余武装力量，剿匪反霸，镇压反革命，召开地方各级人民代表会议，建立各级人民政权；一方面将旧政权留下的资产收归国有，进行土地改革，开始新民主主义社会建设。

1953年开始，在党的过渡时期总路线的指引下，中共建始县委领导全县各族人民，开展以互助合作为中心的生产运动，开始实行有计划的经济建设和对生产资料私有制的社会主义改造；加强民主与法制建设，宣传、实施《中华人民共和国宪法》，确立人民代表大会制度这一根本政治制度。到1956年，经过4年的努力，提前完成对农业、手工业和资本主义工商业的社会主义改造，初步建立社会主义制度，实现从新民主主义到社会主义初级阶段的历史性转变。

成立各界人民代表会议

1950年3月到1953年7月，中共建始县委、县人民政府遵照中央人民政府颁布的《县各界人民代表会议组织通则》，采用民主推荐和选举等方法，产生县各界人民代表会议，代行县人民代表大会职权。会议选出常务委员会，协助人民政府工作。建始县共召开3届9次各界人民代表会议，听取并审议县人民政府工作报告，向政府反映人民的意见和要求，决议和决定县政兴革事宜，协助县人民政府动员人民推行县各界人民代表会议的各项决议案。

第一届各界人民代表会议共召开两次会议。第一次会议于1950年3月20日至23日在县城召开。应到会代表200人，实到代表183人。会议的主要议题是解决减租退顶、反霸这一中心问题。会议主要议程：一是听取县长黄信涛关于解放以来四个半月的工作报告；二是听取县委书记曹瑞峰关于方针任务的建议报告；三是讨论通过大会决议；四是选举产生常务委员会。大会通过充分协商、民主讨论，做出关于清匪反霸、双减（减租减息）、生产度荒、完成秋征尾欠与公债任务、组成常委会、其他工作等六项决议。建始县第一届各界人民代表会议常务委员会委员 15 人，曹瑞峰为主任委员，黄信涛为副主任委员。第二次会议于同年 10 月 10 日至 15 日召开。县委书记曹瑞峰做关于国内外形势的报告，县长黄信涛做关于政府工作与秋征工作的报告。会议通过《建始县第二次各界人民代表会议决议（草案）》。

第二届各界人民代表会议共召开 3 次会议。第一次会议于 1951 年 4 月 17 日至 20 日在县城万寿宫召开。到会代表 260 人。县委书记曹瑞峰做关于抗美援朝、保家卫国的报告，县长黄信涛做政府工作报告，县公安局局长张达亮做关于镇压反革命分子的报告。会议通过 6 项决议：开展抗美援朝、保家卫国运动；积极发展生产，开展爱国丰产运动；继续进行减租反霸和镇压反革命分子运动；努力发展工商贸易；切实办好文化教育事业；大力开展卫生防疫（含畜禽疫）。通过《爱国公约》。以无记名投票方式选举产生第二届各界人民代表会议常务委员会。常务委员会由 18 人组成，曹瑞峰为主任委员，黄信涛为副主任委员。第二次会议于同年 7 月 24 日至 27 日在县城召开，到会代表 345 人。会议通过 4 项决议：抗美援朝、镇压反革命、烈军属优抚、土地改革和生产等。第三次会议于 1951 年 9 月 20 日至 24 日在县城召开，到会代表 376 人。县委书记曹瑞峰做关于进一步开展抗美援朝运动的报告，县长黄信涛做关于秋征工作报告，县公安局局长张达亮做关于清理案件的报告。会议制定出贯彻落实报告的措施和方案。

第三届各界人民代表会议共召开 4 次会议。第一次会议于 1951 年 12 月 29 日至 1952 年 1 月 3 日在县城召开，到会代表 324 人。会议与县劳动模范会同时召开。会议议程：春耕生产，土地改革工作，开展“增产节约”运动，贯彻《婚姻法》，烈军属优抚工作，管理不法地主分子等。第二次会议于 1952 年 6 月 30 日至 7 月 3 日在县城召开，到会代表 361 人。会议主要议程：抗旱和生产度荒，反对和谴责美帝国主义的细菌战，开展卫生防疫工作等。第三次会议于 1952 年 10 月 31 日至 11 月 4 日在县城召开，到会代表 405 人。会议的主要议程：查田定产，农业税收，土地改革及复查工作，开展“中苏友好月”活动。选举出席省各界人民代表会议的代表。第四次会议于1953年7月27日至30日在县城召开。会议主要议题，是县委书记臧家祺传达贯彻中共湖北省委召开的全省地委书记、专员联席会议精神和地委召开的全地区县委书记、县长联席会议精神。学习贯彻党在过渡时期的总路线，落实省委关于巩固农村的五项措施，即发挥个体经济的积极性，开展互助合作运动，量力而行地开展农村建设，帮助农民解决缺少生产资料的困难，畅通农村贸易渠道。会议决定组成若干工作队到杜家、客坊、猫坪等乡，在总结常年互助合作经验的基础上，试办6个农业生产合作社。会议部署了建始县第一届人民代表大会的普选工作。

解放初期的各界人民代表会议是人民代表大会制度的一种重要过渡形式，对于促进全县清匪反霸、减租减息、抗美援朝、土地改革等工作的顺利进行，为完成民主改革任务，建立人民民主政权，实现国民经济恢复做出了贡献，为建立人民代表大会制度奠定了基础。①

普选建始县人民代表

中华人民共和国成立后，县委通过农民代表会、各界人民代表会议的形式，让人民参加国家管理，对人民政府实行监督，促使新政权更好地为人民服务。通过1953年民主建政，对全县基层组织进行一次普遍整顿，清除混入新政权机关的阶级异己分子和坏分子，纯洁基层政权，进一步密切干群关系，大力推动生产和农村的各项民主运动，逐步向人民代表大会制度过渡。经过3年努力，县内各项工作走上新轨道，人民的组织程度、觉悟水平有很大提高。县委随着工业化建设和社会主义改造的全面展开，根据中共中央指示，加强全县政治、法律等上层建筑领域的建设，更好地为建立社会主义经济基础服务。

人民代表大会制度是新中国的根本政治制度。1954年4月，建始县根据《中华人民共和国全国人民代表大会及各级人民代表大会选举法》的规定，进行有史以来的第一次民主普选。

1954年2月，县委先后召开区委书记、区长联席会议，全县干部扩大会议，结合农村春耕生产部署普选工作。根据“选举法”规定，全县成立县、乡

① 以上材料源自中共建始县委县人民政府史志办公室．中国共产党建始县历史（第二卷）[M]．北京：中共党史出版社，2015：51—54.

（镇）选举委员会，区成立选举指导小组。县选举委员会下设办公室，负责筹备全县普选工作。2 月 26 日发出《关于开展普选工作，产生县人民代表大会代表与县人民政府委员的若干规定的通知》。按照“通知”精神，培训选民登记和资格审查专班人员。在广泛宣传选举法的基础上进行选民登记。全县抽调 200 多人集中培训，学习选举法的政策规定及其具体操作办法。县、乡干部组成的普选工作组和统一培训的技术人员全部下乡，帮助基层开展选举工作。全县 10 区 1 镇、211 个乡和 5 个乡级镇，共 6.75 万户、28.25 万人，其中有选举权的 16.55 万人，除去不能行使选举权的 224 人，实有选民 16.53 万人。全县参选人数 11.65 万人，参选率 70.5%。以举手表决方式，选举产生乡镇人民代表大会代表 4558 人。各乡镇随即召开乡镇人民代表大会，选举产生乡镇人民政府委员和正副乡镇长，建立乡镇人民武装部，成立民政调解、财粮保管、治安保卫、生产合作、文教卫生等委员会。在乡镇人民代表大会上，选举产生县第一届人民代表大会代表266人，其中工人代表5人，农民代表（包括烈军属、荣复军人、信用社）235 人，县区干部代表 17 人（包括人民武装 2 人、供销社 3 人），文教、医务和商界代表（包括民主人士）9 人。

广大选民十分珍惜这次普选和自己的民主权利，他们用“两个大翻身”（土地改革——经济上大翻身，基层普选——政治上大翻身），高度概括其重大政治意义。在“选好社会主义带头人”的口号下，绝大部分选民都严肃认真地行使自己的民主权利，这是建始县历史上第一次体现现代民主政治内涵的选举活动，真正体现了人民的意志。

召开建始县第一届人民代表大会

建始县第一届人民代表大会第一次会议于 1954 年 6 月 22 日至 25 日在县城万寿宫召开。应到会代表 266 人，实到会代表 241 人，缺席 25 人。会议听取和审议副县长彭鸿钧所做的《县人民政府工作报告》，听取和讨论县长王存义所做的《关于贯彻中华人民共和国宪法（草案）报告》，审议并通过《建始县第一届人民代表大会第一次会议决议》，选举出席省人民代表大会代表。会议选举产生县人民政府第一届常务委员会委员 21 人，臧家祺为主任委员，彭鸿钧、张世廉为副主任委员。选举彭鸿钧（政府代表）、陆少林（青年工作代表）、张祖印（转业军人代表）、廖寿斋（民主人士代表）为出席湖北省第一届人民代表大会代表。

大会共收到代表提案745件，其中属农林水方面的365件，信用社方面的29件，供销社方面的22件，工业方面的15件，政法方面的268件，其他方面的46件。经审查和征求有关部门的意见，有662件当即在大会上给代表做出答复。另有83件由县人民政府办公室转有关单位调查研究后，请示上级领导机关解决。

本届县人民政府组成人员、县人民法院院长、县人民检察院检察长仍由上级组织任命。县长王存义任职到1956年9月调离。1956年10月由李之勤接任县长。

12月15日至16日，在县城召开建始县第一届人民代表大会第二次会议。应到会代表267人，实到会代表208人，因故缺席59人。会议听取副县长彭鸿钧传达全国第一届人民代表大会第一次会议精神，听取和讨论副县长彭鸿钧代表县人民政府所做的《半年来的工作与今冬明春工作意见的报告》，讨论通过大会形成的6项决议。会议收到代表提案289件，通过归纳分类，由常务委员会分别交政府有关部门办理。

建始县第一届人民代表大会的召开，标志着人民代表大会制度作为新中国的根本政治制度在建始的确立，反映了全县人民的共同利益和共同愿望，为实现人民当家做主提供了根本保证。①

［思考讨论］

1. 结合材料，回答建始县人民代表大会制度确立的历程。
2. 人民代表大会制度在建始确立的重要意义是什么？

［案例点评］

建始县人民代表大会制度的确立主要经历了三个阶段。一是解放初期的各界人民代表会议，这是人民代表大会制度的一种重要过渡形式，为建立人民代表大会制度奠定了基础。二是建始县有史以来第一次县人大代表的民主普选。1954年2月进行的全县普选活动，第一次体现了现代民主政治的内涵，真正体现了人民的意志，人民行使了自己的民主权利。三是建始县第一届人民

① 以上材料源自中共建始县委县人民政府史志办公室．中国共产党建始县历史（第二卷）［M］．北京：中共党史出版社，2015：84—86.

代表大会的召开，人民选举产生的县人大代表行使了管理建始各项事务的权力，反映了全县人民的共同利益和共同愿望。

人民代表大会制度是中国人民民主专政的政权组织形式，是中国的根本政治制度。人民代表大会制度在建始的确立，规范了政府与人民的服务与被服务的关系，直接体现我国人民民主专政的国家性质，昭示着中华人民共和国最高权力属于人民，是建立我国其他国家管理制度的基础。我国的人民代表大会制度，能够确保国家权力掌握在人民手中，符合人民当家做主的宗旨，适合我国的国情。

［教学建议］

1. 本案例适用于第三章第三节“社会主义基本制度在中国的确立”部分内容的辅助教学。

2. 本案例梳理了人民代表大会制度在建始确立的历史过程。在使用时，要注意把握教材内容，引导学生结合当年全国人民代表大会的召开，进一步分析全国人民代表大会制度的确立历程，深入思考、总结人民代表大会制度的确立奠定了我国社会主义政治制度基础的伟大意义。

第四章 04

社会主义建设道路初步探索的理论成果

案例1 恩施地区十年建设成就

［材料呈现］

1956年至1966年是社会主义建设在探索中曲折发展的十年，虽然经历坎坷，但是社会主义建设依然取得较大的成就。

1965年，恩施全区工农业总产值达52455万元，比1957年增长32.27%，其中农业产值45560万元，增长27.24%；粮食产量达72.75万吨，增长19.07%；畜牧业产量也超过1957年。虽然林业和一些经济作物尚待恢复，但在农田基本建设、兴修水利、改革耕作制度和推广良种等方面，做了许多基础性工作。

1956年到1963年，全区累计完成坡改梯15.03万亩，平整土地9.33万亩；1964、1965年，又完成坡改梯6万亩；耕地面积由1952年查田定产时487.32万亩，增至1965年545.71万亩；1963年到1966年改造冷浸烂泥低产田16万亩；1956年以前，全区只修建几座蓄水量在几十万立方米以下的小型水库，在这之后十年内，动工兴建100万立方米以上中型水库有15座，其中当时已建成4座。值得一提的是，现已成为全区经济支柱的烤烟和白肋烟，都是在这期间试种成功并开始推广的。烤烟于1963年在来凤、利川试种成功，1964年在恩施、宣恩、建始、咸丰、鹤峰试种成功，1965年在巴东试种成功，1966年全区烤烟种植达18700亩；白肋烟于1965年在建始试种成功。

十年内全区特别值得大书一笔的是交通、水电和工业建设。

交通方面。1956年以前，全区只有6个县县城通公路，1956年修通椒园至宣恩县城公路，1958年修通来凤至鹤峰公路，才实现8县全部通公路；历年来全区物资运输全部依靠巴东港，与外界相连公路只有咸丰至四川黔江这一条公路，从1956年开始，全区大规模修建公路，先后修通利川到四川万县、恩施白杨坪到四川奉节、来凤到湖南龙山、来凤到宜都等经济出口公路；各县也兴起区区通公路建设高潮，其中1958年动工修筑的公路就有60条，当年修通公路579公里，为第一个五年计划完成总和（216公里）的268%。1965年，建始率先实现区区通公路目标，1964年全区第一座钢筋混凝土大桥——利川清江桥建成通车，1958年恩施至武汉空中航线正式开通。

电力方面。1956年年底，全区只有8台小火力发电机，总容量360千瓦，只能解决各县县城机关的照明问题。1956年来凤老虎洞兴建一座160千瓦水电站，1958年投产发电，在川、湘、鄂边境引起轰动，为恩施地区开发利用丰富的水能资源起到示范作用；随后装机1050千瓦的恩施高桥坝水电站、装机1010千瓦的月亮岩水电站相继建成；建始七里坪、野三河、鹤峰九峰桥、利川三渡峡、宣恩龙洞、来凤新峡等一批水电站，也在这期间先后动工兴建，为全区水电事业进一步发展积累经验。

工业建设方面。1957年全区工业总产值按1980年不变价为3629万元，1965年达6895万元。1956年全区有7家国营煤厂，年产原煤7000吨，1966年增至11家，年产原煤6.5万吨；1958年恩施石家坡建成全区第一家水泥厂，年产水泥300吨，同年建起恩施制药厂、恩施县玻璃厂；1959年恩施地区造纸厂建成，开始生产机制有光纸；1961年建起恩施地区火柴厂以及其他为农业服务的机械工业和满足群众生活需要的轻化工业。

十年间教育事业也有很大发展。据1956年和1966年统计，幼儿园由13所增至26所，入园幼儿由1113人增加到2200名；小学由2254所增至4357所，在校学生由208052人增加到249278人；中学由24所增至95所，在校学生由8093人增加到21839人；中专学校由4所增至9所，在校学生由1722人增加到2135人；1958年兴起的农职中，1966年达到261所，在校学生11926人；此外，1958年还办有农专、工专、师专、医专等4所高等专科学校，1962年整顿时停办，1965年恢复医专。各级各类学校的开办对改变山区教育落后面貌，提高劳动者素质，培养本地人才发挥重要作用。

这些成就相当大一部分，是在工作发生重大失误、经济出现严重困难、物质生活极为贫乏的情况下，广大干部群众不懈努力取得的。①

① 材料源自中共恩施州委党史办公室．中共恩施简史［M］．北京：中央文献出版社，2001：134—136.

［思考讨论］

根据材料总结恩施地区十年取得了哪些成就？为什么能取得这些成就？如何评价这些成就？

［案例点评］

1956 年至 1966 年是社会主义建设在探索中曲折发展的十年。在这一时期，广大人民群众在党的领导下，艰辛探索，既有挫折，也有成就。十年间，恩施地区在农业、工业、教育等方面取得了很大成就：1. 农业。进行农田基本建设、兴修水库、试种烤烟等经济作物，粮食增长 19.07%，畜牧业产量超过 1957 年，农业产值增长 27.24%。2. 工业。重工业方面，先后兴建了一批水电站，煤厂增加了 4 家，增长 57.1%，水泥厂、玻璃厂、为农业服务的机械工业从无到有。轻工业方面，造纸厂、制药厂、火柴厂从无到有。3. 教育。开办了幼儿园、小学、中学、中专、大专等各级各类学校，改变了山区教育的落后面貌，提高了劳动者素质，培养了一批致力于地方建设的本地人才。正如 1981 年 6 月中共十一届六中全会通过的《关于建国以来党的若干历史问题的决议》指出的："我们现在赖以进行现代化建设的物质技术基础，很大一部分是这个时期建设起来的；全国经济文化建设方面的骨干力量和他们的工作经验，大部分也是在这个时期培养和积累起来的。这是此期间党的工作的主要方面。"①

恩施地区在这十年间取得的成就，不仅反映出恩施各族人民群众在我们党的领导下，大力进行经济建设的过程中，基本正确地处理了重工业、轻工业和农业的关系，而且既注重经济建设，也加强文化教育事业发展，既注重满足群众物质生活需要，也注重满足群众精神生活需要。

［教学建议］

1. 本案例适用于第四章第一节"初步探索的重要理论成果"部分内容的辅助教学。

2. 本案例阐述了恩施地区在 1956 年至 1966 年十年曲折发展中社会主义建

① 中共中央文献研究室．三中全会以来重要文献选编（下）［M］．北京：中央文献出版社，2011：138.

设方面所取得的成就。使用时，教师可以结合全国这十年间的建设成就，进一步引导学生理解我国社会主义建设需要重点把握的一系列重大关系，深化学生理解调动一切积极因素进行社会主义建设的思想。

案例2　宣恩县国营印刷厂建厂史

［材料呈现］

宣恩县国营印刷厂是从1956年办《宣恩报》起步，从办报纸到建立起宣恩县印刷厂历经了40多年的风风雨雨，由小变大、由弱变强，成为当时宣恩县的实力国营企业，为地方的政治宣传、文化工作、经济工作做出了卓越的贡献，多年被宣恩县委、县政府评为先进企业，1961年被恩施地区评为全地区工业企业红旗厂之一。

宣恩县国营印刷厂的前身

解放初期，随着当时宣恩县的建设和发展，为了更好地宣传毛泽东思想，把党在当时的工作指导思路、工作目标，宣传给全县人民，根据恩施地区地委的指示，宣恩县委决定创办《宣恩报》，创办宣恩自己的首个刊物，在县内发行。

为了创办《宣恩报》，县委决定由当时的县委宣传部长魏洁若同志负责组建班子，并在全县范围内选调有经验和学习过印刷技术的同志来筹备办宣恩报社印刷厂。当时宣恩县没有搞铅印技术的单位和商铺，懂得印刷技术的人就更少了，在全县当时只找到了三个同志懂印刷技术，其中有二人也只是在私人印刷商家做工学习过印刷技术，但是对印刷报纸技术的全程还是不懂。一个是在宣恩县粮食局工作的康伦鑫，另一个是当时在宣恩县城建局工作的朱光华，再就是陈仲实。陈仲实曾经在湖北省立印刷所学习过印刷技术，对印刷工作比较熟悉，并在当时的新《湖北日报》做过报纸排版工作，了解印刷报纸的工作程序。当时陈仲实在宣恩县人民银行任会计股长工作，县委领导派宣传部长魏洁若与县银行的领导专题商量调动陈仲实去宣恩县报社工作。考虑到陈仲实是银行的业务骨干力量，县领导和银行领导都征求陈仲实本人意见，也一并做了大量的工作。陈仲实顾全大局，同意了领导的意见调入宣恩报社工作，与先前调来的康伦鑫一起来筹办《宣恩报》工作。

1956 年 5 月，康伦鑫与陈仲实相继调进宣恩报社后，宣恩报社印刷厂的建厂工作也开始启动了。当时的《宣恩报》的印刷是委托恩施报社印刷厂印刷的，为了更好地掌握印刷技术，领导派陈仲实去恩施报社印刷厂协助工作，并去全面掌握印刷技术，为宣恩县自己办厂奠定基础。1956 年 7 月，宣恩报社向县银行贷款一万元购买印刷设备，县领导派陈仲实前去武汉购买，康伦鑫在家做铅字架和其他的事务工作，设备到了后好安装。办报首先要采购的主要材料：一是在湖北日报印刷厂加工的各种铅字材料，二是各种印刷器材。在武汉采购印刷设备期间，陈仲实充分利用在那里工作的老同事帮忙，首先落实了印刷铅字的加工，然后找湖北省新华印刷厂的同事调配印刷器械，先后调配了圆盘印刷机一台、四开切纸机一台、三开印刷机一台。所有设备材料采购完成后，于 1956 年 11 月运回了宣恩。

在印刷设备到厂后，县里又调来了陈鑫全、邓福楷、邓安柏三个工人。康伦鑫、陈仲实和工人不分昼夜地加班加点安装、调试印刷设备，到 12 月初所有设备安装、调试完成，并在 1956 年 12 月宣恩县自己印刷的报纸出版了，自此宣恩报社印刷厂在县委领导的关心下也顺利诞生了，同时也为宣恩县国营印刷厂的建立奠定了基础。

随着《宣恩报》由宣恩县报社印刷厂印刷出版，报社印刷的业务也不断增多了，报社印刷厂不仅仅只印刷《宣恩报》了，同时还担负了宣恩县的其他各种印刷业务，为此报社先后又招收数名学徒工，如张群和、张光均、叶显珍等。厂里除了印报纸外，还接很多县内其他的印刷业务。由于印刷业务的扩大，报社印刷厂的工作量也增大了，后又不断地招收了新工人进厂。当时报社副社长由县委办公室副主任黄国茂兼任。随着报社印刷厂的工作开展，业务扩大了，按照县委的意见，县委办公室副主任黄国茂来厂宣布了报社印刷厂由陈仲实全面负责，营业方面由康伦鑫负责，后康伦鑫调出报社。

报社印刷厂的建立，为宣恩县印刷业建立了很好的基础。《宣恩报》的出版，也给报社印刷厂带来了很多的印刷业务，厂内的管理也很顺利，工人们的积极性都很高，业务在不断增大，工人也在不断增多，厂里的收入也不断增多。为扩大业务工作，报社领导同意厂里又购进了铸字机、四开印刷机等。当时的报社印刷厂有工人20人，只有陈仲实一人负责，后又调入康用能担任厂里会计工作。

宣恩报社印刷厂从1956年12月28日开机印刷第一张报纸，到1961年《宣恩报》停刊，历经了4年多时间，为宣恩县委做党的宣传工作尽到了职责，为宣恩县其他各行业的印刷业务工作做了贡献。报社印刷厂为宣恩县培养了印刷技术干部，培养了印刷技术工人，也为后来的宣恩县国营印刷厂奠定了很好的建厂基础。

宣恩县国营印刷厂的建立

1961年《宣恩报》停刊，宣恩报社印刷厂更名为宣恩县印刷厂。1961年《宣恩报》停刊，是根据上级的指示决定的。《宣恩报》停刊就意味着报社印刷厂的转移。《宣恩报》停刊后，县委将报社印刷厂整体移交给县工业局管理，成为工业系统工厂企业。当时，县工业局派杨才葆来接管印刷厂并担任印刷厂长，陈仲实负责业务技术工作，同时，工业局又从其他厂先后调来一些工人，如杨书吉、吴兴成、付云安等，为印刷厂充实了力量，促进了报社印刷厂移交后的顺利开展工作。

宣恩县国营印刷厂的工作开始起步了，在县工业局的领导下，印刷厂的各项生产开展得有条有理，业务也在不断扩大，印刷厂也在生产中不断发展。1963年年初，根据工业局的安排，对宣恩县印刷厂的领导班子进行调整，杨才葆调离宣恩县印刷厂，陈希利调入宣恩县印刷厂担任党支部书记兼印刷厂厂长，陈仲实主管全厂的技术业务和营销工作。随着厂里业务的扩大开展，又增购了新的印刷设备，如对开切纸机、对开印刷机、胶印机等。由于厂领导班子的团结、全厂工人的努力工作，厂里生产红红火火，工人的业务技术也不断在提高，厂里印刷业务量不断增加，厂里的经济效益也不断上涨。

宣恩县国营印刷厂建立后，发展非常之快。印刷设备也很先进，技术工人也很熟练，印刷业务遍布宣恩全县，印刷产品的质量是可靠的。印刷厂的业务兴旺发达一直持续到“文化大革命”前。这一时期，印刷厂一直是宣恩县工业局的优秀企业，也是恩施地区的红旗印刷厂之一。①

---

① 材料源自宣恩县政协文史资料委员会.宣恩文史资料（第19辑）[M].宣恩县，2013：259—262.（内部资料）

[思考讨论]

宣恩县国营印刷厂的建立发展说明了什么？

[案例点评]

实现国家的工业化是近代以来中国人孜孜以求的目标，也是实现中华民族独立富强的必然条件。从世界历史上看，国家工业化主要有两条道路：一条是资本主义工业化的道路，这是欧洲各国、美国和日本走过的，而且走通了；一条是社会主义工业化的道路，这是苏联走过的，而且也走通了。近代中国的历史表明，资本主义工业化的道路在中国走不通。中国民族资本主义工业从 19 世纪 60 年代末 70 年代初产生以来，由于受到外国垄断资本的压迫和本国封建生产关系的束缚，始终处于举步维艰的境地，中国资本主义始终未能成为社会经济的主要形式。新中国成立后，我们党明确指出："我们不搞资本主义，这是定了的。"[①] 既然选择了社会主义工业化道路，是否就照搬苏联工业化建设模式呢？在新中国刚刚建立的时候，基于我国薄弱的工业基础实际、保卫国家政权的需要、苏联经验的影响，我们党选择了首先以重工业为中心，带动轻工业和农业向前发展的工业化道路。随着朝鲜战争的结束以及我国经济社会的发展，1956 年，毛泽东在《论十大关系》中指出，要正确处理重工业、轻工业和农业的关系，强调根据形势和经验，今后虽然要把重工业作为投资的重点，但应该适当调整，更多地发展农业、轻工业。在发展重工业的同时多发展农业、轻工业，从长远来看不仅保障了人民生活的需要，而且反过来也会使重工业发展的基础更加稳固。这实际上就是在探索走一条不同于苏联的中国式工业化道路。

宣恩国营印刷厂的建立以及发展就极好地说明了我们党能够带领中国人民克服困难、团结一致，走出一条中国式的工业化道路。宣恩国营印刷厂是由宣恩报社印刷厂发展而来的，宣恩报社印刷厂是 1956 年建立的，建厂时就从湖北省新华印刷厂调配了圆盘印刷机、四开切纸机等印刷器械，表明当时我国已经能够生产这些机械，也就是说，生产印刷机械的机械制造厂这类重工业已

---

① 中共中央文献研究室 . 毛泽东文集（第 6 卷）[M]. 北京：人民出版社，1999：299.

经有了很大的发展。随着宣恩报社印刷厂业务的扩大，它又发展成为宣恩县国营印刷厂，表明印刷厂这类轻工业也有了极大的发展。

［教学建议］

1. 本案例适用于第四章第一节“初步探索的重要理论成果”部分内容的辅助教学。

2. 本案例讲述了宣恩县国营印刷厂建立发展过程。使用时，可以安排学生找寻这一时期相关工业发展的例子，分小组展示分享，使学生更生动地体会当时我国工业发展的现实情况，从而更加深刻地了解当时中国走工业化道路的艰难，以及我们党如何带领人民去克服困难的，从而进一步领会中国式工业化道路探索对于今天中国经济社会发展的深远影响。

案例3 “泉口精神”的伟大创造

［材料呈现］

泉口公社，位于巴东县最北端神农溪上游的神农架南麓，海拔400~2400米。时辖三个大队，21个生产队，402户2166人，816个劳动力，总面积34000亩，其中粮食面积3000亩。

1960年，张植弟担任泉口公社党委书记，响应上级党委大搞农田水利基本建设的号召，带领泉口人民向山地挑战，把一些撂荒的荒田和坡度较缓的荒草地开垦出来种粮。下定决心后，公社召开全体党员干部会，进行安排部署。会后，经过层层宣传，广大社员被动员起来，干群一心，自力更生，艰苦奋斗，劈山造地，一场“向山要粮”的战斗打响。当时身患肺结核和关节炎的张植弟坚持带着药罐上山，与大家并肩战斗。在建设中，从公社书记到普通干部，带头节约，处处精打细算。办公用品全用旧的，公社材料纸都是从别的单位讨来的，甚至是拾来的。外出开会，自带干粮，以节省差旅费。就这样，经过三年艰苦奋斗，到1962年秋，泉口公社一举甩掉多年缺粮的帽子，开始给国家贡献第一批爱国粮。此后，粮食年年自给有余，年年对国家做贡献。

1965年，张植弟作为湖北省劳动模范代表在北京天安门参加国庆观礼。其间，结识了当时山西大寨大队党支部书记陈永贵，并且专程到大寨参观学习。大寨改坡地为梯田，大力改善生产条件的经验和成果启发和激励了张植弟。于是，张植弟自掏腰包为每一个生产队各买一本《毛泽东著作选读》（乙种本）和一根钢钎。回到公社，他率先垂范，带领社员们在贾家水井挖坡平地，抬石垒坎，两天之后，建起一块坡地改梯田的样板。随后，把全公社三个大队22个生产队的干部召集到贾家水井工地开现场会。会上，张植弟介绍了大寨大队改坡地为梯田，把跑土、跑水、跑肥的“三跑”田改成保土、保水、保肥的“三保”田的经验。现场会做出决定，各生产队抽出精壮劳动力组成“坡改梯”专班，并把《毛泽东著作选读》（乙种本）和钢钎分发到各生产队。会后，各专班争先恐后，开始挖山放炮，打锤扛石，开始掀起坡改梯建设高潮。不久，大片大片高标准的梯田陆续建成，全公社粮食产量成倍增长。梯田逐年增多，粮食产量也迅速攀升，除对国家贡献大幅度上升，群众生活逐步改善外，各队还按计划每年存起了储备粮。1968 年 12 月，大批外地贫下中农代表到泉口公社访问。先后有东凤（孝感专区）、咸宁、黄冈、荆州等地和五峰、秭归、房县以及四川省的巫山县贫下中农共 1863 人到泉口公社参观。

至 1976 年，在条件十分艰难的陡坡上修建水平梯田 1300 多亩，开辟梯形茶园 890 亩。公社办起了茶场、药材场、林场和综合加工厂，队队办起了猪场、羊场，有各种机械 102 台。至 1976 年年底，人平占有粮食 535 公斤，生猪一头，总收入 174 元，纯收入 91 元。随着生产的发展，对国家的贡献越来越大，集体经济日益雄厚，社员生活水平不断提高。全社共给国家交售粮食 115 万公斤，交售桐油 25.5 万公斤、木梓油 15 万公斤、茶叶 22 万多公斤、各种药材 6.5 万公斤。有集体储备粮 60 万公斤，人平 290 公斤。社队企业固定资产 20 多万元，公共积累 40 多万元。

在农业学大寨的伟大群众运动中，泉口干部群众坚定不移地学大寨人，走大寨路，创大寨业，以坡改梯为中心，开展山、水、林、田、路综合治理，实行山顶栽松、杉，山腰种桐、茶，缓坡改成水平梯田，山乡面貌巨变，成为全省农业学大寨先进单位，一举改变吃粮靠救济的旧貌，涌现出“铁姑娘”韩英、“硬骨头”黄兴昌、“实干家”刘道礼、“老黄牛”陈宏才、“女愚公”舒显桂、“红管家”韩守定、“三把挖锄闹革命”的荣祯贵、民兵连长黄杰昌等 8 位模范人物，其中 7 名是共产党员，1 名是共青团员，创造出伟大的“泉口精神”，即团结协作的集体主义精神、艰苦奋斗的创业精神、造福子孙的奉献精神。这种精神成为全省的旗帜、历史的丰碑，鼓舞着全县人民承前启后，继往开来，不断前进。①

① 材料源自巴东县史志办公室，巴东县档案局．中国共产党巴东县历史（第 2 卷）［M］．北京：中共党史出版社，2014：212—215.

［思考讨论］

1. 什么是泉口精神？

2. 新时代大学生应如何传承和发扬泉口精神？

［案例点评］

首先，泉口精神是团结协作的集体主义精神，是主张个人从属于社会，个人利益应当服从集体、民族和国家利益的一种思想理论。人们把建立共同的理想、共同的奋斗目标、共同的道德、共同的纪律作为自己的要求，互相支持、互相配合，尊重他人，虚心诚恳，顾全大局，积极主动协同他人搞好各项事务。集体主义作为一种道德原则，一方面，要求国家和集体不断调整各种政策和措施，关心劳动者的个人利益，尽量使他们的个人利益得到发展；另一方面，也引导人们自觉地以个人利益服从集体利益，必要时甚至牺牲个人利益，保护集体和国家的利益。

其次，泉口精神是艰苦奋斗的创业精神。艰苦奋斗是一种工作作风，即不怕艰难困苦，英勇顽强去战胜困难；艰苦奋斗是一种积极、健康的生活态度，即在与艰难困苦做斗争中，奋发向上，锐意进取，辛勤创业。艰苦奋斗是一种思想境界，即为国家和人民利益乐于奉献、勇于献身。

最后，泉口精神是造福子孙的奉献精神，是对造福子孙事业的不求回报的全身心付出。奉献："奉"，即"捧"，意思是"给、献给"；"献"，原意为"献祭"，指"把实物或意见等恭敬庄严地送给集体或尊敬的人"。两个字合起来，奉献，就是"恭敬地交付，呈献"。奉献精神是社会责任感的集中表现。奉献是一种态度，是一种行动，也是一种信念。

大学生是年轻活力的代表，是具有开拓性的建设者，是创新创造的主力军，是推动社会进步的主要人群，是担当民族复兴大任的时代新人，应当传承泉口精神，迎难而上，愈战愈勇，自强不息，奋斗不止，始终保持昂扬向上的姿态，自觉接过先辈手中的接力棒，担使命，勇作为，创新功。

［教学建议］

1. 本案例可用于第四章第二节"初步探索的意义和经验教训"部分内容的

辅助教学。

2. 本案例展示了巴东泉口人民在坡改梯田建设中创立的泉口精神，使用时，可以结合社会主义建设道路初步探索时期的红旗渠精神、大庆精神、雷锋精神、塞罕坝精神等，帮助学生理解党委书记张植弟带领泉口村民修梯田开创泉口精神的实质和目的是改善泉口村民的生活，从而正确认识这段激情而峥嵘的岁月，深刻领会我们党在这一时期社会主义建设的艰辛探索对开创中国特色社会主义提供的宝贵经验。

案例4 建始县经济建设艰难前进

[材料呈现]

"文化大革命"时期，建始县正处于国民经济和社会发展"三五""四五"计划时期，全县的经济建设和社会发展事业遭到严重挫折，经济发展缓慢，经济比例关系失调，经济管理体制僵化，国民收入损失很大，人民生活水平基本上没有提高，有些方面甚至有所下降。县委领导全县基层党组织和广大干部群众，尽最大可能对"文化大革命""左"的错误路线进行抵制和抗争，使"文化大革命"的破坏受到一定程度的限制，社会事业和经济建设在抗争中取得一定进展。工农业总产值基本上呈上升趋势，工业经济、农业经济都有不同程度的发展。这些发展并不是"文化大革命"本身带来的，而是县委一班人冒着挨批斗、受冲击的风险，力排干扰，带领全县广大干部群众在艰难曲折中干出来的。正如当时的县委书记董昌所说："这错那错，不干事儿才是最大的错。"

"五小"工业的发展

县委贯彻"抓革命、促生产"的方针，坚持发展"五小"工业（小水泥、小钢厂、小煤窑、小化肥、小农机），工业生产得到较大发展。全县建起10多个国营小厂矿，除少数厂矿属不切实际的盲目上马外，大部分厂矿取得了较好效益。

1965年下半年，县委提出"农业要大干，工业要大上，支援农业打好翻身仗"的奋斗目标，同时提出建立化肥厂的设想。办化肥厂首先得办电。当时，县城只有一个320千瓦的七里坪电站，不能满足化肥厂供电需要。为此，县委决定兴建野三河水电站。

1966年8月，野三河水电站开始勘测设计，11月破土动工。县委成立野三河水电站建设工程指挥部，县长陈鲲任指挥长，副县长和县水电局长任副指挥长，抽调300多名国家干部，组织4000多名民工，下设9个工区，编成班、排、连、营进行大会战。工程动工不久，“文化大革命”风暴席卷工地，指挥部领导白天在工地指挥施工，晚上在工地挨造反派的批斗，县委书记董昌也被揪到野三河工地批斗，副指挥长赵世福被造反派打得身上、腿上流血。县委书记董昌怕县委其他领导顶不住，常找他们谈心做工作。因“夺权”，全省不少水电工程被迫下马，县委抓住这个机会，争取省水利厅把下马工程的经费投入野三河工程，保证了电站修建经费。野三河水电站建设工程指挥部的领导和工程技术人员，顶着“文化大革命”的巨大压力，克服困难，终于在1971年建成野三河第一级水电站，实现第一台机组发电。1970年年底，提前完成野三河水电站至县城35千伏45.3公里输电线路的架设安装工程。1972年又动工兴建野三河二级站；一级电站于1975年11月安装2号机组，1977年4月安装3号机组，装机容量3200千瓦。

野三河一级电站建成投产，启发了干部群众利用水力资源的认识，建电站的积极性空前高涨。县委因势利导，组织工程技术人员和领导，对野三河二级站、五级站以及四十二坝梯级开发做出规划、设计，同时协助区、社、大队进行勘探、设计、规划，建成一批区乡小水电站。据不完全统计，全县各区、社、大队共兴建大小水电站46座，总装机容量3万多千瓦。

1972年起，在四川省奉节县与建始县交界处修建一座蓄水1200多万方的四十二坝水库，开水渠50多公里，先后兴建三级水电站，装机容量4580千瓦。

1975年投资20万元，将七里坪电站厂房前院的1800千伏安变电站迁到狮子滩北岸，增加3200千伏安变压器，变电站容量增到5000千伏安。

为了修建化肥厂，县委决定修建第二配套工程红灯煤矿。1966年8月，“文化大革命”刚爆发，县委决定在与四川省巫山县交界，海拔1800米的深山中建设红灯煤矿。开始，一无资金，二无设备，矿区无水、无电，一切白手起家。县委书记、县长出面，请中南地质学院会同省地质二大队的工程技术人员勘探、设计。主管工业的副县长王金旺指挥，派3名煤矿技术员和老矿工，带着县财政拨给的7000元办公经费，带领10多名民工，1966年8月上山，靠一双手，用钢钎加大锤和肩挑背驮，开始施工，两年没回家过春节。1968年后，省煤炭厅投资47万元，修通5公里矿山公路，购进一套60千瓦的柴油发电机组送电，改善井下通风、照明和排水条件。县里还从石板山老煤矿调来

50多名老工人参加矿井建设，1969年12月，1号井提前1年建成投产，当年产煤7183吨，保证了化肥厂的生产用煤。

20世纪70年代初，随着县化肥厂、炼铁厂、水泥厂、电石厂、耐火材料厂的建成，煤炭需求量大增，各区、镇、社、大队的一批小煤矿纷纷上马。队办煤矿24个，从业人员500多人，年产原煤5万多吨。全县区、社、大队三级共建大、小煤矿55个，是县级国营煤矿年产量的4倍。但是，一些小煤矿未经勘探设计，无序开采，见煤就挖，产量低，破坏性大。县委决定成立煤炭工业局，对煤炭工业实行统一管理，在猫坪、长梁、茅田、龙坪、景阳等地勘探设计，先后办起10多个小煤矿，成为全县区、镇工业的支柱。生产的煤炭，除满足本县工农业生产用煤外，还运往恩施、咸丰、来凤支援各地的化肥生产，原煤还销往武汉、江浙一带。

1966年，经省有关部门批准，由国家投资在建始县建小化肥厂。这在全省为数不多，在恩施地区是第一个，对建始这个工业空白县来说，是一件鼓舞人心的大好事。但是，由于当时正值“文化大革命”动乱时期，兴建化肥厂存在很大难度。

1969年，在野三河水电站、红灯煤厂将要建成的基础上，由省、县共同投资318万元兴建化肥厂,10月破土动工。动工兴建厂房的同时，县委从县直、各区抽调50多名干部，到全国部分大、中城市，采购大小设备200多套，从供销联社、粮食局、工业局、农机厂、建筑公司等单位选调一批老干部、老工人、老技术人员和武汉下乡知识青年到化肥厂负责基建施工和设备安装工作。1971年5月，县化肥厂建成投产。1973年，生产合成氨3460吨，碳氨1.38万吨，标肥1.11万吨，创工业产值232万多元，生产能力、产品、产量、质量、消耗等八大经济技术指标达到或超过部颁标准，成为同行业的先进单位。建始县化肥厂的建成，从根本上解决全县农业生产的肥料问题。但由于选址不当，工业废水直接排放到城区广润河，使广润河水遭受严重污染。

1970年3月，武汉钢铁设计院领导和工程技术人员会同地区工业局领导和工程技术人员到建始县考察、勘测，决定在黄家湾建钢铁厂。县委抽调10多名机关干部组成领导班子，从猫坪区招收40名退伍军人进厂，将从武汉钢铁学院毕业的张齐斌（后任中共建始县委书记）、湖南矿业学院毕业的张庆全分到钢铁厂主管技术。1971年，县钢铁厂建成投产，生产出合格灰口铁，得到省、地工业部门和省钢铁设计院的肯定。但由于生铁含硫量过高，小炉无法提纯，所铸产品易炸裂，产品销不出去，建厂后的前几年多属亏损，后转为硅酸盐制品厂。

1958年至1959年，建始县曾试种甜菜，并在海拔1000米以上的地方获得丰产。1969年，省轻工业厅、地区轻工业局决定给建始县解决投资、设备、设计问题，以甜菜为原材料建糖厂。县委决定在曾经盛产甜菜的龙坪区姜家坪大队建机械化糖厂。1970年动工，1971年12月设备安装结束，试车投产，日处理甜菜30吨，固定资产原值74万元，是全省唯一的一座机制糖厂。1978年达到186吨，属最高年产量。当时白糖实行计划供应，销往恩施各地颇受欢迎。农村实行联产承包责任制后，土地承包到户，出现甜菜与粮争地的矛盾，群众不愿种甜菜，加上连年亏损最终糖厂停办。

1964年，湖北省第二地质大队在建始县景阳区大里乡团碑村实地勘察，国家矿藏资源储备委员会核定，认为该地硫黄矿层稳定，矿石质量好，总储量为4200万吨。“文化大革命”开始后，县委、县人委会顶住“文化大革命”的干扰，决定建设大里磺厂，由县工业煤炭局主管。当年招收职工130人，生产硫黄15吨。1967年投入正常生产，年产硫黄285吨，创产值18.55万元。1969年修建装机容量160千瓦的水电站一座。1970年以来，硫黄纯度始终保持在99%以上，产品质量达到国家标准。

此时期兴办的县办工业企业还有县水泥厂、县大曲酒厂、城关镇卷烟厂等。1970年4月，在猫坪区杜家乡龙洞湾筹建县水泥厂，为全民所有制独立核算企业。1971年5月正式投产，建厂初期有职工24人，由于机械设备简陋，技术力量薄弱，年产量仅200吨左右。后国家逐渐投资更新设备，逐年扩大生产规模。1974年，在县城西门外茨河旁建成县大曲酒厂，以生产白酒和大曲酒为主。年产大曲酒150吨、白酒300余吨。1976年，所产大曲酒被评为地区优质酒，1977年跨入省优行列。1974年12月建成“城关镇卷烟厂”，1975年正式投产，当年完成产值5万元，生产雪茄烟264箱。该厂的建设，迈开了建始烟草工业之步。

交通运输业的发展

1966年至1971年，建始县公路建设基本处于停滞状态。仅1966年12月至1967年6月将建官公路河水坪的临时木架桥改建成石肋双曲拱桥。“文化大革命”后期，县委坚持实行山、水、林、田、路综合治理，加快公路建设步伐。

1971 年开始，各区、社采取大会战、民工建勤、民办公助等多种形式，新建一批区乡公路。1971 年以后的 6 年间，共修建区乡公路 59 条，计 396 公里。尤其是 1975 年撤区并社后，修建社队公路成为交通建设的中心。全县 24 个公社结合农田基本建设，统筹规划，根据山、水、林、田、路综合治理的原则，经过 3 年大会战，修通县城至当阳、茶园、天生、细沙、申酉、唐坪、石马、硝洞、竹园、枇杷坦等公社的公路。这些公路的修建，为后来的农村路网建设打下了良好基础。1975 年 11 月至 1978 年 10 月，全县先后组织 1 万多人上阵，参与修建川汉管道公路（318 国道）。这条横贯建始中部东西 31 公里，穿越 2 个乡镇的国道建成后，大大缩短建始至省府、州府的陆路运输距离，基本改善全县交通运输状况。

70 年代，全县修建大中型公路桥梁 15 座，其中改造 209 国道头坝堰桥、云桂桥、马栏溪桥、建始大桥、奇羊坝桥 5 座桥梁；新修汉（中）渔（洋口）公路（后改为 318 国道）野三河大桥、塘沟桥、支井河大桥 3 座桥梁；新建县、社公路桥梁有马水河大桥、两溪河大桥、七里坪桥、沙河坝桥、粟谷坝桥、清河大桥、蒲塘溪大桥 7 座桥梁。

209 国道上的建始大桥，原属半永久性石礅台木面桥。1969 年，县革委会决定改建建始大桥。11 月，猫坪区接受改建任务后，从 6 个公社调集 520 名民工于 12 月 25 日开赴改建工地。当时，正值“文化大革命”混乱时期，建桥民工来到工地后，工程建设领导小组本着“开工先开课，建桥先建人，建人先建思想”的政治方针，以公社为单位关门办了 5 天“学习班”，于 1970 年 1 月 1 日才正式破土动工，1970 年 11 月 15 日建成通车。建始大桥的改建，在当时技术水平低，设备简陋，且要求半边施工半边通车的条件下，采用双曲拱无支架吊装施工工艺，没有发生重大安全事故，工程技术人员和建桥民工付出了艰辛的劳动，发挥了聪明才智。

20 世纪 60 年代至 70 年代，县内自营交通运输主要是拖拉机运输。1966 年至 1975 年，执行“以副养机，以机促农，保本自给，略有节余”的经营方针，各类拖拉机发展到 280 台，既承担农田耕整作业，又跑短途运输。1975 年撤区并社后，各公社设拖拉机站，由公社统一经营，既承担农田耕整作业，又从事短途运输。

1975 年前，汽车货运、客运主要由恩施地区汽车运输分局第十八车队承担。1975 年 12 月，县委、县革委会决定将县直机关、厂矿 15 辆载货汽车集中成立建始县汽车队。1978 年购进东风—140 型汽车 25 辆，共有货运汽车 40 辆。1975 年的货运量为 5.42 万吨。

“文化大革命”时期，建始县除在抗争中发展本县的工业交通外，还参与 2 项国家大型工程建设（三线建设）。一是 1970 年至 1971 年，建始县组建民兵团，赴宜昌参与修建鸦（鹊岭）官（庄）铁路；二是 1971 年至 1973 年，组建民兵团赴宜昌参与建设“三三〇”（葛洲坝）水电工程。

建设大庆式企业

1964 年，毛泽东发出“工业学大庆”的号召。1971 年以前，全县工业学大庆没有多大起色。1971 年以后，工业战线开始学习“铁人”王进喜的艰苦创业精神，走“自力更生”道路，工业建设开始起步。继化肥厂投产之后，陆续建起钢厂、大里磺厂、磷肥厂、矿山机械厂、糖厂、水泥厂等厂矿。工业品种由“五小”农具和少量加工机械发展到生产切碎机、粉碎机、脱粒机、水轮机、电动打眼机、新式步犁、变压器、矿车、耐酸泵、碎石机、生铁、氮肥、磷矿粉、水泥、硫黄、白糖、大曲酒等。1978 年，工业总产值增加到 1962.83 万元，是 1965 年的 5 倍。

1971 年后，县委对农机厂提出“支援农业办好工业，当好支农促进派”的要求。1973 年全县小麦播种面积由 7 万亩增至 15 万亩，为了不误农时，县委要求农机厂在 1 个月内生产出 150 台脱粒机。县农机厂领导、技术人员和工人不分昼夜，加班加点，仅 23 天就完成任务，大大节省农村劳力。1973 年至 1975 年，县农机厂先后制造出适宜农村使用的机械 400 多台，组织小分队常年到农村修理农机具，在农村搞传、帮、带，培养农机修理技术员。农忙时，厂里修配车间安排专人、专炉、专床值班，帮助农村修理农业机械。3 年间，跑遍 210 个大队，共修理柴油机、拖拉机 30 台，脱粒机 171 台，粉碎机 40 台，水泵 15 台，其他农机配件 5985 件。

工业学大庆运动中，县农机厂工人学习大庆工人艰苦创业精神，积极开展“工人是企业的主人翁”的思想教育，大搞技术革新、自行设计，制造工模夹具，攻克大件铸造与加工配件难关，为县水电站、煤矿、磺矿、水泥厂、化肥厂、茶厂、公路段等单位给予了重要支援。在县化肥厂筹建、施工、安装到投产过程中，县农机厂抽调 20 多人到化肥厂搞筹建，投产后又抽调一批技术过硬的老工人组建化肥厂机修车间。1973 年，化肥厂的重要设备配件二通四通阀门坏了，请农机厂加工生产。县农机厂接过图纸后组成领导、技术员、工人三结合攻关小组，经过反复试验，采取蚂蚁啃骨头的办法，终于试制成功第一套大型阀门。化肥厂安装生产后效果良好，后经省第四设计院现场考核，认为这是一大创新，有推广价值，应该给予推广。仅半年时间，县农机厂共生产这种阀门 23 套，不仅满足了县内化肥厂的需要，而且支援了湖北省蕲春、天门以及四川、湖南等省的兄弟县化肥厂。

1970 年，县大里磺厂荣获全省第一批大庆式企业称号。大里磺厂建于 1966 年冬，不到 10 年，建成 3 对硫黄矿井、1 对采煤井、11 座炼磺炉，修 8 公里进厂公路，建成 160 千瓦小电站。1978 年硫黄产量比正式投产的 1969 年翻三番，硫黄纯度达 99.49%，连续 10 年超过国家规定的质量标准，为国家积累资金 131 万元，该厂多次被评为省、地先进单位。1976 年年初，县委在大里磺厂召开全县工业学大庆经验交流会，表彰先进，交流经验。大里会议以后，工业学大庆群众运动不断发展，涌现出一大批工业学大庆的先进集体和个人。1976 年度评选出工业学大庆的先进单位 7 个，先进车间、工区、队 34 个，先进班组 47 个，先进个人 1164 人，评出全县红旗单位 2 个，建始县工业学大庆在恩施地区名列前茅。

柳林煤矿原系社队集体企业，因无烟优质煤可以炼铁，于 1974 年 11 月转为国营。1976 年，在工业学大庆的推动下，干部、工人学“铁人”，生产年年超计划，最高有 1.8 万多吨，为县钢厂白煤炼铁做出贡献，成为全省煤矿不亏损的企业之一。

1971 年到 1975 年，全县工业总产值平均以 14.8% 的速度增长。随着县化肥厂、钢厂、水泥厂、野三河电站、耐火材料厂等几个全民所有制企业的相继建成投产，工业实力逐步增强。到 1975 年年底，全县工业企业单位发展到 110 个，从业人员 1827 人，创工业总产值 1126 万元，比 1966 年的 333 万元上升 3 倍多（以上数据有统计上的不变价因素和市场价格因素上的不可比性）。

工业学大庆促进了建始县工业生产的发展，为农业和其他行业的发展提供了生活、生产资料，积累了资金。但工业学大庆运动中，由于长期存在

"左"倾错误，不少企业盲目上马，国家投资未经科学论证，不重视市场因素，党政部门过多干预企业生产和经营，企业的积极性没有得到充分发挥。一方面，限制了企业的发展；另一方面，某些企业成为国家的包袱，造成一定损失。如钢厂、磷肥厂等厂矿，国家投资百余万元，因对原材料、技术力量等方面的企业因素未做全面论证，单纯追求企业形式，不注重经济效益，后来被迫停产。

农业学大寨运动

1964 年 6 月，毛泽东在中央工作会议上关于第三个五年计划的讲话中说："农业主要靠大寨精神，自力更生。"1964 年 12 月，经过毛泽东和中共中央的同意，周恩来在三届全国人大一次会议上做的《政府工作报告》中，对农业学大寨学什么的问题做了概括，提出要学习大寨大队"坚持无产阶级政治挂帅、毛泽东思想领先的原则，自力更生、艰苦奋斗的精神，爱国家、爱集体的共产主义风格"。

1964 年 7 月，建始县开始掀起农业学大寨运动，学习大寨人自力更生，改善农业生产条件。1966 年"文化大革命"爆发后，在"无产阶级专政下继续革命"理论指导下，农业学大寨运动被引导到"大批资本主义、大批修正主义、大干社会主义"的道路上。

1971 年以前，全县农业学大寨运动由于受"文化大革命"影响，声势不大，农田基本建设项目不多，粮食单产没有多大提高。1971 年，县委召开五级干部大会，动员全县人民"学大寨、赶泉口、苦战三年，誓把建始变昔阳"。1972 年起，县委贯彻"以粮为纲，全面发展"的方针，动员全县人民搞以"坡改梯"为主的农田基本建设"大会战"，以坡田改平田的方式提高粮食单产。

1974 年 1 月 26 日，县委印发《关于决心在两三年内把建始建成大寨式县的讨论纪要（草案）》。2 月上旬，全县各区先后召开四级干部会议，落实县委的"讨论纪要"，制定两三年内把建始建成大寨式县的措施。1974 年 7、8 两月，县委分 3 批组织 879 名农村工作干部到山西省昔阳县和大寨大队参观学习。参观学习结束后，县委号召各区、社都要办学习大寨的政治夜校，办好骨干培训班，采用文艺宣传队、专栏墙报等各种形式，让学大寨运动家喻户晓。同时，举办农业学大寨展览会，巡回展出全县 39 个学大寨先进典型；全县培训骨干近 2 万人；组织 425 个业余文艺宣传队；书写标语口号 1 万多条；评选出学大寨先进人物 1.15 万人。1975 年 9 月，在全国农业学大寨会议上，建始县被评为全国 316 个学大寨先进县之一。

10 月，县委召开 2000 多人的农业学大寨会议，做出一年建成大寨县的决定。全县抽调 3000 个劳力，加上长梁公社的 3000 个劳力，共 6000 人，会战铜锣搞坡改梯。1976 年，县委提出“全县人民总动员，苦战一年建成大寨县”的口号。是年 1 月，县委主要领导亲自在长梁公社金星大队办“大样板”，从全县每个生产队抽调 1 名劳力，按民兵建制组成 1000 人的农田基本建设专班，对方圆近千亩红沙丘陵进行移山填槽造平原，定向爆破 3 次，用炸药 77 吨，搬掉山头 40 个，造田 300 亩。同时，组织 1204 名干部到农业第一线，在 249 个大队开展学大寨运动。全县各公社、大队办学大寨的大样板，共组织改田专班 4.4 万人，改田约 3 万亩。粉碎“四人帮”后，县委对照学大寨的六条标准，提出力争在 1980 年建成大寨县的口号，并制定加快“学大寨”步伐的措施。1979 年 1 月，经验收，全县 24 个公社有 6 个公社被确定为“大寨式公社”，有 15 个公社被评为“学大寨先进公社”。

建始县在学大寨运动中，县委带领广大干部群众，自力更生、艰苦奋斗，在改变生产条件、科学种田等方面做了大量工作，取得一定成效。一是在农业学大寨运动中，全县人民发扬自力更生精神，不向国家伸手，纠正“等、靠、要”思想，农业生产有较大发展。1978 年，全县农业总产值由 1965 年的 3118.58 万元上升到 8710.87 万元，粮食总产量由 1965 年的 11.45 万吨上升到 18.8 万吨，粮食单产由 109 公斤上升到 172 公斤。二是农业学大寨运动将农田基本建设推向高潮。全县集中劳力，组成整田改土专班，大搞治山、治水、治土（简称“三治”），改变生产条件。从 1971 年开始，全县各社队抽调 20% 的劳力组成“三治”专班，坚持常年施工，农闲突击，逐队治理。1974 年至 1975 年，两年的改田达到历史上最高峰，分别为 2050.2 公顷、3099 公顷。至 1974 年，全县改造冬泡田 2112.33 公顷，占全县冬泡田面积的 95%。1975 年，成立农田基本建设指挥部，全县组织 6000 个劳力的改土治水专班，坚持常年施工，县社两级逐年增加对农田建设工程的投资。1970 年至 1978 年年底，全县坡改梯、旱改水共计 14860 公顷，占全县总耕地面积的 36.86%；全县旱涝保收的基本农田达到 10620 公顷，占全县总耕地面积的 26.34%。三是农业学大寨运动推动了全县农业科技进步。大力普及农业科技，推广良种，改进耕作技术，促进粮食作物的全面丰收。1972 年，县委组织 48 名干部，在山西省技术员的指导下，在望坪、红岩、西湖、凤凰、战场、罗家、新建 7 个公社建立杂交玉米种子生产基地。10 月，县革委会组织 30 多人的南繁种子队到海南岛繁育杂交玉米、杂交高粱种子。全县杂交一代玉米示范田达 1000 公顷。1976 年，全县建立起四级农科网：县有农科所，24 个公社有农科站，222 个大队建成农科队，2510 个生产队建有农科组，作为培育和推广良种生产基地。四是农业学大寨运动促进了多种经济作物生产。1968 年，白肋烟在建始试种成功，随即在全县推广。到 1978 年，全县白肋烟种植面积 1253 公顷，总产量 2777 吨，建始县因此成为全国白肋烟生产基地县。中药材生产以贝母、黄连、黄柏、厚朴、杜仲等为骨干品种，其中花坪贝母于 1974 年经中国科学院植物研究所鉴定，命名为“湖北贝母”。1976 年，全县贝母产量达 18.85 吨。同时，引进优质水果、茶叶等多种经济作物。五是农业学大寨运动促进了各行各业支援农业生产。全县各部门把支农工作放在第一位，商业部门抽出 227 人，深入 18 个大队、80 多个生产小队办点，为社队建立“5406”菌肥厂 107 个，发展漆、桐、果等经济树 90 多万株。六是农业学大寨运动促进各级党政领导和干部转变作风。县委集中力量，大办农业，把主要精力放在农业上，13 名常委除留 2 名主持机关工作外，都深入农村社队蹲点。1973 年春，县委组织 1100 名干部，由比较熟悉农业生产、有农村工作经验的领导带队到农村第一线，和社员同吃、同住、同劳动、同学习，帮助农村社、队开展工作，组织农业生产。

社队企业的发展

此时，全县社队企业主要是农业企业和工业企业。到 1979 年，全县农业企业有林场 44 个、茶场 28 个、果园场 3 个、药材场 99 个、养殖场 7 个。公社、大队两级共办农业企业 225 个，其中公社企业 41 个，大队企业 18 个，从业人员 2700 人。共有固定资产 239.8 万元，其中大队企业 82.98 万元。企业总产值 146.31 万元，其中公社企业 91.61 万元，大队企业 54.7 万元。农业企业总收入占全县农业总收入的 3.47%。

20 世纪 60 年代末期，县内社队工业企业很少。1970 年后，各区镇建立 12 个农机厂。1975 年成立人民公社企业经营管理科后，由县财政投资，社队集资发展了一批公社拖拉机站（后更名为农机站）。到 1978 年，全县社队工业企业达到102个，总产值1180万元。主要行业为采掘业、食品加工业、饮料酿制业、纺织业、缝纫业、造纸及纸制品业、小水电站、电石、硫黄和骨胶等化学工业、农机具修理和制造、建材陶瓷及其他行业。

水利设施建设

1966年，全县仅有水库2处，容量48万立方米；塘堰509处，容量229万立方米。到1976年，全县共有水库47处，容量2754万立方米，其中100万方以上的水库2处；塘堰1221处，容量735万立方米。1976年有效灌溉面积达到3560公顷。在此期间，县委领导全县人民建成五大水利工程，有成功的经验，也有失败的教训。部分水利工程因贪多图快，无可行性科学论证，甚至凭个别领导的头脑发热，导致人力、物力、财力的浪费。

1966年10月，茅田区调集300名劳力兴修三道岩小水库，经3个月清基抽槽后，才请技术员勘测设计。工程历时3年，国家投资24.8万元，社队投工31万个，仅完成枢纽工程的60%，结果水库未建成，却浪费稻田90多亩。三里区石牌水库（原名红卫水库）于1966年续建，至1974年基本完成引水渠，倒虹吸管、水库主体工程，后因高闸和低闸边穿孔漏水，倒虹吸管破裂，不能引水入库，水库仅蓄水20万立方米，灌溉河水坪乡农田66.7公顷，不能正常发挥效益。红珠河水库自1971年冬破土动工，至1976年因无资金而停工。平阳水库于1970年冬续建，由于工程指挥部的领导不尊重地质科学，不听从技术指导，以“决心挖到地球穿”的口号，盲目施工而报废。车雁坪水库于1974年11月破土动工，后因景阳、官店两区在淹没损失赔偿等问题上未能达成协议而搁置。

水利建设最成功的是四十二坝水库。1971年11月，经川鄂两省地县领导协商，将奉节县四十二坝划归建始县修水库，命名为“川鄂友谊库”。四十二坝水库库容量1260万立方米，既能彻底解决化肥厂水源，又能梯级开发电能。同年底，由猫坪区抽调“三治”专班1000人破土动工，到1979年竣工。投入标工160万个，完成土石方69.85万立方米，搬迁农户37户181人，住房15栋，淹没耕地21.3公顷。

引水工程主要建成长梁“五河一线”水渠，又名“白广长渠”（由白云乡至广龙乡）。因拟将长梁区境内的陇里河、木桥河、茶园河、盛竹河、拦羊河连成“五位一体”，故名“五河一线”。枢纽工程由3座溢流坝、3座渡槽、9

座隧洞、5座水库和38公里干渠组成。1959年11月动工，后时建时停。1966年12月，动工兴修木桥河鱼泉口溢流坝和至二道水干渠工程，1968年停工。1971年后，陆续扩建白云渠道，兴建水洞湾、沟湾等4座水库和倒虹吸等工程，完成四河一线，累计完成土石方80.76万立方米，浆砌5.65万立方米，社队投工106万个，国家投资73.85万元，灌溉农田476公顷。

在此期间，各区、公社、大队还建设了一批小型水库。全县共建中小型水库8座。其中有高坪区望坪乡青林沟水库、长梁区陇里镇沟湾水库、长梁区白云乡水洞湾水库、猫坪区罗家乡五一水库、高坪区桑园乡阴坡河水库、花坪区后塘乡响水湾水库、景阳区景阳乡温泉水库。

农业机械化的发展

全县贯彻毛泽东关于"农业的根本出路在于机械化"的指示，伴随着"农业学大寨"运动的开展，农业机械化有一定程度的发展。1966年，全县农用机械总动力551马力，平均每个大队才1.5马力。其中主要农业机械有大、中型拖拉机5台140马力，手扶拖拉机5台38马力，脱粒机178台40马力，电动机2台17马力，柴油机36台356马力，农副产品加工机械233台，植保机械1825架。到1976年，全县农用机械总动力发展到1.9万马力，平均每个大队达到53.7马力。其中大、中型拖拉机126台2863马力，手扶拖拉机172台2000马力，脱粒机761台523马力，电动机514台4100马力，柴油机822台1.02万马力，农副产品加工机械3564台，农用汽车8辆620马力，植保机械3646架。全县开始推广各种农业新式机械，其中有割晒机8台、机耕船4台、插秧机2台、动力喷雾器97台等。

发展比较快的农业机械主要有耕整机械、抗旱机械、脱粒加工机械和植保机械。1963年，县成立国营拖拉机站，有轮式拖拉机6台，除用于农田耕作外，也投入农业运输。1968年，以国家扶持为主，先后建立公社拖拉机站（后改为公社农机站）35个，拖拉机耕整农田600多公顷。1971年伏旱，国家支出抗旱经费30万元，使用100余台水泵，抽水抗旱40天，灌田580公顷，保收稻谷1500余吨。"文化大革命"十年累计抽水灌田1万公顷，保收稻谷9000余吨。到1975年，全县各类拖拉机发展到280台，计3349千瓦，既承担农田耕整作业，又从事短途运输。另有简易脱粒机740台、扬场机7台、粉碎机666台、青饲料切割机221台。1976年开始引进机动喷雾器，用于水稻防虫治病。[1]

［思考讨论］

1. 建始县在20世纪六七十年代工业、农业取得了哪些发展？

2. 如何认识取得的这些发展？

［案例点评］

20世纪六七十年代，建始县委领导全县基层党组织和广大干部群众，尽最大可能地对“文化大革命”“左”的错误路线进行抵制和抗争，使“文化大革命”的破坏受到一定程度的限制，社会事业和经济建设在抗争中取得一定进展。工农业总产值基本上呈上升趋势，工业经济、农业经济都有不同程度的发展。

工业方面。县委坚持发展“五小”工业（小水泥、小钢厂、小煤窑、小化肥、小农机），建成了野三河水电站、四十二坝水库、县化肥厂、姜家坪机械化糖厂、县水泥厂、大里璜厂、县大曲酒厂、城关镇卷烟厂等一批工厂，从1970年后又建立了涉及采掘业、食品加工业、饮料酿造业等行业的共102个社队工业企业，工业生产得到较大发展，工业总产值到1978年达到1962.83万元，是1965年的5倍。同时，交通运输业也有一定程度的发展。1971年开始，各区、社采取大会战、民办公路等形式，新建了县城至当阳、天生、竹园等公社的公路，为后来的农村路网建设打下良好基础；70年代，全县改造修建了建始大桥、野三河大桥、马水河大桥等一批大中型公路桥梁；各公社设拖拉机站，既承担农田耕整作业，又从事短途运输；汽车队承担全县客运、货运，1975年货运量达到5.42万吨。另外，建始县还组建民兵团参与国家“三线建设”：赴宜昌参与建设鸦（鹊岭）官（庄）铁路、“三三〇”（葛洲坝）水电工程。

农业方面。县委在学大寨运动中，带领广大干部群众，发扬自力更生精神，艰苦奋斗，大搞治山、治水、治土，将农田基本建设推向高潮，通过坡改梯、旱改水，到1978年年底，全县旱涝保收基本农田占全县总耕地面积的

---

① 材料源自中共建始县委县人民政府史志办公室．中国共产党建始县历史（第2卷）［M］．北京：中共党史出版社，2015：274—298.

26.34%，大力普及农业科技，形成四级农科网：县（农科所）—公社（农科站）—大队（农科队）—生产队（农科组）。建立杂交玉米种子生产基地、白肋烟生产基地，发展漆、桐、贝母、黄连、茶叶等经济作物，公社、大队两级共兴办林场、茶场等社队农业企业 225 个，推动了农业生产的发展，全县农业总产值 1978 年上升到 8710.87 万元，粮食总产量上升到 18.8 万吨，粮食单产上升到 172 公斤。同时，农业机械化有一定程度的发展，主要是耕整机械、抗旱机械、脱粒加工机械和植保机械发展得比较快，到 1975 年，全县各类拖拉机 280 台，简易脱粒机 740 台，扬场机 7 台，粉碎机 666 台，青饲料切割机 221 台。1976 年开始引进机动喷雾器，用于水稻防虫治病。

建始县经济建设在 20 世纪六七十年代艰难前进给我们带来的启示主要有以下几点。1. 要坚持大力发展生产力。建始县委努力克服“左”倾错误，大力发展农业生产和工业生产，使生产力不断得到发展，才使得人民群众生活不断得到改善，因此，建始人民群众在面对重重困难时，始终坚定不移地跟着党走。2. 要坚持党的群众路线。人民群众是历史的真正创造者，只有尊重人民群众的意愿，才能推动社会生产力不断向前发展，才能巩固我们党的群众基础。正是建始人民群众的努力奋斗，才能在各种阴谋混乱局势中仍然推动建始工农业生产取得发展。3. 要坚持把马克思主义基本原理同中国的具体实践相结合。社会主义建设是一项艰巨的伟大的崭新事业，无法从马克思主义的原文中找寻答案，必须在中国的社会主义建设实践中探索。在进行社会主义建设探索时，必须贯彻马克思主义的基本立场、方法，必须符合中国的国情。总结建始在“文化大革命”期间进行社会主义建设探索的成绩与失误，可以看出，当我们把马克思主义基本原理与建始的县情相结合时，就能够取得成绩；当我们脱离建始的县情时，就出现失误、挫折。

要以科学的态度去认识我国社会主义建设的历史、现实和未来。在 20 世纪六七十年代这一特殊历史时期，大部分生产系统未被打乱，各项工作在艰难中仍然取得重要进展，内地战略后方（重点是国防工业建设）迅速铺开，地方“五小”工业得到发展，“三五”“四五”计划主要指标大体完成，独立的比较完整的工业体系和国民经济体系基本建立，为以后的发展奠定了物质技术基础。

［教学建议］

1. 本案例适用于第四章第二节“初步探索的意义和经验教训”部分内容的辅助教学。

2. 本案例展现了“文化大革命”时期建始县人民在县委领导下艰难推进工业、农业等各项工作的史实，让学生清晰直观地感受建始在社会主义建设初步探索道路上的曲折发展。使用时，需要注意说明社会主义建设道路初步探索的正反两方面经验，仍然为今天坚持和发展中国特色社会主义提供了重要借鉴。习近平强调：“我们党领导人民进行社会主义建设，有改革开放前和改革开放后两个历史时期，这是两个相互联系又有重大区别的时期，但本质上都是我们党领导人民进行社会主义建设的实践探索。中国特色社会主义是在改革开放历史新时期开创的，但也是在新中国已经建立起社会主义基本制度，并进行了20多年建设的基础上开创的。”① 改革开放前的社会主义实践探索为改革开放后的社会主义实践探索积累了经验并准备了条件，改革开放后的社会主义实践探索是对前一个时期探索的坚持、改革、发展。对改革开放前的社会主义实践探索，要坚持实事求是，分清主流和支流，坚持真理，修正错误，发扬经验，吸取教训，在这个基础上把党和人民事业继续推向前进。

① 习近平．习近平谈治国理政（第1卷）［M］．北京：外文出版社，2014：22.

案例5　建始县城乡社会主义教育运动

［材料呈现］

1963年2月，中共中央决定在全国城乡发动一次普遍的社会主义教育运动（简称社教运动）。5月20日，中共中央以文件形式向全党印发《中共中央关于目前农村工作中若干问题的决定（草案）》（共十条，称为“前十条”）①，11月，中共中央又下发《关于农村社会主义教育运动中一些具体政策的规定（草案）》（共十条，称为“后十条”），进一步强调以阶级斗争为纲，大搞群众运动。继而，在农村开展以清账目、清仓库、清财产、清工分为主要内容的社会主义“小四清”教育运动，在城市开展反对贪污盗窃、反对投机倒把、反对铺张浪费、反对分散主义、反对官僚主义的“五反”运动，城乡社会主义教育运动在全国铺开。

1963年5月，建始县委召开全县四级干部会议，联系实际分析了阶级斗争形势，会后立即组织力量分批在农村开展“小四清”和在城镇开展“五反”运动。1964年冬，根据恩施地委指示，已开展的“小四清”和“五反”运动暂停，重新部署在农村和城镇统一开展系统“四清”，将以清农村经济为主的“小四清”升格为“清政治、清经济、清思想、清组织”的阶级斗争运动。从1964年12月开始，恩施地委首先在建始搞系统“四清”的试点。这批试点共抽调工作人员5100人，县成立社教总团，区成立分团，铺开4个区、61个公社（镇）、236个生产大队、1988个生产小队和县、区直属机关共2412个单位。试点持续10个月，至1965年9月结束。接着，县委抽调工作队员1900多人，于1965年10月铺开第二批，于1966年2月铺开第三批，这两批持续

① 中共中央文献研究室．建国以来重要文献选编（第16册）［M］. 北京：中央文献出版社 .2011：274—276.

到1966年10月“文化大革命”爆发后才结束。全县参加系统“四清”运动的干部（包括农村基层单位的不脱产干部）共1.5万多人。运动中因“四不清”错误受到各种处分的715人，其中脱产干部326人，非脱产干部389人，受处分的党员498人，其中开除党籍253人，留党察看66人，除名和劝退的56人，停止和取消预备期78人，严重警告和警告7人，不予登记38人。

长达3年的城乡社会主义教育运动，在解决干部作风问题、纠正干部多吃多占、改善集体经济的经营管理、打击贪污盗窃、刹住封建迷信歪风等方面，起了较大作用。但由于将这些不同性质的问题都视为阶级斗争或阶级斗争在党内的反映，人为地夸大“敌情”，混淆两类不同性质的矛盾，致使不少干部群众受到不应有的打击。运动中还重新登记阶级成分，不少群众被划为“新生地富分子”“新生反革命分子”等13种名目的“四类分子”共计742名，将阶级斗争扩大化。但“四清”运动的开展是有领导地分期分批进行的，中央对运动中的一些具体政策做了正确的或基本正确的规定，对运动中出现的某些偏差也做过一些纠正，还强调运动要在不误生产、密切结合生产的前提下进行，把增产还是减产作为衡量运动搞得好坏的标准之一，这在一定程度上减轻了运动中的损失，全县农业仍得到较大幅度增长。1965年粮食总产量达1.14475亿公斤，较1964年增长28.2%，人均增加68.5公斤。①

［思考讨论］

1. 中共中央为什么要在全国开展一场遍及城乡的社会主义教育运动？

2. 结合材料，谈一谈建始县城乡社会主义教育运动对我们建设社会主义有什么样的教训和启发？

［案例点评］

中共中央在对国内外斗争形势过于严重的估计下，认为社会主义社会建成以前，无产阶级与资产阶级的矛盾，社会主义道路与资本主义道路的矛盾，始终是我国社会的主要矛盾，因此，要解决这一社会主要矛盾，我们就必须进行阶级斗争，才能确保我国社会主义事业的成功。全国城乡的社会主义教育运

① 材料源自中共建始县委党史研究室. 中共建始简史［M］. 北京：中央文献出版社，2001：133—135.

动就是阶级斗争的体现。这种判断偏离了当时中国社会阶级形势和政治发展的实际，是我们党的“左倾”错误的体现和发展。

建始县城乡社会主义教育运动虽然在解决干部作风问题等方面有积极的作用，而且没有造成生产力的破坏，但是产生了许多消极影响。如不少干部群众受到不应有的打击，人为扩大了地主富农等阶级敌人，阶级斗争扩大化，错误地扩大了党内斗争，等等。建始县城乡社会主义教育运动实践表明，我们在进行社会主义建设的过程中，必须正确判断社会的主要矛盾，分清敌我矛盾和人民内部矛盾。对于社会主义社会一定范围内长期存在的阶级斗争，不能将其简单地等同于全国范围的阶级斗争，也不能搞大规模的政治运动，更不能搞阶级斗争扩大化。

[教学建议]

1. 本案例适用于第四章第二节“初步探索的意义和经验教训”部分内容的辅助教学。

2. 本案例描述了建始县在1961—1963年间开展的城乡社会主义教育运动的史实，在使用时，可以让学生搜集身边关于城乡社会主义教育运动的事例，让学生自己讲述，再由教师分析、总结，引导学生进一步理解社会主义建设道路初步探索中总结的必须正确认识社会主义社会主要矛盾这一经验教训。

第五章 05

中国特色社会主义理论体系的形成发展

案例1　当代“愚公精神”

［材料呈现］

店子坪村，位于湖北省建始县龙坪乡西南边缘，地处北纬30度，平均海拔1200米，国土面积5.2平方公里，有7个村民小组，176户、673人，耕地面积715亩，林地面积5614亩。店子坪村粮食作物主要有玉米、大豆、红薯、土豆等，经济作物主要是茶叶、油桐、生漆等。

“左有石柱河，右有洋鱼河，前面梯子河，后面大山坡，祖祖辈辈像骆驼。”洋鱼河、刘家河从西、南、东三个方向呈“U”形包围了店子坪村。交通是店子坪人永远抹不去的痛。村民们祖祖辈辈挣扎在古盐道上，多少人葬身河谷，多少人为了生存离开故土。“下山杵屁股，上山杵脑壳，踩到一个搓脚石，一个跌跤滚下河。”由于古盐道洋鱼河段地势险峻，道路狭窄陡峭，20世纪60年代以来，先后有8人在洋鱼河悬崖上跌落河谷遇难。

中共十一届三中全会后，店子坪村开始实行农业生产责任制，随着生产关系的变革，粮食年产量由20世纪五六十年代的10多万斤增长到60多万斤，村民不再为粮食发愁。但是，由于交通不便，粮食的商品价值低，加上农业产业化滞后，经济发展缓慢，村民仍很贫穷。

凿出一条出山之路

改革开放伊始，店子坪村人决定修路，以此改变自己的命运。209国道长岭岗至店子坪村一组刘家大屋场的一条不足10公里、仅能开三轮车的毛公路，经过店子坪村几届党支部的不断努力，带领村民从1978年至2002年，历经近24年，先后修了四次，才得以修通。

2002年9月，王光国开始担任店子坪村党支部书记，他再一次选择了修路。

2004年年底，王光国和几个村干部反复进行实地勘查，开支委会，做出一个庄严决定：不等不靠，发动全村力量，从洋鱼河悬崖绝壁上修建一条通村公路。消息传开，村民们议论纷纷："王光国是疯了，邪了，我们村这么穷，哪有那么多钱用来修路啊！""开玩笑的吧，这么高的悬崖能修得过去公路？"王光国说："修不起公路，修条机耕路，只要三轮车能拉化肥也行。""5年修不完就修10年，10年修不完就修15年、20年。不修永远没出路，只有修才有路！"王光国修路的坚定决心慢慢打消了群众的顾虑，村民们在修路申请书上签上了名字，按了红手印。接下来就是筹集启动资金，王光国和村支"两委"成员挨家挨户去筹款。他带头把自家开商铺和养猪攒下的2万元钱全部拿了出来，牛太贵捐出了自己卖山羊的1150元钱，村里的特困户王志雄把卖年猪的800元钱捐了出来，78岁的刘太白将卖背篓得来的仅有的20元钱也捐了出来。不少村民实在拿不出钱来，就捐鸡蛋。

2005年1月18日，开山的炮声响彻洋鱼河山谷，一条山巅绝壁的天路开工了。树雄心、立壮志，誓把致富路修通！那时候，店子坪村总人口720人，有380多人在外面打工。大部分青壮年出门了，老人、妇女成了修路的主力军。村民们腰系绳索，一锤一锤打炮眼，一铲一镐撬石块。喝山泉水解渴，吃烤土豆充饥，早出晚归，年复一年，一米一米地向前延伸着天路。就在大家群情激昂的时候，一场意外从天而降。2006年3月18日中午，"轰隆"一声巨响，河谷上垒起的一道20多米长的驳岸忽然垮塌，辛辛苦苦的成果毁于一旦，在场的人都抱头痛哭。王光国也几乎绝望，但看到群众无助的眼神，想起自己立下的誓言，他咬着牙对大伙说："驳岸垮了，我们的心不能垮。石头再硬，硬不过人的骨头，一定要坚持下去。"第二天清早，王光国又开始挨家挨户做工作。在他的动员下，村民们陆续回到工地，开山的炮声重新响起。人心齐，泰山移。2010年年底，店子坪村人累计投入义务工3.5万多个，开挖土石2.2万余方，终于从悬崖上凿出了一条长2.5公里的毛公路，用不到16万元的钱完成了180余万元的货币工作量。

闯出一条脱贫之路

跨越洋鱼河的路通了，但店子坪村的基础设施差，信息闭塞，经济发展滞后……2011年村民人均纯收入仅2791元，低于全乡的人均纯收入水平。店子坪村人祖祖辈辈种的就是苞谷、洋芋和红薯这"老三样"，遇到天干、多雨，混个温饱都很难。移除“贫困山”，摘掉“贫困帽”，王光国下定决心，一定要为店子坪村人找到一条脱贫之路。

2012 年，经过调研，王光国发现猕猴桃的市场价值高，当地又适合种植，他果断决策：向特色产业转型，发展猕猴桃。当地人称猕猴桃为洋桃。不种洋芋种洋桃？村民们一下子炸开了锅。“洋芋还能当饭吃，这东西能天天吃？”“洋桃 3 年才挂果，卖不出去，亏了算谁的？”王光国费力争取的免费种苗分到户后，一些村民直接扔掉。王光国没有气馁，带头把自家 8 亩田都调整出来种上了猕猴桃。“这猕猴桃卖到 7 元多一斤，销路很好。如果一亩地产 500 斤，大家算算可以卖多少钱？”看到王光国带头了，村民们渐渐打消了顾虑，领取了猕猴桃树苗。王光国趁热打铁，邀请农技专家上门指导培训，四处探访农业龙头企业。2013 年，上海秀探电子商务有限责任公司在店子坪村发展以猕猴桃为主的产业，成立建始德鑫农庄有限责任公司。企业出资租用 150 亩土地，进行集约化管理，提供高标准示范园，提供树苗和技术，吸引村民自发参与。2015 年，猕猴桃挂果了，每亩为农户直接增收近 3000 元。

在发展猕猴桃的同时，王光国还引导村民发展以烤烟、魔芋为主的特色产业。他和“村支”两委成员经过认真调研分析，并与村民代表一起反复讨论，最终确定采用党小组负责制，以“121 模式”发展魔芋产业：1 户农民，户均在房前屋后、林边地角种上 2 分地的魔芋，实现户均魔芋增收 1000 元。另外，利用适宜种烟的地方种植烤烟，沿新修公路边种植厚朴、银杏等。到 2016 年全村发展猕猴桃 300 亩、烤烟 130 亩，种植魔芋 62 亩、厚朴 400 亩，发展银杏、桂花等苗圃基地 30 亩。

苞谷、洋芋和红薯的“老三样”，变成了猕猴桃、烤烟、魔芋的“新三样”，成为店子坪村人脱贫之路的主打产业。2015 年，村民人均纯收入提高到 7414 元，在全乡 28 个村的排名从垫底跃升至第 2 位。

谋划一条富裕之路

路通了，特色产业起步了，王光国却又开始了新的谋划。“我们这里因为路难走，真正保留了原始的生态，空气含氧量也高，旅游开发潜力很大。”王光国提出发展乡村旅游业的构想。有村民不理解：“搞啥旅游，还不如砍树挖山采石头卖钱来得实惠。”王光国说：“生态资源是个宝，要把绿色理念贯穿于店子坪的发展始终。”

发展乡村旅游业，需要对村庄进行改造，建设特色民居。2014 年，王光国从恩施州争取到“民居改造和特色村寨”建设试点项目。新建土家民居每户补贴 3 万元，改建民居补贴 1.5 万元。村民们高兴之余又暗地较量，看谁家新房更洋气。王光国却说:“老房子千万不能拆!”“房子要统一样式，还要保留土家木厢房，将来，村里要搞土家休闲游。”村里也要求，改建民居要因地制宜、统一规划、修旧如新，保留原有土家风俗风格；新建民居要统一样式，全部白墙黑瓦、拱檐花窗，并依山而建，既少占耕地，又保留田园特色。做到房前屋后林果化、花园化，使之与特色民居相映成趣，为土家风情休闲游打下基础。对此，村民们很是不理解。“压脊镶边，花格子窗，净花冤枉钱!”店子坪人向往的是玻璃窗、混凝土的“洋房”，没人愿意做土房。王光国和村支“两委”成员包户落实，一组一组地开动员会，挨家挨户地设计改造方案、计算成本。一番经济账算下来，村民们意识到，改建房子，花费不大，还能保留木房子的冬暖夏凉。村民周光文家进行了民居改建试验，除去补贴，才花费 2000 多元，效果跟新房一样。村民们纷纷跟着改建特色民居。到 2015 年，全村新建住房 60 户，并对一些旧房进行了改造，保留古老村寨的民居特色。到 2016 年，全村改造和新建房屋已达 123 户。

特色民居建起来了，村民们开始向往着发展旅游。如何吸引八方游客，王光国想到了以店子坪村为节点，联动石门河景区、长岭岗森林公园，形成区域旅游格局。要形成区域联动旅游，还得修路。2015 年，王光国联合邻近的杨桥河村，以“一事一议”方式筹集资金 198 万元，村民捐资 5 万元，义务投工 5000 余个，完成岩石炸方 10 万立方米，开挖土方 5 万立方米，修建了全长 2.35 公里的店杨公路，打通了连接店子坪、申酉坪至全国 4A 级景区石门河的重要通道。村民们亲切地称呼这条路为“愚公二路”。王光国开心地说:“咱们村在石门河景区和长林岗景区中间，咱们村有古盐道、土家风格吊脚楼、适合漂流的石柱河，到这两个景区的公路现在也通了，我们要依托这两个景区，发展我们的乡村旅游啊!”

店子坪村人在党支部书记王光国的带领下，不畏穷山恶水，不惧极难极苦，以敢想敢干、不等不靠、自力更生、艰苦奋斗、坚韧不拔、百折不挠的“愚公精神”，以“苦熬不如苦干”的顽强信念，一年又一年，一步又一步，打通了店子坪村的出山路，闯出了脱贫路，谋划了富裕路，将武陵山区最高寒、最偏远、最贫困的穷山村建设成了远近闻名的“桃花源”。如今的店子坪，满眼郁郁葱葱，生机盎然。土家小楼黛瓦白墙，水泥道路平坦无阻，特色产业初具规模，乡村旅游悄然兴起，广场健身歌舞飞扬……我们相信，在王光国的带领下，在全体村民的共同奋斗下，店子坪村的未来将更加美好！①

［思考讨论］

结合材料分析，什么是当代“愚公精神”？店子坪村人走出的脱贫致富之路具有怎样的意义？

［案例点评］

当代“愚公精神”就是店子坪村人在党支部书记王光国的带领下，形成的敢想敢干、不等不靠、自力更生、艰苦奋斗、坚韧不拔、百折不挠的精神。店子坪村人以“苦熬不如苦干”的顽强信念，不仅凿出了一条出山之路；而且依托猕猴桃、烤烟、魔芋等产业，闯出一条脱贫之路；通过发展乡村旅游业，用绿水青山造就了一条致富之路。实践是理论创新的源泉。实践发展永无止境，我们认识真理、进行理论创新就永无止境。

中国特色社会主义理论体系不是从天上掉下来的，而是在推进改革开放和社会主义现代化建设的伟大实践中，遵循实践、认识、再实践、再认识的规律，坚持不懈对实践经验进行科学总结的成果。党的十六大以后，中国特色社会主义事业进入发展的关键期。在新的历史起点上把中国特色社会主义事业继续推向前进，是时代赋予我们党的崇高使命。党的十八大以来，党面临的主要任务是，实现第一个百年奋斗目标，开启实现第二个百年奋斗目标新征程，朝着实现中华民族伟大复兴的宏伟目标继续前进。店子坪村党支部书记王光国在新的历史起点上，继续为打通店子坪村的出山路而奋斗，不仅带领村民们实现了从脱贫到小康的生活水平的跨越，而且找到了一条奔向富裕的正确道路。从店子坪村人走出的脱贫致富之路，我们可以看出，中国特色社会主义理论体系正是在我们党领导的改革开放和社会主义现代化建设的生动实践中得以形成并不断向前发展的。

---

① 材料源自湖北省地方志编纂委员会办公室．店子坪村志［M］．武汉：武汉大学出版社，2017.

［教学建议］

1. 本案例适用于第五章第一节“中国特色社会主义理论体系形成发展的社会历史条件”部分内容的辅助教学。

2. 本案例通过讲述店子坪村党支部书记王光国带领村民不等不靠、自力更生、艰苦奋斗脱贫奔小康到富裕的故事，弘扬当代愚公精神，对大学生进行红色教育。使用时，可以让学生讲述自己家乡在改革开放以来发生的巨大变化，与材料内容进行比较分析，引导学生进一步认识、理解中国特色社会主义理论体系形成发展的实践基础，学习发扬当代愚公精神，传承好中国特色社会主义建设事业的接力棒。

案例2　侗乡人畜饮水工程小记

［材料呈现］

恩施市黄泥塘侗族乡，地处恩施市南，南北长12.5公里，东西宽7.8公里，总面积62293亩，耕地面积8657亩，其中水田4091亩，东部、南部与宣恩的板场、凉风、椒园乡连界，西部、北部与本市的干溪、米田乡相邻，全乡有王家村、马河滩、黄泥塘、二峰岩、青龙山、石堰塘等6个村，72个村民小组；最高海拔1082.5米，最低400米，大面积属二高山，海拔700米左右；气候属亚热带气候；平均气温16℃。据1982年全国第三次人口普查统计，全乡总人口7392人，其中侗族2577人，占总人口的34.86%，土家族2484人，占总人口的33.6%，汉族2331人，占总人口的31.54%。1985年10月，湖北省人民政府批准成立黄泥塘侗族乡。

黄泥塘侗族人民富有革命传统，在抗日战争时期，中共鄂西特委于1940年5月，在黄泥塘建立“黄泥塘地下党小组”，吴成绪、杨直鉴、杨锡武等人成立过“抗敌剧团”“歌咏队”，贴写抗日标语，广泛地宣传、组织和发动抗日救亡运动，后来由于鄂西特委遭到破坏而停止活动。中华人民共和国成立后，黄泥塘各族人民通过土地改革分得土地，生产生活有很大的提高。在农业合作化时期，黄泥塘侗、汉和土家各族人民积极走合作化道路，全乡建立了7个初级农业生产合作社。党的十一届三中全会以后，黄泥塘乡实行了联产承包责任制，人民生活水平有了明显的改善。但是，黄泥塘乡青石岩壳多，天然缺水。

侗乡人民盼清泉

黄泥塘侗族乡全乡6个村，村村缺水；72个村民小组，有56个小组缺水；全乡2125户，有1350户缺水；全乡8012人，缺水吃的达6000多人。

全乡最缺水吃的是石堰塘村。该村9个组，160户人家住在海拔1000米以上的山坡上。只要三五天不下雨，村民就得到四五里外的地方找水吃。平时村民惜水如油，半盆洗脸水舍不得倒掉，中午用来抹汗，晚上用来洗脚，最后用来喂牲口。

黄泥塘集镇虽是地势较低的小盆地，但也缺乏水源。全镇的居民、机关干部和学校师生2000多人，全靠一口古井供水。井深路陡，壮劳力挑一担水上来都感到吃力。如遇大雨，泥水、粪水和渣渣草草都往古井里灌。待井水和地上的水连成一片时，又几日不消。每当此时，人们又得挑着水桶到岩壳里找干净一点的水吃。若碰上天旱，日夜都有男男女女排队等水，在古井边、下水井的石梯以及井边的路上，摆满了水桶、水罐。

1990年，伏旱刚过又接上秋旱，持续干了86天。全乡农户因缺水惶惶不安，有的村民打算去外地躲过旱灾。正在这个时候，市里四大家领导派车队来乡送水，一送就是十多天。二峰岩、石堰塘、黄泥塘的农民们都来车上接水。望着桶里、罐里清澈透底的水，村民无不动情地说："感谢领导给我们送来了救命水啊！"

修建水库蓄清泉

1990年6月，黄泥塘乡人民政府给芭蕉区公所和市水电局呈送了《关于解决黄泥塘乡人畜饮水的请示报告》。1991年2月，在恩施市政协三届一次全会期间，委员吴胜春写了《关于设法解决侗乡人畜饮水困难问题的提案》。5月29日，提案承办单位市水电局回复："对您的提案，我们已列入'八五'规划上报。待计划审批后，一定组织实施。"这年3月，恩施市人大民族工作委员会主任覃登仲来黄泥塘乡蹲点。覃主任给市里写了《关于黄泥塘侗乡人畜饮水情况调查报告》，报告抄报给省、州人大民工委和省、州民委。

1991年9月，恩施市水电局副局长张鹤年、金增植和市民委张永科主任一起到石堰塘实地勘测，确定在杨柳村修水库。

10月9日下午3点20分，水库工程动工。乡党委书记张孝和、区水电站长金德钧、副乡长杨再明任指挥长，村支书张国锡负责施工。在修建水库的劳动中，石堰塘村义务投工1885个，挖土845方，打石头324方。个体司机杨天长送工程用水16车，民工挑水105担，为工程顺利施工做出了贡献。

这座投资16466元、容积600多立方米的水库于1992年10月22日竣工，解决了全村 85 户 458 人和 460 多头牲畜的饮水困难。村民们众口同声说："感谢党和政府为我们办了天大的好事，我们再也不愁水吃了！"

安装水管放清泉

1996 年 3 月 20 日，恩施市委书记胡荫安带领市直有关部门领导到侗乡现场办公，当场落实了资金 14 万元，彻底解决了侗乡人畜饮水工程最大的难题。

3 月下旬，恩施市水电局兰绍凯、陈洪喜两位工程师到乡政府后，他们冒雨查看了水源，只用两天半时间就勘测好了铺设水管的线路。黄泥塘镇饮水工程由芭蕉建筑队承建。区水电站长欧昌林负责工程质量检查。

在工程动工后，市人大常委会主任向诗才，副市长吕金施、李俊林、吴武元等先后来工地视察。市委常委、市委办公室主任朱金玉为工程资金按时到位，做了大量督促工作。

7 月下旬，水池建成，经检验质量合格。3325 米的自来水管的铺设安装同时竣工。当人们拧开自来水龙头，用上了白花花的自来水时，人们无不笑逐颜开，他们说："以后管它天干水涝，我们都不愁水吃了！"①

［思考讨论］

1. 结合材料分析，黄泥塘侗族乡人畜饮水困难问题是如何解决的？

2. 结合材料谈一谈，在全面改革开放新时期，我们要建设一个什么样的政党？

［案例分析］

黄泥塘侗族乡人畜饮水困难问题是 1990 年以后逐步解决的：1991 年建成杨柳村水库；1996 年黄泥塘集镇安装了自来水管。至此，侗乡人民才告别了吃水贵如油的历史，圆了祖辈未圆的梦。这一问题的解决是多方力量共同努力的结果。首先，人畜饮水困难是关系黄泥塘侗族乡人民最根本利益所在，是老百姓最盼望解决而一直未能解决的问题。人民群众利益需求凸显。其次，中国共产党始终不忘为中国人民谋幸福、为中华民族谋复兴的初心。恩施市委、市政府、人大、民委等党政机关急群众之所急，想群众之所想，市委书记亲自现场

① 材料源自政协恩施市文史资料委员会，中共恩施市委统战部 . 恩施文史资料（第 8 辑）［G］. 恩施，1997：204—212.（内部资料）

办公来解决黄泥塘侗族乡人畜饮水困难问题。最后，水电局的工程师、村民们具体实施，一起努力，共同完成水库等工程，才最终解决了黄泥塘侗族乡人畜饮水困难问题。

伴随着改革开放的不断深入，一部分地区、一部分人先富起来了，但是城乡发展不平衡问题还很突出，广大人民群众仍然十分关注。人民群众是国家和社会的主人，是历史的创造者，是推动社会历史前进的决定性力量。“水能载舟，亦能覆舟。”中国共产党之所以能够发展壮大，从一个领导人民为夺取全国政权而奋斗的党转变成为在全国执政并长期执政的党，正是因为依靠了人民。忘记了人民，脱离了人民，我们党的发展就会成为无源之水、无本之木。只有坚持执政为民，践行全心全意为人民服务的根本宗旨，心中常思百姓疾苦，脑中常谋富民之策，我们党才能永远赢得人民群众的信任和拥护，我们党的事业才能拥有不竭的力量源泉。只有始终代表人民群众的根本利益，把人民满意作为工作目标，我们党才能完成好执政的历史使命。

[教学建议]

1. 本案例适用于第五章第二节“中国特色社会主义理论体系形成发展过程”部分内容的辅助教学。

2. 本案例介绍了恩施市委、市政府、人大、民委等党政机关帮助黄泥塘侗族乡解决人畜饮水困难问题的事迹。使用时，可以让学生讲述自己所在乡村、街道人民生活困难问题解决的相关事件，引导学生深刻认识我们党始终保持同人民群众的血肉联系，始终按照人民的根本利益来行动的工作作风，进一步领悟中国共产党人在面向 21 世纪的伟大实践中推进党的建设新的伟大工程，促进了中国特色社会主义理论体系的丰富和发展。

案例3　走马腾飞

［材料呈现］

鹤峰县走马镇位于恩施州东南边陲，与湖南省石门县、桑植县交界，俗称“鄂西南窗”。全镇面积467平方公里，总人口4.6万人。全镇茶园面积3.5万亩，茶叶年产量6万担，人均茶叶占有量达到51公斤，素有“湖北茶叶第一镇”之称；镇建小水电装机容量达12600千瓦，是全省自办小水电装机容量最大的乡镇。

走马镇系全省27个重点老区之一。这里是红四军的诞生地和著名的“走马坪收编”所在地，区乡苏维埃政权坚持革命斗争均达三年以上。走马地理位置特殊，自古以来，一直是湘鄂省际边境的咽喉。20世纪80年代，由于生产力落后，信息闭塞，走马错过了许多发展机遇，当时走马只有一条长不足1000米、宽不过3米的泥泞“街”道，“晴天一身灰，雨天一身泥”是街道当时的真实写照。集镇人流稀少，根本谈不上集贸市场、文化教育、医疗卫生等设施。走马的经济发展无特色，无支柱。人民群众生活水平低下，绝大部分群众还在温饱线上挣扎。

如今，走马集镇已扩大到1.61平方公里，常住人口1.5万人，新建街道13条。茶园路、文卫路、双十街、桑鹤路实现了道路硬化，并配套解决了街道绿化、路灯、垃圾箱等问题。现在的集镇新房林立，机关、商店、居民别墅立于街道两侧，井然有序；市场商贩云集，商品琳琅满目，农副产品、美味佳肴，让人应接不暇；夜晚，灯火辉煌，人声鼎沸，一派繁华热闹景象。目前，全镇工商企业发展到569家，转移农村劳动力达3250人，到集镇经商的农户年收入由不足800元猛增到5500元，有的高到几万元。通过小城镇建设，走马人民已过上了城市人的生活。2001年，全镇财政收入实现753万元，人均收入达到 1548 元，小城镇成为走马最具活力的经济增长点。1993、1995 年两度被评为“楚天明星镇”，2000 年被恩施州评为“清江杯”小城镇建设第一名，2001 年再度被省政府授予“楚天明星镇”称号。

坚持高起点建镇

小城镇建设，规划是关键。多年来，走马坚持用发展的眼光，高起点编制集镇规划，高标准建设中心集镇，高要求抓好集镇管理。目前，走马有 4 个省批的建制镇规划，有 3 个县批的中心村规划。同时还聘请武汉测绘院按山水园林城市标准对走马的集镇规划进行了修编。规划修编后，通过几年的建设，集镇面积已由 0.64 平方公里增加到 1.61 平方公里，常住人口由不足 0.6 万人增加到 1.5 万人，集镇的配套服务功能正日趋完善，载体作用逐步显现。

依托产业兴镇

小城镇发展有赖于工商企业的发展，且互为补充、相互促进。为此，走马积极探索“抓农业产业化起家，兴乡镇企业发展，建小城镇安家”的农村城市化之路，走出了一条“龙头在城镇，基地在农村”的产业化壮大城镇之路。一是大力发展特色产业。近几年来，该镇根据本地资源特点和市场需求，狠抓农业内部结构调整和农产品基地建设，确立了茶叶、烟叶、水电、建材、磷化工、林产品等六大主导产业，建成茶叶基地 3.5 万亩，年产量 6 万担，每年提供茶叶销售现金收入 3500 万元，建成世为茶业有限公司、白果民族茶厂等 8 家骨干茶叶加工企业；通过多渠道融资 4000 万元，形成走马电力总站、供电所等利税过百万的电力工业，全镇小水电装机容量达 12600 千瓦，成为全省自办小水电装机容量最大的乡镇；还兴建了年生产力过万吨的白果化肥厂和 10 万吨磷矿采掘企业，同时通过招商引资建成了以明英家具厂为主的多层次木材加工企业。二是努力拓展营销市场。近几年来，该镇为了缓解农产品难卖的问题，发展培育农产品购销企业 40 多家，从业人员 1500 人，网络农户 1.1 万户，每年组织农副产品销售收入达 5000 万元以上，每年为全镇农民人平实现现金收入 1000 元以上，成为农民联系市场的桥梁和纽带。三是不断开发名优特新产品。近几年来，走马镇通过技术改造、加工创新等手段，开发出了一批有一定特色、一定技术含量和一定市场知名度的优质产品和名牌产品。2001 年，世为茶业有限公司生产的“红罗”牌茗峰茶、国有走马茶厂生产的富硒“官鼎茶”同时获得“鄂茶杯”金奖。“官鼎茶”还荣获“湖北十大名茶”的称号；

白果民族茶厂生产的特殊茶产品，以其产品质量优、残留低打入欧美等国际市场，打破了西方发达国家制造的“绿色贸易壁垒”；葛仙米开发公司生产的葛仙米以其独特的资源和产品占据国内市场；明英家具厂生产的系列家具，以其过硬的质量和新颖的款式远销内蒙古、广东等地；白果化肥厂生产的“白果”牌磷肥、烟茶专用复合肥，以质量拓市场，产品几乎垄断了湘鄂边的肥料销售市场。

运用新机制强镇

建设小城镇是一个资金积累的过程，是一个人口规模增加的过程。要加快小城镇建设，必须建立一个以市场调节为主，由政府引导，按市场经济规律运作的多元投入体制。走马镇通过民营活资、招商引资、农民带资等方式，变建设小城镇为经营小城镇。近两年来，全镇共吸引资金3441万元，改造龙头企业、乡镇企业8家，新建农贸市场3个，改造、翻修街道门店47家；开发建设古城民营经济新区，第一期开发用地135亩，为该镇新增五纵四横9条街道，农民进镇建城的热情空前高涨。

新的世纪，新的起点。今后，走马将充分发挥老区精神，进一步推进农业产业化、乡镇企业和小城镇建设，立足于“一手抓解渴，一手抓巩固提高”，做到兴产业，建一个城镇，活一片经济，富一方群众，使走马老区人民早日过上全面小康生活。①

［思考讨论］

1. 结合材料分析，鹤峰走马镇是如何发展的？

2. 建设中国特色社会主义的十条基本经验是什么？走马镇的发展体现了其中的哪些经验？

［案例点评］

鹤峰走马镇主要是通过三大措施来进行发展的。一是坚持高起点建镇。高起点编制集镇规划，高标准建设中心集镇，高要求抓好集镇管理。二是依托产业兴镇。积极探索“抓农业产业化起家，兴乡镇企业发展，建小城镇安家”

① 材料源自中共恩施州委宣传部，恩施州老区建设促进会．今日恩施老区［M］．恩施，2003：117—119（内部资料）．

的农村城市化之路，走出了一条“龙头在城镇，基地在农村”的产业化壮大城镇之路。三是运用新机制强镇。建立一个以市场调节为主，由政府引导，按市场经济规律运作的多元投入体制。

建设中国特色社会主义的十条基本经验：坚持以邓小平理论为指导，不断推进理论创新；坚持以经济建设为中心，用发展的办法解决前进中的问题；坚持改革开放，不断完善社会主义市场经济体制；坚持四项基本原则，发展社会主义民主政治；坚持物质文明和精神文明两手抓，实行依法治国和以德治国相结合；坚持稳定压倒一切的方针，正确处理改革发展稳定的关系；坚持党对军队的绝对领导，走中国特色的精兵之路；坚持团结一切可以团结的力量，不断增强中华民族的凝聚力；坚持独立自主的和平外交政策，维护世界和平与促进共同发展；坚持加强和改善党的领导，全面推进党的建设新的伟大工程。

从走马镇的发展可以看出，走马镇的成功不是偶然的，而是在坚持党的正确理论指导下，坚持以经济建设为中心，大力发展特色产业，不断开发名优特新产品；坚持发展的眼光，用发展的办法来解决前进中的问题；坚定不移地进行改革，在实践中不断探索政府与市场的关系，不断发展政府引导、按市场经济规律运作的社会主义市场经济体制。

［教学建议］

1. 本案例适用于第五章第二节“中国特色社会主义理论体系形成发展过程”部分内容的辅助教学。

2. 本案例阐述了革命老区鹤峰县走马镇 20 世纪 90 年代以来乡镇建设的主要措施及其取得的成效。在使用时，可以让学生结合自己家乡所在乡村、街道类似问题解决的例子，谈谈个人的感想体会，结合材料内容分析讨论，教师总结，引导学生认识中国特色社会主义建设的每一个成功经验，坚定中国特色社会主义信念。

第六章 06

邓小平理论

案例1　真理标准问题大讨论

［材料呈现］

从1976年10月粉碎“四人帮”到1978年12月中共十一届三中全会召开，恩施地委领导全区人民虽然已经取得揭批“四人帮”的胜利，但由于推行“两个凡是”（凡是毛主席做出的决策，我们都坚决拥护；凡是毛主席的指示，我们都始终不渝地遵循）方针，继续坚持“以阶级斗争为纲”，致使各级干部和群众思想混乱，工作徘徊。一些人产生对毛泽东思想、对党的领导、对社会主义的怀疑乃至否定情绪。全区广大党员和群众迫切要求澄清是非、肃清“左”倾错误。

1978年5月11日，《光明日报》刊登特约评论员文章《实践是检验真理的唯一标准》，重申马克思主义认识论的一个基本原理，即社会实践不仅是检验真理的标准，而且是唯一的标准。文章从思想路线方面批判“两个凡是”的观点，并且触及盛行多年的思想僵化和个人崇拜现象。该文发表后，在全区引起极大反响，大家争相学习，热烈讨论。地委和地革委领导集中进行真理标准问题专题学习和讨论；地委宣传部举办真理标准问题学习班，为地直和各县培训学习宣讲骨干，编印《学习参考材料》发到地直单位和各县。随后，地直单位和各县普遍举办多种形式的学习班和讨论会，广泛开展真理标准问题讨论。

9月，利川县委在县委党校培训大队以上干部时加上真理标准讨论这一课，同时，在县委召开的一些会议上贯穿这个内容，开展真理标准问题的讨论，联系实际解决问题。一是关于集市贸易问题。1975年省委派调查组到利川，组织机关干部在县城四周通道上对赶场的人数进行统计，全县33个市场，每次赶场有8万～9万人，一个月6场，耽误近50万个劳动日，一年浪费540万个劳动日，这样推算，就少搞多少亩农田基本建设，少生产好多万斤粮食，还泛滥了资本主义。调查组给利川集贸市场列举了好几条罪状，形容利川县委批资本主义是“抱鸡母跳在鸡窝里——光打喳，不下蛋”，没有解决取消集市贸易这个实际问题。当时正在北京参加第一次全国农业学大寨会议的省委负责人接到调查报告后，半夜把恩施地委书记王珏和利川县委书记董昌叫起来批评说：“你们还有没有无产阶级专政精神？”董昌就发电报回利川，县委感到问题严重，立即成立专班，开县直机关动员会、电话会，干部、民兵齐上阵，不准农民赶场，取消场期，堵也堵不死，干群关系越来越恶化。通过真理标准的讨论，认识了不准赶场不符合社会主义经济规律。恢复了集市贸易，市场繁荣、物资丰富，干群关系也改善了。不但不影响生产，反而促进了生产。二是自留地、饲料地和自留山的问题。许多公社向县委提出调整“两地一山”，这要求符合党中央的新《六十条》，也符合民情，县委成员中一部分同意搞，也有一部分主张稳一点，等省委有文件再说。意见未统一。春节后，召开三级干部会和劳模会，开展真理标准的讨论，大家一致要求搞“两地一山”，县委常委集中各级干部的意见，开会讨论，常委一致认为事不宜迟，不能再等省里的文件，拿准了就干。全县农村迅速落实“两地一山”，社员自留地按“六十条”规定办；饲料地每户划 0.1 ~ 0.2 亩，烧柴山有条件的地方每户可划 3 ~ 5 亩。社员养猪，多养多吃。县委走了群众路线，社员拍手称快。

10 月上旬，建始县委召开会议，开展“两个凡是”的影响和真理标准问题讨论，县委主要领导开始从“左”的束缚中解脱出来，从理论上澄清“文化大革命”十年内乱中的一些是非问题。同时，对关于姓“资”、姓“社”问题进行理性思考。

10 月 30 日，地委书记王利滨在全区三级干部会上强调，不坚持用实践检验真理，就不能彻底肃清林彪、“四人帮”反革命集团的流毒和影响，就不能挣脱其精神枷锁，危害极大。坚持实践是检验真理的唯一标准，就是要坚持实事求是的思想路线，坚持一切从实际出发。地委在指导农业生产上，没有认真区别低山、二高山和高山的实际情况，犯了“一刀切”的错误，受到群众批评。地委也在实践中认识到，指导山区的农业生产必须从实际出发，深入调查研究，按照实际情况决定工作方针、政策，因地制宜地解决生产中的实际问题，才能促进生产的发展。地委认为，要坚持实践是检验真理的唯一标准，使全区干部群众的思想从禁锢中解放出来，在实践中学会按经济规律办事，探索加快山区建设、改变落后面貌的途径。经济发展是有规律的，山区的经济发展同样存在规律。要大力发展山区经济，就要坚持有计划按比例的发展原则，有计划地组织工农业生产，并协调好各方面的关系，正确处理好价值和价格的关系，正确处理好国家、集体和生产者的关系，正确处理积累与消费的关系，正确处理社会主义的分配关系。社员的自留地、家庭副业、农村的集市贸易本来符合现阶段生产力发展水平，也符合群众的觉悟程度。因此，干部群众都要在实践中检验和发展真理，进一步落实党的农村政策，纠正脱离实际的做法，把思想解放出来，坚持按经济规律办事，充分调动人民群众的积极性，加快工农业发展步伐，改善人民生活。

11 月 16 日至 23 日，在中共恩施地委书记王利滨、副专员李福祥的亲自指导下，建始县委召开有县、公社、大队三级干部参加的整风会议，以《中共中央转发陕西省委〈关于旬邑县少数干部强迫命令、违法乱纪问题的调查报告〉的批示》为武器，放手发动群众，充分发扬民主，采取“小会议、大组提、揭矛盾、翻锅底”的方法，集中帮助县委整风，弄清县委在执行政策上和思想作风上的诸多是非问题。与会人员给县委提批评意见 100 多条，使县委震动很大。

通过真理标准问题讨论，从理论上澄清十年内乱的是非，使毛泽东思想中的实事求是、一切从实际出发、理论与实践相结合，这一马克思主义根本观点得到一定恢复，为彻底平反“文化大革命”制造的冤假错案和正确解决过去工作中存在的“左”倾错误，为迎接中共十一届三中全会召开奠定了思想基础。[①]

［思考讨论］

1. 结合材料讨论，“两个凡是”的错误是什么？

2. 实践是检验真理唯一标准的讨论对我国社会主义现代化建设和改革开放有何重大而深远的意义？

---

① 材料源自中共利川市委史志办公室．中共利川简史［M］．北京：中央文献出版社，2001：150—151；中共恩施自治州委州人民政府史志办公室．中国共产党湖北省恩施历史（第 2 卷）［M］．北京：中共党史出版社，2019：344—347；中共建始县委县人民政府史志办公室．中国共产党建始县历史（第 2 卷）［M］．北京：中共党史出版社，2015：319—320.

[案例点评]

“两个凡是”的错误在于没有从具体的实践出发，把毛泽东思想教条化，不符合马克思主义认识论。真理是相对具体的，在一定历史条件下正确的真理不一定任何时候都适用。认识过程是无限的，但是一个人的具体的认识过程是有限的。邓小平曾经说过，如何对待毛泽东同志说过的话，是个重要的理论问题，是个是否坚持历史唯物主义的问题。

以邓小平为主要代表的中国共产党人开展实践是检验真理唯一标准的讨论，重新确立了马克思主义的思想路线。毛泽东在新民主主义革命时期带领全党建立了实事求是的思想路线，但是党没能始终如一地坚持这一思想路线，在社会主义建设道路中出现了挫折，党的十一届三中全会的召开，重新确立并丰富发展了这一路线。邓小平指出:“一个党，一个国家，一个民族，如果一切从本本出发，思想僵化，迷信盛行，那它就不能前进，它的生机就要停止了，就要亡党亡国”①，强调了解放思想的重要性。第一，坚持解放思想、实事求是，有力推动和保证了拨乱反正的进行。党的十一届三中全会批评了“两个凡是”的错误方针，果断地做出了把党和国家工作重点转移到社会主义现代化建设上来的战略决策。第二，坚持解放思想、实事求是，破除了僵化的社会主义模式观念，坚持走自己的路。坚持走自己的路，使人们在探索建设社会主义道路的过程中获得了思想上的大解放。第三，坚持解放思想、实事求是、一切从社会主义初级阶段的实际出发。我国处于并将长期处于社会主义初级阶段，是我国最大的实际。我们在制订社会主义现代化建设和改革开放规划时，一定要根据这个实际。第四，坚持解放思想、实事求是，坚持以“三个有利于”作为检验一切工作是非得失的根本标准，破除在改革开放进程中离开发展生产力抽象谈论姓“社”姓“资”的思维定式，把我国改革开放和社会主义现代化建设推向一个新的阶段。

[教学建议]

1. 本案例适用于第六章第一节“邓小平理论首要的基本的理论问题和精

① 邓小平 . 邓小平文选（第 2 卷）[M]. 北京：人民出版社，1994：143.

髓”部分内容的辅助教学。

2. 本案例描述了利川、建始在恩施地委的领导下开展真理标准大讨论的史实，在使用时，可以播放一些有关党的十一届三中全会召开的影视资料，使学生对这一时期有一个更加深入的了解，然后通过深入地讨论，帮助学生从认识论和方法论的角度把握“解放思想、实事求是”这个邓小平理论的精髓、从历史分析的角度真正理解批判“两个凡是”和开展真理标准讨论的重大历史意义，引导学生联系现实谈一谈如何继续坚持和发扬“解放思想、实事求是”的精神。

案例2　利川农业生产经营体制改革初显成效

［材料呈现］

中共中央《关于加快农业发展若干问题的决定》和《农村人民公社工作条例（试行草案）》下发后，利川县委为认真贯彻这两个文件，发展安定团结的大好形势，改进人民公社经营管理，认真执行按劳分配、多劳多得的社会主义原则，制定了十条意见。一、规模较大、居住分散而群众又有要求的生产队，可实行划组作业，包工到组，联系产量计算报酬的生产责任制，实行定土地、定劳力、定产量（产值）、定投资、定工分、有奖赔的“五定一奖”生产责任制；二、不划分作业组的生产队，仍实行统一领导、统一排工。适于定额管理的，一律推行定额记分。也可以划分临时作业组、实行小段包工、定额到件。坚决纠正那种“出工一条龙，做活一窝蜂”和“干多干少一个样、干好干坏一个样”，“死分死记”的平均主义现象；三、有条件的生产队，允许将少量零星土地定到劳动力耕种，实行交产计酬；四、对于地势偏僻、交通不便的散户，由生产队确定，经大队党支部审批、公社批准，并报县委备案后，可以包产到户，实行按产计酬；五、大力发展多种经济，抓好基地建设。巩固和发展现有的林、药、茶场，建立健全生产队多种经济专班，搞好品种调剂和生产布局；六、抓好畜牧业生产，大力发展养猪和养羊事业。由生产队给社员每户划0.1—0.2亩饲料地。耕牛、骡马的繁殖，要坚持奖励“一条腿”的政策。大力提倡集体和私人养家畜家禽。有条件的地方，允许私人喂养大牲畜；七、加强山林管理。继续落实国造国有，社造社有，队造队有，社员房前屋后、烧柴山上和集体指定的地方种植竹木永远归社员所有的政策，对较散的山林可以分户管理，给予一定报酬，已划给社员的烧柴山，要确保社员使用权，长期不变；八、大力办好社队企业。主要是办好种植业、养殖业和加工业及副业生产。生产队对有技艺的工匠，可采取签订合同、任务包干、按月（季）结账、交款计酬的办法。九、搞好农业全面发展和农村全面建设。要严格按自然规律和经济规律办事，因地制宜，讲求实效，实行山、水、田、林、路、电、沼（沼气）、肥、村全面规划，综合治理，坚决克服顾此失彼、“单打一”的倾向。在实施过程中，要根据当地全面发展农业的需要和人力、物力、财力的可能，实事求是、量力而行；十、关于干部劳动报酬。大队主要干部的分配收入应略高于当地同等劳动力的收入水平。对工作好、劳动好、贡献大的，应给予适当奖励。生产队主要干部可以实行补贴工的办法，补助多少，由社员讨论决定。

在实际工作中，各级干部坚持实践是检验真理的唯一标准，敢于从实际出发，敢讲真话，敢于因地制宜地落实县委的决定，实行分类指导。全县5236个生产队，有2022个生产队划成5392个作业组，包产到户的生产队有172个。元堡嘴公社红椿管理区有29个生产队，其中27个队分成84个作业组，在组内实行定额管理，超产奖励，群众积极性得到充分的发挥。1977年社员还靠外借粮食过日子，1979年人均粮食过800斤，现金收入人均150元，基本解决了温饱问题。地处海拔1600米高的洛阳7队，27个劳动力，除上调2个劳动力外，安排9个劳力组成一个多种经济组，余下16个劳动力分成2个农业组，互相比着干。全队人均养猪近1头，户均养大牲畜2头，养蜜蜂1桶，种黄连26000株、贝母13斤、油菜0.8亩、葵花籽0.6公斤。人均粮食达到1500斤，人均现金收入达到200元。

1979年冬，县委批转了县委调查组《关于文斗公社贯彻山区生产方针、钱粮双丰收的调查报告》，文件中指出：利川山区实行农林特牧并举，大力发展土特产品，具有极大的潜力和优势，各地经验证明：要得利川富，必须钱粮两兼顾。

文斗公社山大坡陡，地形复杂，既有海拔500米的低山又有海拔1800米的高山，各地的自然条件差异很大。为实现钱粮两兼顾，公社党委坚持从实际出发，分类指导，合理布局。引导8个低山大队，重点发展花生、生漆和桐、木梓，不断提高粮食自给水平；4个高山大队重点发展林木和草本药材；二高山发展烤烟、油菜、黄连、生漆，达到粮食自给有余。全公社退耕还林20000多亩，植树造林13000多亩，营造漆林4万亩，发展油桐3万余亩，栽种柑橘4820株，发展黄连250亩。整地飞播130000亩，基本消灭原有的荒山16万多亩。增加了植被覆盖面积，水土流失大大减少，保护了生态平衡。大力发展畜牧业，生猪存栏比1975年增加5142头，达到13718头，山羊达到2800只，比1975年增加2094只。种植业中，花生、烤烟和油菜占多种经济面积的三分之一，多种经济收入占农业总收入的43%。

与1975年相比，1980年，利川农业总产值11458万元，增长33.8%，平均每年递增6%；粮食总产量达到172340吨，增长7.2%；油菜籽产量4347.6吨，增长4倍；烤烟产量3949.7吨，增长2倍；生猪存栏292525头，增长45.1%；年内肥猪出栏164857头，增长71.8%。

烤烟生产形成规模

1964年，利川县供销合作社开始试种烤烟。在“以粮为纲”的年代，烤烟长期处于小面积种植。党的十一届三中全会后，烤烟生产得到迅速发展，1984年全县有烟农7万多户，种植面积达到77800亩，比1964年增长193倍。烤烟产量达到135000担，比1964年增长230倍。在种植面积、技术力量、收购、运输、储存等方面都初具规模，而且在烤烟的品种改良、科学种植、产质产量等方面都有提高和突破。县委把发展烤烟生产当作“财政增收、农民增收”的拳头产品。1982年，烟叶收入占全县农业总收入的10.38%，为财政提供税收500余万元。上调烟叶10万担，其中外贸出口500吨，远销美国、日本、联邦德国。烤烟生产的发展，也为地方卷烟工业——利川卷烟厂提供了充足的原材料。1980年，利川被列为全省烤烟生产基地县。

黄连产量全国第一

利川素有“黄连之乡”的美称。黄连栽培历史悠久。1969年至1979年，黄连留存面积14546亩，10年共收购黄连15072担，年均1500担。产品收购退到毗邻的四川省石柱县之后，为全国第二位。党的十一届三中全会后，县委把黄连生产作为农业产业结构调整、发展多种经济的主产品，采取有效措施加快发展。每年以3000亩的速度迅速发展，到1983年年底，黄连留存面积达21000亩。1981年，黄连年收购量猛增到3696担，超过石柱县，跃居全国第一。在黄连栽培的科学试验上，福宝山药材场与中国医学科学院药物研究所合作，创造了“精细育苗法”和“天然棚栽连法”。“精细育苗法”一改传统的“撒茅林育苗”，每市斤种子育苗从1万株左右提高到5万株以上，解决了黄连大发展的“苗源”问题。“天然棚栽连”与传统“搭棚栽连”相比，每亩可减少近 50% 的用工，而且劳动强度也大大降低，可节约 9—10 立方米木材，不但降低了生产成本，又保护和发展了森林，这两项科技成果于 1979 年获湖北省科学大会奖励。

富得快种油菜

1979 年，各级党委把油菜生产当作一件富县富民的大事来抓，农业部门通过试验，示范推广良种，改进油菜栽培技术，在二高山和高山地区大力推广先进的油菜生产技术，使油菜单产由每亩 43 斤上升到 143 斤，油菜种植面积由过去的 1 万 ~ 2 万亩，增长到近 8 万亩。1979 年到 1983 年的 5 年间，菜籽的产量达到 54 万余担，收入 2300 余万元，使利川由“缺油县”变成“余油县”，并向县外调出商品油。种油菜使农民当年增收，且具有生产周期短、不争土地、不争劳力的特点。菜油变商品，菜饼作肥料，综合效益高。群众总结说“富得快，种油菜”。

打开山门对外开放

党的十一届三中全会提出对外开放的方针。全会公报中说，要在自力更生的基础上积极发展同世界各国平等互利的经济合作，努力采用世界先进技术和先进设备，大力加强实现现代化所必需的科学和教育工作。在县委领导下，利川的对外贸易和对外科技文化交流也打开山门，对外开放。1983 年，县外贸部门收购额达 1022 万元，在党的十一届三中全会前五年收购总额 424 万元的基础上翻了一番半。当时的出口商品就为国家创外汇。一批国外客商和专家也来利川洽谈贸易和考察。1980 年 5 月，印度尼西亚苏门答腊烟草有限公司及香港德信有限公司一行 5 人来利川考察白肋烟、烤烟生产情况。同年 10 月，美国加利福尼亚州大学贝克徕分校植物园标本室主任布鲁斯、哈佛大学斯宠勒格、纽约植物园布特尼、卡内基特博物馆布福特博士等 11 人在中科院植物研究所所长冉崇植等陪同下，来利川研究考察水杉树的生态环境。1981 年 5 月，日本贸促会关西本部（大阪）坝漆产地访问团一行 7 人来利川毛坝考察坝漆。团长滕田五郎说：“参观风光明媚的坝漆产地令人终生难忘。”1982 年，利川获得欧洲经济共同体援助菜油 10 万公斤，发放给无偿还能力的困难户。

农业科研成果广泛应用

1983 年，利川农业推广保温育秧面积达到 11000 余亩，1984 年又扩大到 16000 余亩，有效地控制了水稻烂秧。同时又推广了“两段育秧”，为进一步提高水稻单产、扩大水稻两熟面积开辟了新途径。1984 年，全县推广杂交水稻面积 13 万亩，约占水田面积 35%，使这项从 1976 年引进利川的全国最新科技成果——“杂交稻”，经过几年的试种再进行大面积推广，使利川水稻总产一举突破年产 1 亿公斤大关。二高山水稻亩产平均达 470.5 公斤，低山水稻高产每亩达到 520.75 公斤。旱地栽培于 1983 年引进地膜保温栽培技术，在高山试点，平均每亩单产玉米 335 公斤，比对照地块单产多收 206 公斤，增产 63%。1984 年，全县推广高山地膜苞谷面积 13338 亩，加上地膜覆盖营养钵育苗移栽，总面积达 20040 亩，为解决高山发展粮食生产，牵住了“牛鼻子”，找到了高山脱贫致富的“金钥匙”。党的十一届三中全会以后，随着农业科技队伍的建设和发展，基本形成了农业技术推广体系。全县有从事农业技术推广科技人员 134 名，培训非脱产农民技术员 9200 余人，农民科学种田的水平逐步提高。①

［思考讨论］

1. 结合材料谈一谈，利川农业生产经营体制的改革对于深入理解社会主义的本质有何启发意义？

2. 你认为随着传统农业向现代农业的转变，我国农业生产经营体制将会出现怎样的变化？

［案例点评］

利川农业生产经营体制的改革是适应利川农业发展需要和利川农民生活需要，以及利川政府管理需要而逐步进行的。正是通过农业生产经营体制的改革，利川农业生产力得到极大的发展，利川农民的生活得到了极大的改善。1979 年，利川元堡嘴公社基本解决了温饱问题。1980 年，利川被列为全省烤烟生产基地县。1983 年，利川黄连产量全国第一；油菜籽产量达到 54 万余担，收入 2300 余万元；外贸部门收购额达 1022 万元。邓小平曾说过：“在中国建设社会主义这样的事，马克思的本本上找不出来，列宁的本本上也找不出来，每

---

① 材料源自中共利川市委史志办公室 . 中共利川简史［M］. 北京：中央文献出版社，2001：155—163.

个国家都有自己的情况，各自的经历也不同，所以要独立思考。”[①]在中国这样一个经济文化比较落后的国家建设什么样的社会主义、怎样建设社会主义是一个首要的基本的理论问题，搞清楚“什么是社会主义，怎样建设社会主义”，关键是要在坚持社会主义基本制度的基础上进一步认识社会主义的本质。邓小平指出，不能离开生产力抽象地谈论社会主义，把许多束缚生产力发展的、并不具有社会主义本质属性的东西当作“社会主义原则”加以固守，把许多在社会主义条件下有利于生产力发展的东西当作“资本主义复辟”加以反对。邓小平认为，讲社会主义，首先就要使生产力发展，这是主要的。只有这样，才能体现社会主义的优越性。社会主义经济政策对不对，归根到底要看生产力是否发展，人民收入是否增加，这是压倒一切的标准。邓小平根据马克思主义基本原理及社会主义建设和改革开放的实践，经过深邃思考、不懈探索，科学地、精辟地、创造性地揭示了社会主义的本质。社会主义的本质是解放生产力，发展生产力，消灭剥削，消除两极分化，最终达到共同富裕。这一科学概括既坚持了社会主义的基本原则，又赋予了其鲜明的时代特色，是探索中国特色社会主义取得的重大理论成果之一，是对马克思主义的重大发展。利川农业生产经营体制的改革就是利川人民在中国共产党的领导下实践社会主义本质的体现，就是在解放生产力、发展生产力，不断推动利川人民走向共同富裕。

传统农业是完全以世代相传的生产要素为基础，生产技术、物质资本技术和劳动者的技术知识没有任何重要改变，是生产效率极为低下的农业。这种农业的特点是：生产要素在长期中只有量的增加，而无质的改变；生产技术在低水平上处于停滞状态；绝大多数资源被分散用来生产食物，维持人类的繁殖；小规模、自给自足与低效率的劳动密集型的生产方式等等。现代农业是相对于传统农业的一个动态的概念，它的特征是不断将科学技术的最新成果应用于农业之中，不断改进其生产要素的配置使生产效率不断提高。随着传统农业向现代农业的转变，农业生产力将获得极大的解放和发展，科学技术在农业生产中发挥的作用将越来越大，因此，农业生产经营体制也会出现极大地改变，走农业产业化与科技化协调统一、共同发展的道路，一方面运用先进的生产手段和设备武装农业、用现代的生物科学技术改造农业；另一方面用现代市场经

① 邓小平．邓小平文选（第3卷）[M]．北京：人民出版社，1993：260.

济观念和组织方式来管理农业，实现农业生产专业化、社会化和商品化。在市场经济体制下，经济发展成功的关键是找准市场，追逐利润最大化。农业产业化的各经营主体在生产过程中为了提高整体盈利能力和市场竞争能力，都在积极推广和应用科技新成果，提高其生产和加工农产品的质量。而从科技成果运用的方面看，科技成果只有通过产业化才能真正降低成本，提高效益。因此，由于农业产业化对农业科技化产生了内在的要求，激发了农业科技化的内在动力；农业科技化也通过农业产业化提供的现实基础，实现和增殖科技成果价值，并进而大幅度提高农业生产力水平和经济效益，如此相互促进、良性循环，推动我国农业现代化水平螺旋式地上升。

［教学建议］

1. 本案例适用于第六章第一节“邓小平理论首要的基本的理论问题和精髓”部分内容的辅助教学。

2. 本案例介绍了利川县委推行农业生产经营体制改革的措施及取得的成效。使用时，教师可以结合安徽凤阳小岗村“包产到户”改革的史实，深化学生对社会主义本质理论的理解和掌握，既引导学生学习分析、总结历史经验的能力，又要注意引导学生运用所学理论对未来发展趋势做出预测。

案例3　建始城市经济体制的改革

［材料呈现］

随着农村改革的不断深入发展，以大包干为主要形式的农业生产责任制的推行，打破了农村长期以来吃“大锅饭”的局面。这一改革的成功，给城市经济以启示，必须迅速解决“工人吃企业的大锅饭，企业吃国家的大锅饭”的问题。

从 1984 年 4 月起，建始县委把工作重点放在城市经济体制改革上，并两次召开常委会专题研究经济体制改革方案，组织调查组深入各经济主管部门和公司、工矿企业、商店及基层供销社、车间、班组调查研究，听取基层群众的改革意见，根据省委、省人民政府《关于当前城市经济体制改革的若干意见》，结合建始的实际，初步拟定了《关于贯彻省委、省人民政府〈关于当前城市经济体制改革的若干意见〉的试行意见》，从 12 个方面明确了经济体制改革的粗线条，称为“十二条”方案。“十二条”方案下发后，县委、县政府组织经济主管部门和所属二级单位制定与经济体制改革相适应的经济（经营）承包责任制。

1984 年 10 月，党的十二届三中全会做出了《关于经济体制改革的决定》（以下简称《决定》），这对已经起步的城市经济体制改革，无疑是春风雨露。县委召开六届二次全委扩大会，学习《决定》精神，并以县委党校为阵地，采取分期轮训的办法，对区（镇）正副职领导和县直副局级以上领导分三批轮训，集中学习领会精神。同时，对上半年制定的工商企业改革 12 条方案进行修改完善为 18 条，体现了关于简政放权、增强企业活力、明确责权利等基本精神。

城市经济体制改革不同于农村改革，是一项非常复杂而系统的工程，县委通过反复学习，在城市经济的千头万绪、千变万化中清理头绪，明确思路，重点突破，不断总结完善，使这场改革沿着正确的轨道发展。

扩大企业自主权，增强企业活力

在经济体制改革中，县委按照《决定》精神，首先抓了企业领导体制、分配制度、人事管理制度等方面的改革。简政放权，政企分开，推行厂长（经理）负责制，建立高效率的生产指挥系统，落实《决定》赋予企业的各项权力；建立健全企业岗位责任制，不断完善各种形式的经济承包责任制，打破分配中的平均主义，扩大工资、奖金差距，拉开档次，体现多劳多得的社会主义分配原则；扩大企业的生产指挥权等。

随着企业自主权的扩大，增强了企业活力，增强了企业的自我积累和自我发展的能力。县雪茄烟厂、化肥厂、印刷厂、硅酸盐制品厂等国营工业企业推行厂长负责制和经理承包责任制后，企业的财务、计划、工艺、设备、质量等管理得到了加强，并开始发展横向联合，引进先进技术和人才，集中资金、技术和人力，实行有计划、有重点的技术改造和新产品开发，逐步使企业由单纯的生产型向生产经营型、生产科研型转变，争创名优产品。县雪茄烟厂生产的雪茄烟，产量居全州之首，远销内蒙古、山西、山东等 10 多个省、自治区、市。县大曲酒厂生产的大曲酒被评为全省优质酒，畅销全省。1985 年纳入计划的 18 种主要产品产量中，有发电量、原煤、耐火砖、硫黄、硅酸盐砖、木材等超额完成计划指标；全年完成工业总产值 7357 万元，超计划 19.48%。1986、1987 两年，工商企业进一步放宽搞活，技术改造步伐加快，两年内有 19 项技术改造项目建成投产，开发出二氧化碳、彩色建筑材料、陶瓷、颗粒胶、嘴烟等 18 个新产品；引进白煤炼电石的生产技术。纳入年计划的 19 种主要产品产量中，有发电量、硫黄、电石、化肥、卷烟、灰砂砖、耐火砖、红茶、酒精等 13 种产品完成和超额完成计划指标，且产品销路好，基本没有库存。至此，建始工业已初具规模，形成以电力、烟草、化工、建材、食品、饮料等行业为主的核心产业群体。其总态势是以烟草加工业为主的食品工业；以化肥、硫黄、电石为主的化学工业；以水能开发为主的电力生产供应业；以水泥为主的建材和其他非金属矿物制品业。尤其是电力生产供应业的发展，在全县工农业生产建设中发挥了“先行官”作用。1987 年，工业企业达到 159 个（其中独立核算企业 150 个），实现工业产值超百万元的企业达 11 个。全县工业企业有职工 80578 人，拥有固定资产原值 8622 万元，全部独立核算工业企业实现利税总额 4881.3 万元。1987 年，工业总产值首次过亿元，达 14611 万元。1988 年达 17175 万元。

1988 年 9 月至 1991 年年底为三年治理整顿时期。三年中，县委认真贯彻执行中央提出的“治理经济环境，整顿经济秩序，全面深化改革”的方针，使全县经济在治理整顿和深化改革中持续发展，经济环境和经济秩序得到综合治理，经济工作逐渐向持续稳定协调方向发展。

通过治理整顿，过快的工业发展速度有所减慢。1991 年全县工业总产值 25571 万元，按可比价计算比 1988 年增长 14.14%，年均递增速度比过热时期降低了 15 个百分点，1991 年的增长速度比过热时期降低 7.7 个百分点。发展速度明显减缓，工业发展速度趋于正常。在工业的内部改革上，县委、县政府提出了 10 条意见，通过总结原各种形式的经济承包责任制，普遍推行“包死基数，定额上交，比例递增，超收留用，歉收自补，一定三年”为主要内容的经济承包责任制，并将竞争机制引入企业。

经济体制改革给工业企业注入了活力，几个骨干企业在改革中不断发展壮大，成为建始经济发展的龙头。

县雪茄厂是随着经济体制改革的起步而步入国家计划内烟厂行列的。1983 年 5 月，经国务院批准为国家计划内烟厂，1984 年 3 月上划归口中国烟草公司，隶属湖北省烟草公司。1985 年，总产值达 2425.3 万元，为建厂初的 485 倍；固定资产原值 895 万元，产量 50077 箱；上缴税金 1025 万元；实现利润 30.4 万元；全厂职工 1317 人，全员劳动生产率为 18400 元 / 人。1987 年创产值 6000.6 万元，比 1985 年增长 147.4%；固定资产原值上升到 1410 万元；年产量 100272 箱，比 1985 年增长 100.2%；上缴税金 1421.2 万元，实现利润 60.02 万元，全员劳动生产率上升到 37900 元 / 人。厂内已形成 7 个生产车间、2 部、5 办、6 科室的生产经营网络，拥有各类专业技术人员 86 人，各种卷烟设备 360 台（套），其中引进英国 MK8 卷接嘴机 2 台，具有全国先进的白肋烟“网式”烤机 1 台，卷烟生产流水线作业，具有年产 20 万标箱卷烟的生产能力。1990 年 10 月，县雪茄厂被列为全国 500 家最大工业企业最佳经济效益的 107 位。县委、县政府为了培植骨干财源，除抓雪茄烟厂的技术改造外，还在财政脱补的条件下，投入资金，进行雪茄烟厂的易地翻修。县委书记张齐斌、县长田发刚等县委、县政府主要领导亲自拿在手上，协助跑项目，进设备，协调资金，定期听取汇报，随时解决翻修过程中出现的问题。新厂房于1988年9月破土动工，历经3年，完成易地改造工程，总投资3050万元。易地改造的完成，设备的更新，加上经营责任制的日趋完善，使县雪茄烟厂从而驶进了发展的快车道。

县白肋烟复烤厂，于1986年建成全省唯一的复烤加工出口白肋烟的片烟生产线并投入生产，年加工能力为5000吨左右。1987年，完成产值773.3万元，实现利润47.37万元，被湖北省经贸厅确定为外贸出口白肋烟基地厂家。

县水泥厂于1983年投资633万元改造扩建，于1987年3月竣工投产，当年完成工业产值153.2万元，实现利润29.2万元。产量、产值均比改造扩建前的1985年翻了一番。扩建后，又投资进行4.4万吨立窑改造工程，再次扩大了生产能力。

县化肥厂通过实行经济责任制和技术改造，1990年实现利润192万元，在全州同行业中名列前茅，在全省66家小氮肥厂中名列第8位。同年11月，该厂2.5万吨合成氨改造工程竣工投产，该工程投资949万元，增产值600万元。

电力工业上，1985年年底，野三河五级电站3、4号机组正式投产；1986年1月，四十二坝二级电站竣工投产；1987年10月，四十二坝三级电站建成投产；1990年12月，四十二坝四级电站竣工投产。全县水电装机容量由1984年的18000多千瓦增加到1990年的34000千瓦，1991年的发电量上升到10122万度，首次突破1亿度。

改革计划体制，适应有计划的商品经济发展

1984年，县委、县政府根据《决定》精神，组织制定了城市经济体制改革的18条意见，已经从农产品种植产量计划、生猪派购计划、二类农副产品派购计划、基本建设和技术改造项目审批权限、物资分配计划、工业品产品产量计划等6个方面提出了初步改革意见。县委、县政府对计划体制进行了深层次的改革，建立起以五年计划为主要环节的中长期计划和年度计划相结合，经济、科技、社会发展计划相结合，全面规划和专项规划相结合的计划体系，健全中长期计划制度。

建立社会经济效益、部门经济效益和企业经济效益的考核指标，实行分

级管理，逐级督查验收。

下放基本建设和技术改造项目的审批权限。企业利用自有资金进行技术改造项目在30万元以下，小型基本建设项目在5万元以下的，由企业自主决定；技术改造项目由县经委管理。集体企业，包括乡镇企业的基本建设项目，除国家控制的项目外，均由企业自主决定。

计划体制改革的中心是缩小指令性计划，扩大指导性计划和市场调节范围。县委、县政府制定的18条意见对指令性计划、指导性计划和市场调节明确了界限：属于国家统购统销、关系国计民生和关系全县工农业生产命脉以及对县财政收入起决定性作用的列为指令性计划；对方便人民生活的小商品，利用边角废料，综合利用的产品以及个体户或联户生产简单加工性质的产品列为市场调节范围；除指令性计划和市场调节以外的，均列为指导性计划。为适应农村产业结构调整的需要，规定全县农业生产计划全部改为指导性计划；对骨干经济作物生产和主要农副产品收购下达指令性计划。

用经济杠杆调节社会需求

物价管理体制改革上，按照中央的统一部署，有计划有步骤地改革严重不合理的价格体系，放宽管理权限，逐步放开商品价格，缩小统一定价范围，促进县内商品生产与市场活跃。1984年起，全县减少统购派购农副产品种类，统购由原21种减为12种，派购由原18种减为9种；10月，全部放开小商品价格，实行市场调节，由企业自定商品价格与差价。1985年，在全县取消农产品和农副产品统、派购任务，粮食和生猪实行合同定购。合同定购以外的，允许自由上市，议购议销，实行产销直接见面。

金融信贷体制上，人民银行和专业银行一道，按照《决定》精神，宏观控制，微观搞活，充分发挥信贷杠杆作用。在信贷业务方面，拓宽信贷领域，改变过去只发放流动资金贷款的规定，既发放流动资金贷款，又发放中短期设备贷款、技术改造贷款；既发放开发性项目贷款，又发放基本建设贷款。到1987年年末，全县各项贷款总余额16611.6万元，比改革开放前的1978年增长6.1倍，在资金管理体制方面，变过去的“统收统支，控制指标”为“统一计划，划分资金，实借实存，互相融通”的资金管理办法，开展同业拆借，调剂资金余缺；基本建设投资实行“拨改贷”；适度开放商业信用；发放金融债券等。

1988年至1989年，资金紧张，市场疲软，给全县经济工作带来极大困难。为确保经济体制改革的深入发展和经济建设的顺利进行，县成立资金协调小组，采取一系列措施筹措和融通资金，扩充信贷资金来源，优化投入结构，帮助企业挖潜，基本保证工农业生产的资金需求。通过清理“三角债”，疏理结算渠道，开展利率检查和现金大检查，组织存储农业生产发展基金，开展爱国储蓄，有效地缓解了资金紧张的矛盾。3年共融通资金18672万元，企业内部挖潜7487万元。1990年，城乡存款年末余额10644万元，比1987年的6237万元净增4407万元，各项贷款年末余额23382万元，比1989年的15753万元净增7629万元。顺利渡过了资金难关。

1983年开始利改税工作，彻底纠正了利税包干的办法，比照划分大中小型企业的标准，在民贸、供销、粮食系统的78个独立核算单位和31个国营企业中，4个企业按55%的税率缴纳所得税，105个国营工商企业实行按8级超额累进所得税征税，基本解决了利润差距过大的问题。1984年8月，开始第二步利改税工作，县内开征18种工商税。通过第二步利改税，国家与企业之间的分配关系和企业对国家的经济责任更加明确，同时，加大了工商各税在财政收入中的比重，企业也从新增利润中获得较多的收益。

疏通流通渠道，繁荣山区经济

随着商品生产的发展，必须改革商品流通体制，保证商品的流通渠道畅通，促进山区经济的繁荣。县委在经济体制改革中，下放食品企业，所有商业零售业自然门店及商办工业、饮食服务业，下放的形式有“国家所有，集体经营”“集体所有，集体经营”“集体所有，个体经营”等多种形式。在供销体制改革上，改“官办”为“民办”，还社于民，吸收农民入股，使之成为独立的农民集体经济组织。打破经营范围和行业分工的限制，开展多形式、多层次、少环节的农商、工商、商商联营，逐步形成生产、加工、供销、储藏、运输一条龙，促进农村商品生产的发展。

流通体制改革的重点是突破封闭式的批发体制，建立开放式的批发体制，发展小批发业务。县建立了“建始县贸易中心”，在流通领域打破条条块块的束缚，逐步实行以“贸易中心”取代多层次的批发机构，使“贸易中心”成为既是国营商业的批发阵地，又是工业品批发交易市场，实行大量批发与小宗买卖相结合，自营业务与代理业务相结合的批发经营体系。同时，在全县城乡广泛开展代储代销、赊购经销、联合展销、店厂挂钩、直接进货等多种经营方式，扩大经营网点、经营品种、服务项目及各种形式的联营。允许农民进城镇居住，盖楼房，兴办加工业、运输业、手工业、商业服务行业、中转经营和摆摊设点。

流通渠道的改革，开始冲击国营官商的一统天下，打破了国营商业垄断经营的僵化模式，繁荣了城乡市场，活跃了城乡经济，买难卖难的问题得到缓解。

加快科技、教育体制改革，推进科技与经济的结合，培养后备人才

为了深化县级科技体制改革，开拓技术市场，推动科技与经济的紧密结合，加快商品经济的发展，1988 年，县委、县政府结合建始的实际，组建企业化管理的“科学技术服务中心”和开展以科技有偿服务为主要内容的科技体制改革，使“科技服务中心”成为全县经济建设的主要参谋机构和技术决策机构，开始把科技工作推向市场。“科技服务中心”主持了雪茄烟厂易地建设工程的设备安装、调试，建设化工小区的论证以及建立全县工业项目库等工作。县委、县政府根据《决定》精神，制定了放活科技人员的政策。允许党政机关的科技人员和管理干部到企业去承包兴办企业；允许科技人员包括在党政机关工作的科技干部业余兼职；拓宽培养科技人才的渠道，从 1986 年开始，委托武汉 5 所高等院校培养理工科为主的大学生，由县订计划、出学费、划标准，从高考落选学生中选拔录取，为建始多渠道培养人才开辟了一条新路。6 年间共选送培养了 100 多名。

为适应建始经济建设的需要，县委、县政府贯彻执行中共中央《关于教育体制改革的决定》，积极推行教育改革，在教育体制、教育投资和教育基础建设方面采取了许多有效措施。提出并贯彻了“从指导思想上，要着眼建始经济的发展，继续抓好调整教育结构；工作重点上，应围绕提高质量，抓整顿教育秩序”的总要求，并制定了建始县教育改革 10 条意见，使教育布局、教育投资、师资培训以及领导体制走上了规范化轨道。

在调整中小学布局方面，县委通过大量的调查研究，提出了“减少数量，增加容量，集中力量，提高质量”的指导原则，制定并实施乡办好一所中心完小，9 区 2 镇各办好一所重点初中的规划。全县普通中学由 58 所调整为 46 所。在调整中小学教育布局的同时，发展了职业技术教育和成人教育，职业中学增

至7所，并合理地分布在城镇、低山、高山。成人教育构成以成人中专为龙头，以64所乡成人学校为主体的辐射网络。

在教育基础设施建设上，1988年，县委、县政府将收缴的县烟草公司压级压价收购、抬级抬价销售所获违纪资金480万元拿出120万元，用于建设全县10所区（镇）初中教学大楼，于1990年年底全部竣工，改善了全县初中办学条件。为了把建始一中建设成为教学设施齐全、师资力量雄厚、学校管理严谨的高规格学校，县委书记张齐斌、县长田发刚几次深入到建始一中调查研究，并召开专题会议制订建始一中“三步走”的总体建设规划。到1990年年底完成了前两步，建起了实验楼、封闭式学生宿舍区、封闭式教学大楼，扩建了运动场和非标准环形跑道，盖起了高标准职工宿舍楼。正准备实施第三步修建团结路体育馆计划时，县委主要领导先后调离，只留下了近千万元的教育发展基金（1990年年底共积累农业发展基金、工业发展基金、教育发展基金4000多万元），计划建体育馆的场地后来被占作他用，给建始一中“三步走”建设规划留下了永久的遗憾。

打财政翻身仗，培植后续财源

在经济体制改革中，建始县委、县政府在财政管理上以打财政翻身仗为主线，狠抓重点财源和后续财源建设，抓区（镇）财政管理，增强了财政经济实力。

1985年，全县财政收入2062.73万元。1986年3月，县委、县政府根据省委、省政府《关于加强山区建设和扶贫工作的决定》，与省财政厅签订协议，由省财政厅提前拨给一年的定额补贴款365.5万元，用于发展工业生产，要求1990年实现财政自给。4月，县委、县政府成立“建始县实现财政自给领导小组”，明确1990年达到4000万元财政收入的目标，并在可行性研究的基础上，精选工业项目，逐步组织实施。

1986年至1987年，全县共筹集资金4976万元，将财政脱补主攻方向放在工业致富和农业脱贫两个方面。1986年至1987年两年投入扩大固定资产规模的资金达1237万元。重点扶持雪茄烟厂1万大箱雪茄烟和9万大箱高档卷烟的设备改造；化肥厂2.5万吨合成铵设备改造；水泥厂4.4万吨立窑改造工程；新建电石包装桶和高熔耐磨铸铁生产线；2万吨自来水厂建设，四十二坝三级电站建设；四级电站6台2000千瓦机组的安装；红灯煤矿3万吨矿井改造；印刷厂彩印生产线及业州镇2000吨瓦楞纸生产线设备的安装等共14个项目的兴建与改造，逐步形成了以能源、卷烟、化工、建材为主的骨干产业，建立了农、工、商密切结合的经济网络，全县出现了财政经济新格局。1987年，实现财政收入4040.32万元，1988年增到4674万元；1987年本级财政支出3755.36万元，1988年4513.38万元，连续两年实现财政自给，提前三年实现财政脱补，摘掉了近40年来吃财政补贴的帽子。为进一步加快工业建设，培植财源，争取省财政厅兑现脱补奖励政策和借财政周转金共565.5万元，用于雪茄烟厂易地改造工程和化肥厂2.5万吨合成铵改造工程等工业基础设施建设。

为了增强财政自给平衡能力，1988年，开始对区（镇）实行“定收定支，收支包干，收入上交，支出下拨，超收分成，超支不补，结余留用，一定三年”的财政管理办法，提高了区（镇）统筹、协调、决策、实施和自我发展的能力，调动了区（镇）理财的积极性，拓宽了财政自给和农民脱贫的路子。通过两年的努力，1989年，在全州第一个实现区区财政收入过百万元，其中花坪、高坪两区连续几年过300万元。到1988年至1990年，全县财政收入基本呈上升趋势，且收支平衡，有所结余。1989、1990年两年，财政净结余分别为154.4万元、32.6万元，并开始设立教育、农业、工业三大基金4000多万元。

城市经济体制改革反思

经济体制改革的过程，并非一帆风顺，也出现过一些值得反思的问题：

1985年至1987年，县委、县政府为支持企业的发展，培植财源后劲，采取“放水养鱼”的措施，使财政对企业的投放量剧增。“放水养鱼”虽取得一定成效，但由于急于求成、选项不准、建设资金浪费较大等诸多因素，投入多，产出少，致使企业收入负数剧增。其中1986年企业收入负值达1175.14万元，1987年负值为585.82万元，造成财政资金浪费、放水而无鱼的问题。企业收入的负值在很大程度上影响了县级地方财政收入。

企业内部管理基础工作薄弱，部分企业对改革和治理整顿的适应能力不强，致使企业亏损面大、亏损额大。个别企业浪费损失严重，两眼盯着财政，形成亏了财政补，补了继续亏，自身“造血功能”不强。不少企业形成高消耗、超分配、低积累、资金周转缓慢的问题。

由于诸多因素，少数企业改革失败，少数项目建设缺乏可行性论证和调查研究，带有盲目性。如大曲酒厂在改革中时起时落，风波频繁，致使一个曾创全省优质酒的酒厂率先垮掉；1988 年轻工局盲目上马“特种灯泡”项目，造成严重的经济损失和社会的不安定因素。

改革中，由于工业品生产与销售环节疏通不及时和生产资料进货渠道不畅、储备不足等原因，造成 1986 年到 1988 年连续三年农业生产旺季农民哄抢化肥的事件，拦车抢购，阻碍交通，甚至殴打、围攻维持秩序的国家工作人员，造成不良影响。

在价格体系改革中，由于解决农副产品价格倒挂问题与工资改革配套不及时，加上少数人趁改革之机搭车涨价，扰乱市场秩序，一度形成乱涨价之风，造成群众思想上的混乱。同时，少数人钻价格体系改革中“双轨制”的空子，利用手中权力，套购国家计划物资进入市场高价出售，非法牟取暴利，干扰价格体系改革的顺利进行。

人事制度改革不彻底。国营企业的厂长、经理由县任命，有的搞垮一个企业又调到另一个单位，“打一枪换一个地方”，盈利得奖，亏损不负任何责任，“厂长、经理负责制”实际上是一纸空文。

从 1984 年开始的城市经济体制改革，至 1991 年，历时 8 年。8 年中，中共建始县委加强对经济体制改革的领导，不断探索改革的路子，总结经验教训，把改革逐步引向深入。尽管出现过这样或那样的问题，但总体上看，这一时期是建始历史上工业基础设施建设的鼎盛时期，同时，财政经济稳步发展，科技、教育等事业全面改观，为深化改革奠定了坚实的基础。①

［思考讨论］

1. 结合材料分析，建始县委为什么决定要进行城市经济体制改革？采取了哪些措施？取得了哪些成效？

2. 建始县城市经济体制改革对我们全面认识中国的改革有何启示？

［案例点评］

邓小平指出，要发展生产力，经济体制改革是必由之路。农村改革的发展要求城市经济体制必须进行改革，“工人吃企业的大锅饭、企业吃国家的大

① 材料源自中共建始县委党史研究室 . 中共建始简史［M］. 北京：中央文献出版社，2001：194—209.

锅饭”式的城市经济体制严重阻碍了社会生产力的发展，不利于整个经济的健康运行。为扫除发展社会生产力的障碍、解放生产力、发展生产力，建始县委决定进行城市经济体制改革。

县委结合建始的具体实际，采取了多项改革措施：对企业，改革领导体制、分配制度、人事管理制度，简政放权，政企分开，实施多种形式的承包责任制，推行厂长（经理）负责制，扩大企业生产经营自主权等；对计划体制，下放基本建设和技术改造项目审批权限，缩小指令性计划，扩大指导性计划和市场调节范围等；对市场管理，改革物价管理体制，放宽管理权限逐步放开商品价格等；改革金融信贷体制，适度开放商业信用，发放金融债券等；改革商品流通体制，建立开放式批发体制等等。这些改革措施都是在县委领导下，人民群众积极主动创造出来的，推动建始县工业基础设施建设进入鼎盛时期，同时，财政经济稳步发展，科技、教育等事业得到全面改观。可见，我国的改革是一场深刻的社会变革，不是原有经济体制的细枝末节的修补，它的实质和目标是要从根本上改变束缚我国生产力发展的经济体制，建立充满生机和活力的社会主义新经济体制，同时相应地改革政治体制和其他方面的体制，以实现中国的社会主义现代化。同时，改革是一场新的革命，但不是一个阶级推翻另一个阶级那种原来意义上的革命，不是也不允许否定和抛弃我们建立起来的社会主义基本制度，而是社会主义制度的自我完善和发展。

［教学建议］

1. 本案例适用于第六章第二节“邓小平理论的主要内容”部分内容的辅助教学。

2. 本案例介绍了建始县委城市经济体制改革的政策及其实施经过。使用时，可以布置学生课外收集相关的其他城市的经济体制改革故事，在课堂进行分享，再由教师引导学生通过具体事例的分析和研究，认识我国经济体制改革的必然趋势及其对中国社会带来的重大影响，深入理解社会主义市场经济理论。

案例4 全面推进扶贫工作、解决群众温饱问题

[材料呈现]

恩施州是一个“老、少、边、山、穷”地区，90%以上是农村人口，40%以上是土家族、苗族等少数民族人口。全州8县（市），列为国家重点扶持的有巴东、宣恩、咸丰、鹤峰、来凤县和利川市；列为省里扶持的有恩施市和建始县。从这种州情出发，恩施州委把奋斗目标第一步确定在1990年以前解决全州农民温饱问题上。州委、州政府明确提出“解决温饱、培植后劲，为系统开发打基础”的指导思想，并要求全州各级党委、政府和全社会，在近期内，都必须把解决群众温饱问题作为各项工作的出发点和落脚点。州委、州政府在全州贫困地区、特别是高山贫困地区建立40个扶贫联系点，在州直各单位抽调工作人员到联系点进行扶贫工作，并给扶贫工作下达四项任务：一是协助基层贯彻好党的方针、政策，支持、促进农村深入改革，帮助落实各项扶贫政策；二是调查研究、掌握情况、总结探索脱贫致富经验，给基层出主意，给州委、州政府当参谋；三是帮助基层找准脱贫致富路子，订出切实可行计划；四是协助基层抓好当年生产和群众生活。

实施“131”扶贫帮困活动

在本州扶贫和经济开发工作中，鄂西（恩施）军分区、各级人武干部和广大民兵，牢记全心全意为人民服务的宗旨，发挥其他部门不可替代的作用，在近3年时间里连续开展两个战役：一是把住岩洞农民搬出来；二是开展“131”扶贫帮困活动。1986年至1987年，他们根据广州军区和省军区指示，按照州委、州政府统一部署，在民委、民政、财政等部门支持配合下，为全州461户住岩洞贫困户投工帮料修建住房，结束本州农户住岩洞历史。“131”扶贫是1个干部带3个民兵，帮助1个特困户办好3件事（解决急需资金和物资，搞

好当年生产；帮助制订一个切实可行的3年脱贫规划；传授农业实用技术）。1988年，这一活动在全州人武系统全面展开，组成“131”小组7894个，成员29146人，包扶特困户9122户。当年解决4290户温饱问题，占扶持户总数的47%。军分区政委黄子阶身先士卒，带领机关干部到鹤峰县中营区办“131”扶贫样板，经过一年艰苦努力，使该区95个特困户人均收入由1987年的64.6元上升到263元，人均粮食由201公斤上升到432公斤，92户解决温饱，有的已脱贫。“131”这种扶贫帮困的形式，是把扶贫帮困责任落实到人的好办法，是精神扶持和物质扶持相结合的好办法，是动员全社会各方面都参与扶贫的好办法，是打好脱贫攻坚战的好路子。

恩施州委加强了对这项工作的领导，向全州推行“131”扶贫经验。州政府、军分区领导负责抓，军分区机关、州开发办、民委、民政、财政、农行和组织部、宣传部、共青团、妇联负责人积极参与，州委、州政府办公室负责检查督办。依照州直做法，各县（市）也成立相应领导小组，接着就开展调查摸底，以明确任务，落实责任，即对年人均纯收入150元以下，口粮400斤以下“贫中之贫”特困户，由各部门抽人组成专班深入乡村，对其家庭住址、人口、劳力及经济状况，逐户摸底，登记造册，建卡立档；对年人均纯收入达200元以上，粮食达600斤以上的也进行摸底，将任务分配到各县（市），一级抓一级，限期完成，从上而下形成扶贫网络、责任网络。针对特困户“三缺两有”（缺资金、缺技术、缺管理，有劳力、有土地）实际，“131”活动小组从扶志（进行自力更生、艰苦创业、劳动光荣、勤劳持家教育，帮助树立致富信心）和扶本（解决生产中实际困难，努力发展生产）两方面入手。到1989年7月止，全州已落实“131”帮扶小组3万多个，参加党政干部5万多人，人武干部和民兵7万多人，扶持3万多特困户，义务帮工31万多个，因户制宜地发展地膜苞谷、烟、茶、药、柑橘、生猪等生产，做到了工作到户、服务到户、效益到户、解决温饱到户。

实施科技、教育扶贫活动

恩施州委把根本点放在开发贫困户智力、提高劳动者素质上。各级党委围绕“星火计划”“丰收计划”“温饱工程”“燎原计划”、商品基地建设计划和经济开发项目的实施，认真组织力量抓好现有科学技术成果推广应用；鼓励各级科技人员领办和承包科技扶贫开发项目，对那些为群众解决温饱做出贡献的科技人员给予表彰和奖励；大胆起用乡土人才，发挥能工巧匠、知识青年、复退军人科技扶贫作用；加强科技培训，特别是对特困户进行实用技术和经营管理技能培训，帮助他们掌握一两门生产技术和提高管理水平。在组织实施“星火”“丰收”“燎原”等计划中，全州推广杂交良种和地膜覆盖等 10 项农业科学技术，解决“三不”（食不果腹、衣不蔽体、房不避风雨）户的吃饭问题。1986 年至 1988 年，全州累计种植地膜杂交玉米 66.5 万亩,3 年共增产玉米 2.13 亿斤，增加收入 6390 万元；地膜杂交玉米单产达 300 至 400 公斤，每亩增产 150 公斤左右。为落实州委关于“解决温饱，脱贫致富，归根到底要靠人的素质的提高”的指示，有关业务主管部门和近百所区（镇）党校，每年对农民专业技术培训达 40 多万人次，同时还认真抓农村成人教育，接受成人教育农村青年到 1988 年已达 12.63 万人次，有 246 人被评为县（市）、区、乡技术员，有 185 人分别获省、州、县（市）科技成果奖。

开展以发展集体经济为主要内容的扶贫活动

“八五”期间，围绕稳定解决温饱、稳定和拓展群众收入来源目标，扶贫资金投向由过去“输血”转向“造血”，突出抓商品生产基地、支柱产业和重点基础设施建设。1986 年至 1995 年，国家投入本州扶贫资金总额达 3.24 亿元，其中用于种、养、加各项贴息贷款 2.23 亿元，县（市）办企业贷款 1.01 亿元，扶持新建、技改项目 49 个；同时对 74 个 4000 亩以上烟叶产区、26 个 4000 亩以上茶叶产区、4500 处 50 亩以上连片经济林、17 个专业化经济小区给予扶持。仅 1986 年至 1988 年，全州新增烟叶、茶叶、柑橘、黄连、天麻 5 大特产基地 40 多万亩；林牧特基地面积达 170 余万亩；1988 年，基地内农户仅出售畜产品户均收入达 400 元。1983 年到 1995 年，省拨付到州扶贫资金 5117.6 万元，扶持建设项目 1265 个。其中，建小水库 22 座，修渠道 70 处共 8 万多米，改造农田 2.2 万亩，新增灌溉面积 15 万亩；建饮水工程 18 处；架设 35 千伏、10 千伏输变电线路 820 公里；新修乡村公路 282 公里，接通断头路 132 公里，架铁索桥、建石拱桥 141 座；配合其他方面投入扶建中小学校 75 所；扩建广播站、文化站和新建地面卫星接收站 12 个；新建和维修乡（镇）卫生院 42 个；扶建光荣院、福利院 42 个；扶持群众养猪、养牛、建烟果茶基地、办加工企业，覆盖贫困户近 20 万户。从 1986 年开始，农业部派工作组到本州驻点扶贫，省农业厅和有关科研单位、大专院校予以配合，到 1995 年年底，农业部累计投放资金1205万元，省农业厅配套投入540万元，扶持农、林、牧和乡镇企业等项目72个。以帮扶贫困户为主的小“131”（1个干部带3个民兵帮助1个特困户解决温饱问题）和以扶持发展村级经济为主的大“131”（1个基层武装部联合3个部门兴办1个村级经济实体）活动，帮助6万多特困户解决温饱或基本脱贫，兴办780个村级经济实体，1500户住茅屋农户改建砖瓦房，受到上级的肯定，全州普遍推广。

经过比较扎实的扶贫开发工作，全州农村人均纯收入200元以下贫困户和人口，由1986年的48.98万户、210万人，下降到1988年的19.19万户、96.96万人，已有29.82万户、113.31万贫困人口解决温饱问题，占被扶持人口的53.8%。

为巩固扶贫成果，防止“返贫”现象，对已经解决温饱的贫困乡村，由单个扶持向区域经济开发转变，根据“统一规划、统筹安排、渠道不乱、用途不变、相对集中、重点使用”原则，集中扶贫资金，加强对商品经济作物基地、稳定高产农田、水电路等基础设施的建设和管理，发展多种形式扶贫经济实体，办好村级经济和乡镇企业，以增强自我发展、稳定脱贫的能力。

恩施州各级党委、政府把解决群众温饱和经济开发作为一项重要任务，运用国家扶贫扶苏（苏区）政策和资金，制定特殊政策措施，动员和组织各部门、各方面力量，把扶贫与经济开发、打总体战与攻坚战紧密结合起来，全面启动，推进“131”扶贫工程，为贫困地区稳定解决温饱奠定基础，并为经济持续发展培植后劲。①

［思考讨论］

1. 结合材料分析，恩施州为解决群众温饱问题实施了哪些举措？

2. 我们为什么要实行“三步走”发展战略？

［案例点评］

在我国落后生产力基础上实现社会主义现代化是一项十分艰巨的事业，既要完成传统的工业化，又要迎头赶上世界新的技术和产业革命，必须有步骤

① 材料源自中共恩施州委党史办公室．中共恩施简史［M］．北京：中央文献出版社，2001：207—211.

分阶段实现。新中国成立后，以毛泽东为代表的中国共产党人就明确提出分两步实现社会主义现代化的思想。党的十一届三中全会以后，邓小平进一步研究如何从中国的具体国情出发实现社会主义现代化的进程问题，形成了分三步走基本实现现代化的思考。第一步，从 1981 年到 1990 年实现国民生产总值比 1980 年翻一番，解决人民的温饱问题；第二步，从 1991 年到 20 世纪末，使国民生产总值再增长一倍，人民生活达到小康水平；第三步，到 21 世纪中叶，人均国民生产总值达到中等发达国家水平，人民生活比较富裕，基本实现现代化。然后在这个基础上继续前进。这一思考将我国社会主义现代化建设的目标具体化为温饱——小康——富裕，为全国人民的奋斗指明了前进的方向。

解决温饱问题是我国社会主义现代化“三步走”发展战略的第一个具体目标。恩施州是一个“老、少、边、山、穷”地区，是我们党和国家实现人民生活温饱目标的重点帮扶地区。解决温饱问题，实现恩施州人民生活温饱目标就成为恩施各级党委、政府亟须攻克的难题，由此，恩施州委、州政府明确将解决群众温饱问题作为各项工作的出发点和落脚点，在全州贫困地区建立扶贫联系点，在州直各单位抽调工作人员到联系点开展扶贫工作。1. 协助基层贯彻好党的方针、政策，支持、促进农村深入改革，帮助落实各项扶贫政策；2. 调查研究、掌握情况、总结探索脱贫致富经验，给基层出主意，给州委、州政府当参谋；3. 帮助基层找准脱贫致富路子，订出切实可行计划；4. 协助基层抓好当年生产和群众生活。同时，实施“131”（1 个干部带 3 个民兵，帮助 1 个特困户解决温饱问题）扶贫帮困活动、发展集体经济以及科技、教育扶贫活动。这些举措的实施，帮助群众增强了自我发展、稳定脱贫的能力，为贫困地区稳定解决温饱奠定基础，并为经济持续发展培植后劲。

［教学建议］

1. 本案例适用于第六章第二节“邓小平理论的主要内容”部分内容的辅助教学。

2. 本案例介绍了恩施州各级党委、政府和全社会为解决群众温饱问题开展的各项措施及其取得的良好效果。使用时，教师可以结合我们党和国家为解决全国贫困人口温饱问题所开展的扶贫攻坚历程，引导学生认识中国扶贫攻坚成就对世界减贫事业的贡献，强调只有在中国共产党的领导下，在改革开放时期才能够基本解决中国农村贫困人口的温饱问题，并带领人民同心奋斗，逐步走向小康、富裕，最终实现社会主义现代化。

案例5　恩施州“七五”时期以工代赈修筑公路工程的回顾

[材料呈现]

恩施州是全国最年轻的自治州，属“老、少、边、山、穷”地区。1985年，中共中央、国务院关于采取以工代赈帮助贫困山区尽快改善交通落后状况的扶贫政策下达后，全州各族干部、交通技术人员和广大人民群众，在各级党委和政府的领导下，以极大的热情和创造力，经过5年多的努力，组织修建和改建区乡公路及重要经济断头路3244.7公里（相当于中华人民共和国成立后35年所修公路总和的一半以上），修建大、中桥梁158座，完成总投资7584.5万元（其中国家代赈投入粮食6386.4万公斤，棉花121.5万公斤，布匹635.4万米，工业券317.3万元，省配套养路费1489.3万元，能源、交通基金1070.3万元，义务投工5477.5万个），使全州755个乡有727个乡通了公路，296个乡通了客班车，初步实现了“打开山门，敞开寨门”，搞活农村经济的设想，为开发鄂西山区资源，加快脱贫脱补的步伐创造了较好的交通条件。

恩施州以工代赈修建公路工程，是在国家当时财政十分困难的情况下，挤出部分粮、棉、布和其他工业品，通过以工代赈的方式帮助修建区乡公路和经济断头路。为了实施好这个工程，州领导在1985年就要求各级政府，特别是交通部门要做好“三件事”：首先要求大家一定要把政策吃透，认真领会好以工代赈的精神实质，在此基础上，明确任务，并尽全力把这项融政治、经济、社会效益为一体的综合系统工程搞好。第二是抓宣传，充分发动群众积极参与。工程实施之前，州领导先以州直为龙头，带动各县、市召开各层次的动员会、报告会和座谈会，利用报纸、墙报、电台、电视及广播，大张旗鼓地宣传以工代赈的目的、意义、任务和要求，号召各级干部、各族群众全力以赴参加工程建设，以实际行动感谢党和国家的关怀。后来恩施州在5年间，召开乡以上动员会和座谈会达4000多次，张贴标语12000多条。报纸、电台和电视台，还开辟专栏专题报道以工代赈的通讯、消息、专访及经验等40多篇，各级党政部门及有关单位，编发各类简报7200多篇。通过这样的形式，使广大基层干部和群众增强了参与意识。第三，为确保国家与省里下达给恩施州的物资、经费的使用，并圆满完成工程计划，州政府成立了以副州长为组长的以工代赈领导小组，随之各县、市也建立了相应的领导小组。而且每修建一条公路，都成立有各级党政负责人牵头的工程指挥部。在工程实施的5年间，不管领导或干部如何变动，州、县、市领导小组不撤，只是调整人员而已。工程指挥部也是如此，公路不修通，指挥机构就不撤。因此在那几年，恩施州共成立了9个州、县、市领导小组，建立公路修建指挥部322个。这为组织和领导施工，确保工程质量，用好有限资金，完成计划任务，奠定了基础。

当初实施这个公路工程，上涉及18个单位参与指挥，下涉及千家万户几十万农民参与建设。因此要求交通部门为之提供及时、周到的高效服务网络，建立严密的管理制度。为了把好计划关，恩施州从实际出发，安排工程计划，严格按计划办事，并在实施以工代赈的工程中，始终坚持“因地制宜，不拘一格，全面规划，综合利用，先易后难，逐步实施”的原则。

1984年，恩施州、县、市交通与计划部门合作，曾对境内区乡公路现状，做过全面的普查。那时，全州94个区（镇）755个乡（镇），就有227个乡不通公路。按照“乡乡通公路”的要求，全州需新建2281公里，改善950.1公里，建造大、中桥220座。1985年，恩施州交通局把计划报省后，省计委、交通厅给恩施州下达的总规模为2806公里，其中新建1700公里，改建1106公里，建造大、中桥73座。还要求接通经济断头路161公里。恩施州结合鄂西的实际，按省下达的计划规模及分年度实施计划，本着“先急后缓，先易后难，先重点后一般”的原则，考虑到各县、市的承受能力，并配合恩施州高山发展战略及温饱工程的实施，逐年分解下达了各县、市的计划。

由于资金有限，使用必须精打细算，做到专款专用，并需结合解决农民群众的后顾之忧。为了用好有限的资金，恩施州本着“渠道不乱，用途不变，建立专账专户，实行专款专用”的原则，要求各县、市管好用好这笔资金，后来各级配备的专职财务人员达112人。他们按计划办事，资金审批一支笔，拨款一条线，并且实行定期和竣工时的审计，严格财经制度。当时省下达给恩施州以工代赈的物资，粮食每斤 0.161 元，棉花每斤 2 元，布匹每米 1.6 元，要求折款计补，以实物支付给参加修建公路的农民。在 1984 年时，恩施州曾为解决农民盖被穿衣问题，平均给每个农业人口赊销了 30 元的棉花。那几年，恩施州农村连续丰收，市场粮价在每斤 0.15 元左右，而农民手里普遍缺钱。因此，为保证以工代赈工程的实施，高瑞科、熊顺奇两位副州长便召集州计委、经委、财委、农委和粮食、民贸、财政、水电、交通各局及人行、供销等单位负责人，共同研究决定，采取“州统筹、县变通、物变钱、统支付”的办法付款。这样，粮食按每斤 0.15 元，由粮食部门统一调运经销；棉花按每斤 2 元，由供销部门统一调运经销；布匹按每米 1.6 元，由民贸单位提供和经销。回收的资金，都交付给交通部门，按比例分年下达，保证修建每公里路、每座桥的价格相对稳定，使农民通过参加以工代赈工程，获得一定的赈济，从而解除他们的后顾之忧。

施工开始后，省、州领导及主管部门一再要求工程技术人员坚持技术标准，加强施工管理，“严”字当头，一丝不苟地按图纸施工。本着考虑长远、照顾当前的指导思想，恩施州区乡公路均采用部颁四级公路山岭重丘技术标准，组织规划、测设和施工、验收。工程修建通过层层签订合同的办法，明确责任，定领导、定路线、定质量标准、定工期、定投资、定管理权属、定奖惩，普遍实行目标承包管理。州、县、市各交通部门，还先后抽调了 278 人，组成 59 个专门技术小组，长驻工地对重点工程及人工建筑物（桥、挡土墙、涵洞）开展施工指导。对那些面上工程，则又轮流检查、指导，分片实行技术包干。质量好的工程，给予及时表扬、推广；质量差的工程，批评，并令其返工。如来凤大河、建始三里、巴东杨柳池及咸丰尖山等区，由于始终坚持了目标承包责任制，人负其责，公路工程的质量及工期把握得很好，资金使用收到了明显的效果。

以工代赈的公路工程，省、州、县（市）有关计划及物资部门，在物资的供应上，给予了优惠。1985 年至 1987 年，省里给恩施州的计划钢材，共 2641 吨。这 3 年，施工耗木材 1 万立方米。除省、州计划木材外，各县、市都为工程安排了一些就地销材计划，并且采取优先供应、优先选材、优先调运、优惠价格的办法，予以照顾。另外，全州各县、市安排了计划水泥 1.2 万吨、炸药 6000 吨，还保证了雷管、导火索等物资的供应。工程基本结束后，恩施州在

1988年内，组织了10个组共78人，对8县、市的2800公里区乡公路及经济断头路做了较详细的验收。除个别地段外，都基本达到了四级公路山岭重丘技术标准。巴东是省确定的验收试点县，经验收也是合格的。

以工代赈修建区乡公路和经济断头路，作为国家扶贫工作的一项重大改革，主要是变以往的单纯救济、治标、输血为以工代赈，治本增强造血功能，帮助贫困地区从根本上解决温饱问题。实施这项工程，当时需要转变赈民思想，变单纯向上伸手为积极投入，自己的事自己来办。1985年以后，恩施州各级交通部门的干部和工程技术人员，在各级党委、政府的统一领导下，通过以工代赈修建区乡公路和经济断头路的实践，使广大农民群众由“要我修路”变成“我要修路”，增强自觉的参与意识。整个“七五”期间，全州共有50万个农业劳动力自带干粮、行李，踊跃投入工地修路。例如，1986年，来凤一个小县，上了8万民工搞修路大会战，到1988年就实现了乡乡通公路。那时在工地，白天人山人海，炮声、号子声震天动地；夜晚篝火通明，车水马龙，民工们干得热火朝天。巴东信陵镇黄家湾村，修公路时损坏了几根电线杆，指挥部的同志找该村1组农民宋宏成买木料赔偿。他说：“公路从我门前过，解除了我肩挑背驮之苦，这几根木料抬去就是，算我做一点贡献好了。”就是这样，公路修到哪里，群众就支援到哪里。他们把公路建设者当作自己的亲人。没有住房，他们设法安排；没有柴火、蔬菜，他们又主动送来。

当时，修公路难度很大，地形险恶，劈山凿岩工程多，而且线路回头曲线多，需建的桥也多。平均每修一公里，土石方工程量就高达3.5万立方米；要开凿的半隧道有132处，总长达8.7万米。因此，工程艰巨，施工危险。我们把安全施工放在首位，贯彻始终，要求各个指挥部及工程技术人员，在民工一进工地就进行安全生产教育。同时，配备一批专职安全员，强化安全管理责任制，严格安全操作规程，特别对爆破材料，坚持按公安部门的规定使用。由于安全施工抓得较好，恩施州在施工过程中，没有发生过恶性事故。

修建区乡公路和经济断头路，恩施州普遍采取“民工建勤”和“民办公助”的方式组织施工，主要通过农民义务投工，修建那些易建工程。凡属能大规模进行的，由区、乡、村干部带队，组织受益区内的群众投劳修建。那时群众投工投劳，涌现了很多感人的事迹。比如，儿子参军去了，父母就上工地；姐姐出嫁了，妹妹又替姐姐修路；哥哥修路牺牲了，弟弟又去接替；丈夫修路累倒了，妻子又补上来……大家只有一个心愿，一定要在党和政府的帮助下修通公路，早日改变家乡交通落后的面貌。到“七五”期末，恩施州广大农民为修公路共义务投工 5477 万多个。那些技术性不很强的工程，各指挥部就按村、组分段划任务，层层分解承包，组织突击，实行资金包干，验收结账。对特别艰巨、技术性很强的桥涵、挡土墙及隧道等工程，采取组织技术专班承包的办法签订合同，限期保质保量完成。

在资金的筹措上，当时采取的是国家扶持一点，地方财政拨一点，群众自己凑一点。“七五”期间，全州共集资 1154 万多元，其中群众集资达 980 万元。另外，筹集木材 1.8 万立方米，特别是巴东杨柳池区修建杨泗公路，干部人均集资 6 元，受益乡人均集资 3 元，非受益乡人均集资 2 元。来凤百福司镇修建百福司酉水大桥时，镇政府一天集资 6.8 万元，连一、二年级的小学生也捐出了零用钱。当时，宣恩、咸丰两县财政很困难，有时干部工资都不能按时发放，但是，以工代赈修公路占用土地、荒山、林地近 3 万亩，拆迁房屋 700 余栋，每平方米只补 20 元，群众没有意见，也没有发生一起因土地、房屋、青苗等补偿而引起的纠纷。

恩施州各级领导都重视以工代赈工程，他们经常听取交通部门的汇报，帮助制订规划，研究实施方案。分管这项工作的州、市、县领导还亲临工地指挥，为施工排忧解难。1985 年 12 月，州政府召开“交通建设工作会议”，陈德贵副州长就代表州政府做了重要讲话。当时会议决定成立州长、县、市长、区长、乡长、局长挂帅负责的、多层次以工代赈修建区乡公路和经济断头路的指挥机构。后到 1990 年，全州累计到岗的州、县、市领导有 29 人，区、乡负责人有 534 人，村干部有 1715 人。他们既挂帅又出征，既当指挥员又当工作员，哪里有困难，他们就往哪里上，因此出现了不少“路县长”“路区长”和“路乡长”。例如，巴东修建杨泗公路的难点工程乐群崖，是一座长 460 米、高 100 米的峭壁，如刀削一般，公路需从中开凿而出。当时杨柳池区委副书记黄康林赶到现场，决定由支所乡长翁国俊为队长组织攻坚队，挑选了一批有经验的青壮劳力为队员，并宣誓要拿下乐群崖工程。随后，他俩各带一队，分两头施工，并由翁乡长率先爬上悬崖，点响大战乐群崖工程的第一炮。由于他们带头身先士卒，民工们越干越欢，每天总是锤声迎来雄鸡叫，炮声送走晚霞归。公路竣工通车时，当地教师即兴赋诗道：

洋洋支所河中水，洒洒乐群崖上风；
巍巍大桥飞南北，绰绰银线连民心；
世世志士树丰碑，代代民众感党恩。

“七五”期间，恩施州以工代赈公路工程，在州、县（市）政府的统一领导下，计划、交通、财政、银行、粮食、物资、民贸、供销、公安等部门，互相支持，相互配合，同唱一台戏，抽专人专班，负责各自承担的工作。作为主管测设、施工的交通系统，在此期间，上路的领导和工程技术人员达780多人次，并组织了59个测设小组，培训各级施工人员160人，共完成3000公里线路和139座桥的测设任务。通过5年以工代赈的公路建设，使恩施州初步形成了以318、209国道为骨架的公路运输网，促进了鄂西山区工农业生产的发展。例如，巴东的边建乡，过去不通公路，在“七五”前的30多年里，群众因砍柴摔死了540多人。1986年国家投资125万元，帮助该乡修通了公路后，乡里办起了年产3万吨的煤矿，一年创产值75万元，获利润3万多元，解决了燃料问题，支援了建设，发展了经济。宣恩沙坪区的干部和群众总结说，以工代赈使该区通了公路，从而解决了他们的“十大难”（走路难、运输难、看病难、上学难、照明难、吃水难、用钱难、吃饭难、获取信息难、干部扎根难），带来了“四大变化”（经济变化、文化变化、生活变化、精神变化）。1985年时，这个区的工业产值还是0，公路修通后，区、乡、村、组和个体“五个轮子一起转”，1990年全区工业总产值就达到250万元，财政收入32万元，农村人均纯收入由100元增加到195元。现在又建起了区电视卫星地面接收站，群众不仅听到了广播，还看上了电视，平时进山来演出的文艺团队也多起来了。

在交通运输方面，1985年恩施州民用客货车辆为4368辆，1990年发展到了6651辆，客运量比1984年增长了437万人次，货运量增长了331万多吨。同时在农村，拖拉机新增了696台。恩施州通过以工代赈修建公路工程，使全州基本实现了乡乡通公路。过去农村“乘车难”“运货难”的状况，有了很大改善，许多乡设立了供销店，建立了烟草收购点、粮站，促进了城乡物资交流。恩施市的车寮坝乡，有3700多人，原先只有两个代销点，每年进货不到2万斤。公路修通后，不仅设了乡供销店，另外还设了10个供销点，年进货量已达20多万斤。农村经济因此搞活了，市场扩大了，农民手里也有了钱。

如今，农民“种田为糊口，养猪为过年，养鸡养鸭为油盐钱”的小农生产方式，正在向商品生产方式发展。

恩施州“七五”期间以工代赈修建区乡公路和经济断头路取得了巨大成就，农民群众以山歌称颂：

昔日深山宝贝多，愁来愁去销不脱。
今朝路通财富出，喜看千家万户乐。①

［思考讨论］

结合恩施州“七五”时期以工代赈修筑公路工程的史实，从中分析其中取得的成就与邓小平理论的关系。

［案例点评］

改革开放以来，如何“打开山门，敞开寨门”，带领贫困山区人民脱贫致富一直是我们党和国家勠力奋斗、致力解决的重大问题。要致富，先修路。1985 年，党中央、国务院下达关于采取以工代赈帮助贫困山区尽快改善交通落后状况的扶贫政策。恩施州是共和国最年轻的自治州，既是革命老区、民族地区，还是贫困山区，一直是国家重点扶贫对象。在国家以工代赈修建公路政策的指引下，恩施州各族人民在各级党委和政府的领导下，以极大的热情和创造力，经过“七五”时期 5 年的奋斗，组织修建和改建区乡公路及重要经济断头路 3244.7 公里（相当于中华人民共和国成立后 35 年所修公路总和的一半以上），修建大中桥梁 158 座，完成总投资 7584.5 万元，使全州 755 个乡有 727 个乡通了公路，296 个乡通了客班车，初步实现了“打开山门，敞开寨门”，为开发恩施山区资源，加快脱贫致富的步伐创造了较好的交通条件。

邓小平理论是邓小平留给我们的最重要的思想遗产。邓小平理论经过改革开放和现代化建设实践的检验，已被证明是指导中国人民建设中国特色社会主义、保证中国在改革开放中实现国家繁荣富强的系统的科学理论。邓小平理论是中国共产党和中国人民宝贵的精神财富，是改革开放和社会主义现代化建

① 材料源自政协鄂西土家族苗族自治州委员会文史资料委员会、鄂西土家族苗族自治州交通局．鄂西文史资料（第 10—11 合辑）［M］．恩施，1992：18—26.（内部资料）

设的科学指南，是党和国家必须长期坚持的指导思想。

正是在邓小平理论指引下，恩施州各级党委和政府团结带领各族人民，克服重重困难，在“七五”时期修通了区乡公路和经济断头路，基本解决了“乘车难”“运货难”的问题，大大改善了恩施山区的交通状况，初步打通了恩施经济发展的动脉，为恩施改革开放和现代化建设的发展提供了良好的物资、人员流动条件。

［教学建议］

1. 本案例适用于第六章第三节“邓小平理论的历史地位”部分内容的辅助教学。

2. 本案例介绍了恩施州“七五”时期以工代赈修建公路的经过以及取得的成就。使用时，教师可以结合国家“七五”计划时期取得的各项成就，引导学生明确在邓小平理论指引下，我们党团结带领人民取得了改革开放和现代化建设的伟大成就，成功走出了中国特色社会主义的新道路。没有邓小平理论的正确指引，就没有改革开放和建设中国特色社会主义新道路的开辟。

第七章 07

“三个代表”重要思想

案例1 腾飞的恩施市

[材料呈现]

恩施是中国共产党在第二次全国革命战争时期建立的革命根据地之一。多年来，77 万勤劳淳朴的土苗儿女发扬光荣革命传统，栉风沐雨，艰苦奋斗，用心血、智慧和汗水敲开了致富之门，点亮了山乡文明之光。特别是自改革开放以来，中共恩施市委带领全市各族人民，以千方百计增加农民收入为根本指导思想，推进农业产业化经营；以民营化为基本取向，全面推进企业改革；把发展个体私营经济作为振兴恩施经济的突破口，加大招商引资力度，在西部大开发机遇中谋求恩施大发展。恩施的经济建设和社会事业取得了巨大成就，社会面貌发生了深刻变化，恩施市也因此驶上了向中等城市健康发展的快车道。

文明新村建设方兴未艾

走进恩施市的村村寨寨，让人感触最深的，莫过于经过生态家园文明新村建设后，透出的那一份新气象：青山绿水间，幢幢农舍点缀其中；乡村公路四通八达，户间石板小路纵横交错；农家院落里有池有花，干净整洁，有树有果，春华秋实；厨房里用上了沼气灶，装上了自来水；田间地头，“唱主角”的再也不是苞谷红苕洋芋，取而代之的是一片片茁壮成长的高效经济林。村民安居乐业，和睦相处。

然而，居住在大山深处的山民，此前又是怎样一番景象呢？“住吊脚楼，睡板板床”，烟熏火燎，人畜共厕，根本感受不到现代文明气息。

2000 年，恩施市农村开始实施以“五改三建两提高”为主要内容的生态家园文明新村建设。“五改”即改水、改路、改厨、改厕、改圈。改水，就是安装自来水或饮用过滤井水；改路，就是把公路修到村组，把水泥路或石板路连通到农户；改厨，就是改用沼气灶，让厨房整洁明亮起来；改厕，就是改变人畜共厕的现状，建卫生厕所和浴室；改圈，就是修建新式栏圈，使圈舍通风、卫生。“三建”即建好沼气池、建好农家房舍、建好致富园。“两提高”即提高村级组织战斗力，提高农村文明程度。具体目标是实现“五化”，即农户庭院美化、经济结构优化、农民增收多样化、村组道路标准化、农民生活城镇化。从一定意义上说，这是一场革命，是传统习惯与现代文明的大碰撞。干部进村搞“五改三建”动员时，有的老百姓说：“你们管天管地，怎么还管到我们家里、锅里来了？我们家干不干与你们不相干！”但当首批 8 个示范村的公路铺成了沥青路，户与户之间的连接路变成了水泥、石板路，自来水接到灶台边，不少农户用上了沼气灶后，山民们仿佛一下子明白了其中的道理。他们终于认识到，实施“五改三建”是干部在为农民办实事、办好事。一时间，群众投入“五改三建”的热情空前高涨。

2001 年，当恩施市启动第二批文明新村示范村建设时，呈现出了村与村比着干、户与户比着干，男女老少齐上阵的热闹景象。当时，还出现了三个“不够用”的现象：村民们都希望干部帮他们多出点子、提建议，干部不够用；家家户户争抢技术人员帮他们搞改建，技术人员不够用；每家每户搞改建换工互助，劳力不够用。

何金显、万永月夫妇是白杨坪乡石桥子村 10 组的村民。2001 年 4 月，他们拿出 5000 元积蓄开始建生态家园，并率先在全乡建起了第一口沼气池。2002 年 10 月，湖北电视台几名记者慕名前往他家采访。记者问万永月：“你们这里的生态家园建设搞得这么红火，你觉得还缺什么呢？”万永月感叹地说：“干部无私地帮助我们老百姓建设自己的家园，辛苦了那么久，在我家连饭都没吃一顿，要说缺什么，就是干部欠吃我家一顿饭！”据统计，为支持生态家园文明新村建设，几年来，全市共投工投劳 75 万个，社会各界捐物达 700 余万元。

文明新村建设，促进农村社会风气的明显好转。各村制定了《文明公约》，普遍开展了“十星级文明农户”评选活动。村民在创建中明辨了是非，提高了觉悟，摆正了国家、集体和个人三者之间的关系。群众在创建中比遵纪守法、比文明礼貌、比学用科技、比勤劳致富，形成了健康向上的社会风尚和融洽和谐的人际关系。

公路建设成绩斐然

建州前，恩施市交通建设虽然取得了一些成绩，但仍然处于相对落后的水平。2000 年，市委、市政府不失时机地制定出加快交通建设、促进市乡公路上档升级的方针。经过全市人民两年多时间的艰苦奋战，目前，恩施市市乡公路改建升级路基已开工 366 公里，已完成 254 公里，铺设油路 120 余公里，投入 18 万余劳力，268 个工作日，完成货币工作量 7400 万元。全市 597 个行政村，已有 94% 的村通了公路。

为了把此项工作做好，市委、市政府于 2000 年 4 月成立了以市委书记曾祥国为政委、市长吴希宁为指挥长、市直各部门负责人和乡镇“一把手”为成员的市乡公路指挥部。市、乡两级党委、政府采取各种形式广泛宣传，营造了市乡公路改建升级的大气候和好环境，全市人民积极参与到这场市乡公路改建升级的攻坚战。

2000 年以前的恩（施）芭（蕉）公路是一条路面仅宽 3.5 米的等外路，全长 20 公里。按照“依靠当地政府，用好农民义务工，市里适当补助”的原则，沿线所涉的六角亭街道办事处和芭蕉侗族乡共组织农民完成义务工折资 230 万元，共完成路基土石方 30 余万立方米，路基挡土墙 2.8 万余立方米，新修中桥两座，改建小桥 6 座。市里投入资金 300 万元，省、州交通部门补助 100 万元，于 2000 年完成了沥青路面的铺筑。在全省路网建设交流会上，这条路被列为全省唯一的山区路网建筑示范路。

城市建设突飞猛进

“九五”以来，恩施市城市建设突飞猛进，基础设施不断加强，城市功能日臻完善，成为名副其实的“中国硒都”。

水乃生存之本、发展之根。随着城区人口迅速增长，用水难问题显得越来越突出。1999 年 12 月 28 日，市委、市政府经过反复研究，第三水厂立项开工，投资 6925 万元。仅用两年时间，第三水厂便于 2001 年 12 月 30 日竣工。目前供水能力已达 10.6 万吨。其附属工程——投资 2430 万元的自来水管网改造项目也基本完成。

路是城市的象征、现代化的缩影。凤凰大道作为我市出入口道，连接许家坪机场和恩施州府。2001 年 2 月 18 日，全长 2050 米，总投资 1150 万元的凤凰大道改扩建工程正式开工。截至目前，管线网入地、水泥路、人行道、排水沟、绿化带及照明亮化工程已全部结束。由于道路的改善，城区已开通公汽12路，出租车已达500余辆。

恩施城区每天产生的百余吨垃圾早已成为市委、市政府和环卫部门头疼的事。市委、市政府下定决心，多方筹措资金，经过充分论证，计划投资1100万元，修建高桥坝九岭岗垃圾厂。同时，投资4700万元的污水处理厂也正在建设之中。

恩施城区曾是全省空气质量较差的城市之一，二氧化硫严重超标。市委、市政府通过招商引资，把天然气引入千家万户，整个工程总投资5600万元。贯穿恩施的主管道及城区部分管网，于2001年1月一次性点火成功。目前，城区使用天然气的用户已达5000余户。出租车油改气率已达70%。

各项基础设备和城市功能的完善，使恩施有能力承办了全省少数民族传统体育运动会。市委、市政府借此东风，多方筹资，投资2200多万元，修建了占地106亩的民族体育运动中心。目前正在修建的投资1.18亿元的硒都广场是集休闲、停车、商贸于一体的项目，其中广场用地7000平方米，标志性建筑——硒都广场购物中心高达12层。

“问渠那得清如许，为有源头活水来。”“让城市美起来，亮起来！”这是恩施市近几年提出的并为之奋斗不息的目标。面对未来，山水园林城、民族风情园、生态旅游城市的美景离我们已不遥远。①

［思考讨论］

1. 恩施市为什么能够实现腾飞，驶上了向中等城市健康发展的快车道？

2. 结合材料谈一谈对“发展是党执政兴国的第一要务”这句话的理解。

［案例点评］

能不能始终代表中国最广大人民的根本利益，始终全心全意为人民服务，是我们党是否始终能够得到人民群众拥护、不被人民群众抛弃的根本因素。作为执政党，我们党只有坚持把人民的根本利益作为出发点和归宿，充分发挥人民群众的积极性、主动性、创造性，在推动社会不断发展进步的基础上，切实

① 材料源自中共恩施州委宣传部，恩施州老区建设促进会．今日恩施老区［M］．恩施，2003：108—112.（内部资料）

关心群众的冷暖疾苦，不断解决群众生产生活的实际困难，使人民群众不断获得切实的经济、政治、文化利益，才能赢得人民群众的拥护。恩施市能够实现腾飞，驶上向中等城市健康发展的快车道，主要在于中共恩施市委为人民办实事、办好事，积极推进农业产业化经营，引导农民进行生态家园文明乡村建设；发展个体私营经济，全面推进企业民营化改革，加大招商引资力度，推进了恩施市经济发展；着力解决恩施城区“用水难”“行路难”问题，加大垃圾、污水、空气治理。这些措施的实施，直接增加了农民、工商业者们的收入，极大改善了人民生产生活环境，使恩施人民获得了真实的真切的好处，充分激发了恩施各族人民群众在党的领导下进行社会主义建设的积极性、主动性、创造性，从而推动恩施市经济社会全面发展。

社会主义要强大，体现优越性，关键在发展。特别是我国这样一个发展中的大国，要在国际竞争中赢得主动，必须靠发展。我们面对着世界经济和科技前所未有的大发展，也面对着前所未有的激烈的国际竞争。在这场竞争中，只有加快发展，增强经济实力，提高综合国力，才能在风云变幻的国际局势中处于主动地位，立于不败之地。首先，用发展的办法解决前进中的问题。坚持以发展为主题，用发展的眼光、发展的思路、发展的办法解决前进中的问题，才能把中国特色社会主义事业不断推向前进。其次，发展是硬道理，中国解决所有问题的关键在于依靠自己的发展。只有紧紧抓住发展这个执政兴国的第一要务，党才能实现新世纪的历史使命。再次，发展要善于抓住机遇，珍惜机遇，用好机遇。对于中国这样的大国来说，发展的机遇不是很多，错失良机，经济发展就会受到阻滞，抓住机遇，就能赢得发展空间。再次，发展是社会主义物质文明、政治文明、精神文明的协调发展。在社会主义条件下，物质文明、政治文明和精神文明彼此紧密联系而又有各自的发展规律，互为条件，互为目的，相辅相成。另外，发展应该包括促进人的全面发展。人越全面发展，社会的物质文化财富就会创造得越多，人民的生活就越能得到改善，而物质文化条件越充分，就越能推进人的全面发展。最后是要正确认识和处理改革、发展、稳定的关系，改革是动力、发展是目的、稳定是前提。世纪之交，恩施市委以人民利益为根本出发点，做出了一系列有利于发展的方针、政策，在城市建设、文明乡村建设、公路建设等方面成绩斐然，使人民真切地感受到了好处，激发了人民投身于恩施社会主义建设的积极性、主动性和创造性。

［教学建议］

1. 本案例适用于第七章第一节"'三个代表'重要思想的核心观点"、第二节"'三个代表'重要思想的主要内容"部分内容的辅助教学。

2. 本案例介绍了恩施市委在世纪之交实施的一系列改善人民生活的方针、政策，凸显我们党始终坚持全心全意为人民服务，始终坚持将发展作为执政兴国的第一要务。在使用过程中，可以让学生回顾从小到大以来身边有什么明显的变化，分析思考为什么会出现这些变化，出现这些变化的原因是什么，引导学生进一步理解我们党要始终代表最广大人民的根本利益，要以发展作为执政兴国的第一要务，用发展来解决前进中的问题，不断满足人民的利益需求。

案例2 醉眠“三关”吟三峡

[材料呈现]

纵观竞争激烈的中国白酒市场，都面临着一个严峻的现实：面对风云突变的买方市场，如何制造品牌走俏千家万户，如何稳中求发展获取巨额利润为国家、为工厂、为工人积聚更大财富，这个在市场经济中当代国人摸索探究的重大课题紧扣着千千万万人的心。

谁敢横刀立马，驰骋疆场，谁敢弄潮涛头，立身商海，不可逆料，前面该有多少艰难险阻，曲折坎坷。这不是绘画绣花，不是做文章，不能那样雅致，那样从容不迫，那样温良恭俭让。要的是意志、信念、力量、谋略，要的是天时、地利、人和、机遇，谁拥有这些，谁就是胜利者。

有谁知道又有谁相信，一个地处荒僻边陲、闭锁崇山峻岭深处的国有企业，居然在短短的一年时间里奇迹般地走出一片崭新的天地，好像万绿丛中一点红，令人雅慕芳姿，惊叹摄魂！这家国有企业——中国·三峡酒厂，如果在地图上寻找厂址的话，它深居湖北恩施州巴东县野三关镇。

如此边远的小镇国有企业，究竟有什么回天之术来书写奇迹？

美酒一杯话三峡

荧屏上一架波音“747”客机在浩瀚的大海上空飞翔，一个老教授的画外音传来，中国三峡酒厂地处神农架云雾山中，所生产的三峡酒用天然富硒矿泉水加多种五谷杂粮酿成，味道甘美，醇香可口。教授很有风度地品尝了一口……这则广告证明，大洋彼岸垂涎三峡酒者已大有人在，三峡酒有如此大的魅力，蜚声中外，有此知名度绝非一日之功。

史载巴东酿酒历史已有300余年，至于三峡酒厂的原始渊源，还有一个美丽的传说。过去有位书生偕书童赴县城乡试。行至野三关山岭下，忽闻阵阵悦耳之声，似钹铙轻敲，响脆悠然，又似琴瑟合奏，宛啭铿锵，二人惊悸之余，顺音而觅，终于索源在一山洞中发现一股清泉，突瀑喧腾，淙淙有声。书生仆童久恋玩耍，在周围采撷许多花果，放入泉中洗净品尝……数日之后，考中秀才的书生返回至此，远远就闻到一股幽幽醇香，原来前日未吃尽的花果在泉中自然发酵已酿成一潭“花蜜果酒”。秀才雅兴盎然，挥笔写下“响水洞”。随后秀才举家在此拓荒屯田，集食酿酒，其酒独特醇香，闻名遐迩。

这则故事比广告更富夺人效应。在这山水灵秀之地，吸天地之精华，聚自然之灵气，酿成美酒，试问酒祖杜康与天下酒客，会当一饮三百杯，醉卧三关眠芳草，乐乎？醉乎？……

1962 年，巴东县国营酒厂在原“响水洞酒行”的基础上兴建成功。在计划经济时代，巴东国营酒厂凭借其良好的水源、传统的酿酒技术，以及按计划销售的政策指令，雪球越滚越大，特别是在改革开放的前二十年，酒厂步入前所未有的辉煌时代。

1993 年 12 月，原巴东国营酒厂正式更名为“中国·三峡酒厂”，成为全国 30 家、湖北省 15 家重点白酒生产厂家，成为我国白酒行业中唯一合法使用“三峡牌”商标的厂家，产品由原来的单一白酒生产发展成为系列品牌，从一普通的县级企业发展成为国家重点企业，成为巴东县的支柱产业。跃上葱茏四百旋，这是它昨天的辉煌。

一旨大令治三峡

随着改革开放的逐步深入，市场经济主导整个经济运行过程，市场杠杆制约企业产品的竞争能力。在计划经济温床中养得憨肥臃肿的国有企业，面对激烈的市场竞争角逐，骤然感到心力交瘁。中国·三峡酒厂也随之力不从心，朝不保夕。

从 1996 年开始，三峡酒厂便有“一朝春尽红颜老”的颓势，为之经营策略失误，亏损严重，入不敷出，这些无疑是船漏更遭打头风，往日繁华随尘去，路断商贾无人问津，全厂上下一片令人无奈的沉寂，当时有人断言：酒厂是瘫，响水不响。

1997 年三峡酒厂勉勉强强在抗争中挣扎了一年，年终一组数字表明厂是很难办下去了，亏损额 216 万元，资产负债率 124%，这数字骇人听闻，但不空虚，这是实实在在的欠账，要知道欠账总是要还的，还账比挣钱更难，总不能捡树叶当钞票吧？

县领导眼睁睁看着支柱产业坍塌，于心不忍，难道巴东人民几十年的艰苦奋斗、凝聚几十年的心血让它付诸东流？厂里的职工大都意懒心灰，有技术的挥手自兹去，有门路的择而主行。难道自己亲手营造的家也治不好，还到别的什么地方去混饭吃？

1997 年 11 月，中共湖北省委书记贾志杰在巴东检查工作时明确指出：“三峡品牌是一笔巨大的无形资产，一定要保护、开发好。”这些指示的价值至今都是不可估量的。指示固然重要，但它的现实出路在哪里？

划“十”字没有用，从来就没有什么救世主，全靠我们自己，拯救三峡酒厂也一样，需要人而且是人才，无论一个企业的健康发展，还是一家企业的扭亏为盈，从市场经济的竞争来权衡最终落脚在人才上，这是关键的关键，诚然，濒临破产的三峡酒厂也不例外。

到哪里去相这么高级的管理人才，才能管好盘活巴东最大的支柱产业，巴东的财政少了它，日子可难过啊！要把这么一只巨轮修复后使它重新扬帆起航，稳舵前驱又谈何容易。人才啊！人才，你在哪里？

县委书记程远斌忧心忡忡一年，苦苦寻觅一年，前思后想一年，最终痛下决心，把人们公认的“还是一块料”的县委常委谭显爱从挂职锻炼的浙江杭州下“旨”调回，走马出任三峡酒厂党委书记兼厂长。

这下好了！丈夫生世会几时。把一个县委常委安排到一家企业当一把手在巴东的组织史上是绝无仅有的，可以想见，人们给予他的期盼与重托。

谭显爱是在大山中伴着清苦日子长大成人的，从小就养成了勤劳好学的习惯，从恩施工校毕业后到煤矿任技术员，不久升任为矿长，年仅 26 岁。人才，走到哪里都是人才，难怪说人才难得的。他先后出任县委办公室科长、主任、县直机关党委书记、县委政研室主任、县委常委等职。一路走来沉稳练达、精明能干，难怪县委书记玩韬晦之略缓而任之的。

有着丰富企业实践经验的谭显爱，不愧是见过世面到“大地方”挂过职的人，深谙扭转企业门道首先抓的是人，在他出任厂党委书记和厂长的时候，便拉上了一位精通机关和财会工作的助手谭文教作为副厂长，成立了新的厂党委和厂委班子。他经过一个多月的调查研究，为厂“处方会诊”，确定出一整套整改方案，并逐一付诸实施。

新班子首先从解放思想、更新观念起步。在学习邓小平理论及相关政策的同时，紧密联系厂里的实际情况，让每个干部职工自觉检查自我，解剖思想行为，找出差距，寻找弥补不足的办法，各出良策，制定厂里的发展方略及相应措施。

一幅酒厂的生存与发展的蓝图描绘出来。没有浓墨重彩，“莫把西湖比西子，淡妆浓抹总相宜”。

以“二次创业，加速发展”总揽全局，以解放思想、更新观念为主导，以党建求发展、名牌求生存为宗旨，以千方百计抓机遇、占据市场为目标，新班子制定了1998年新增产值过亿元的具体计划和措施。

古云：下应民心上应天。思想上的统一确定了行动上的一致。全厂上下，一个知厂情、求发展、做贡献的生动活泼的局面很快形成。

改革的刀子剔着人们的骨肉，哪能只是简单的呻吟与剧痛，没有坚实的思想基础，没有对党和人民的忠诚信念，要解除传统的观念与积习比硝烟中拼杀更残酷、更惨烈、更艰难。

一是用人制度的改革。这是最微妙、最敏感的关键一步。古今中外的改革者一涉及人事大都在改革的路上却步失败。一种网状的、盘根错节的社会人事关系与亲缘裙带关系构成一道错综复杂的屏障，要冲破剪除它，必须有铁的手腕与铁的权威。

所幸，贵在人和。全厂普遍推行干部聘用制、工人合同制、对符合条件的干部职工择优录用，对年龄大、无技术、无能力的干部职工实行内退、分流。在调整、清理、清退的过程中，厂里态度坚决，不认关系，不认后台，处理明正，阴阳分晓，全厂调换分流人员300多人，如此艰巨的“疏导工程”全然是在有条不紊的状态下完成的。

旧的不弃，新的不来，于是向社会敞开“招贤纳才”的大门，注重德才兼备的选人任用标准。同时为国分忧，主动接收库区移民250多人充实生产第一线。

二是工资分配制度的改革。遵循以“贡献大小定报酬，贡献大报酬多”的原则，坚决打破大锅饭，拉开分配档次。实行管理干部年薪制；生产工人成本否决，吨酒工资含量制；销售人员利润否决，工资和费用比例分档包干制；车队、多种经营租赁责任制等现代企业管理模式制度。

三是建立干部绩效考评制度。厂成立干部考评领导小组，定期或不定期对干部进行跟踪考评，对不胜任者调岗或免职。

这些举措，真正使工人群众懂得了改革就是出路的道理，离开了安身立命的厂子也觉轻松放心，留下来的更安心苦干，一个个就像戴上紧箍儿，往日拖沓之风荡然无存。

千万注意：一个企业在正常生产的前提下，产品质量是第一生命，把握产品质量是企业管理中至关重要的环节，生产再多，废品一堆，无人问津，岂不浪费人力物力。三峡酒厂在谭厂长的带领下，实行全程监控，以现场管理、成本管理、劳纪管理和质量跟踪管理为重点，下大力抓生产基础环节，守住质量的关键环节，层层分兵把关，不可有丝毫懈怠。三峡酒厂能有今日的风光，没有过硬的质量作保证是不可能立身商海、备受垂青的。

一个单位的内部治理固然重要但也离不开对外在环境的形象的陪衬。“云想衣裳花想容。”表象虽不能表现实质，但毕竟是实质的一种表现形式。谭显爱具有现代企业家的资质，他把工厂的山光水色与现代化的人工装点美化相结合，协调、宽松、秀美的环境给人一种赏心悦目的惬意，既提高了工人的生活质量，又改善了工人们的饮食起居条件。1998 年共平整场地 5330 平方米，修筑水泥路面 2100 平方米，建花台 40 个，植树 2 万株，安装路灯 64 只，办公室和围墙都修葺一新。自来水安到职工家里，从此结束了挑水吃走黑路的历史，工人称赞谭厂长是持家的，不错，是个理家的好手。

一年，是的，短短的一年，中国三峡酒厂像经历了一个阴冷漫长的冬季，在改革的春风中苏醒复活了，在谭显爱的手里变了，变得秀美健壮。它崛起的希望已成定势，它与三峡平湖的出现互为映托，泉水与江水融汇交乳，三峡号子不再是沉浑悲凉的咏叹调，它应当是一首高亢激越的改革者的壮歌。

入主“三关”醉三峡

州委州政府提出“第二次创业，走向未来”的经济发展思路，谭显爱是这个口号的探索应验者。他之所以盘活中国三峡酒厂，浓缩成简单的几个字就是：创业向未来。“德人无累，知命不忧”。只有把握住时代发展的脉搏，审时度势抓机遇，一切从实际出发抓准改革的路子，什么人间奇迹都可以造出来。

一年时间，同样又出现一组数据，却反映出三峡酒厂翻天覆地的变化。这一组全新的数字凝聚着改革者的智慧和血汗，振奋人心，可喜可贺！

1998 年，三峡酒厂现价工业产值 6946 万元，比上年增长 6.2 倍；实现销售收入 6643 万元，比上年增长 8.2 倍；实现租金 896 万，比上年增长 7.8 倍；职工人均利税 1.67 万元，缴纳税金 600 万元；实现利润 446 万元，扭转亏损绝对额 662 万元；社会贡献总额达 1686 万元，比上年增长 12 倍，职工人均 3.15 万元。

这一组数字，不，应当说它是一匝匝鲜活的崭新的钞票的叠印。三峡酒厂的广大职工和他们当家的把水变成金已成现实，这应当把酒庆贺，喝他个痛痛快快。醉卧“三关”君莫笑，人生得意有几回。

话又说回来，成功不比喝酒，哪有那么悠闲轻松，陶然忘机。三峡酒厂辉煌的今天是对付出代价的巨大回报，还可以说是一种激烈竞争的逼迫使然。

他们走科技兴厂之路、培育知识产权，成立科学技术研究所，聘请专家学者专门研究以“三峡醇”为代表的 15 个品牌进行硒、锶等元素测定，以营养保健赢得消费者放心，使之喝上放心酒。

他们从地域、历史、习俗、风情等各方面考察探究酒文化底蕴，紧紧抓住消费者心理，生产出高、中、低档各类瓶装或散装白酒，持久而广泛地占据市场，让消费者喝上舒心酒。

他们紧紧抓住“三峡”这块著名品牌，充分发挥这笔无形资产的现实效益，响亮提出“培育名牌、宣传名牌、保护名牌、发展名牌”的口号，生产中的全部检验以名牌兴厂稳厂为准则，让消费者能喝上安心酒。

他们也知“三日要有新鲜味”这个常人对生活的索求，生产一代，研制一代，储备一代，使企业的生命线——产品质量具有持续稳定性，始终立于不败之地、诱发消费者心理、让消费者喝上新鲜酒。

是的，世间万类万物，相连相倚，互为生存，酿酒者倚赖尝酒者消费，嗜酒者有求酿酒者生产，在众多的生产者与消费者之间互为选择竞争，质量“金不换”是二者共同追求的通天至宝，中国·三峡酒厂手捧这件宝贝一路斩关夺隘才迎来今日希望的曙光。

九州会友出三峡

毋庸讳言，中国三峡酒厂有它过去的辉煌，我们坚信更有它希望的未来。不信但看筵中酒，千瓶万瓶是“三峡”。

三峡酒厂在拓展市场空间上，坚持“立足恩施、挤占宜昌、主攻武汉、辐射沿海”的经营销售方针。到处插足，到处伸手，逐步建立起一个完整的销售网络，省内县市基本囊括，周边扩张东至山东郓城、江苏无锡，西至广西柳州，南至广东深圳，真正有点“霸权主义”的势头。

不是吗？在鄂西的任何商贸集市、楼台馆舍、蓦然之间，三峡白酒系列便与消费者耳濡目染，举手可得。中央电视台、湖北电视台、鄂西电视台、《长江日报》《楚天都市报》《中国三峡工程报》《三峡晚报》等多家新闻媒体都以重头文章，特写镜头展示它的风范靓影，有如杨贵妃得宠一时“回头一笑百媚生”仅止如此么？君不见长江大桥霓虹灯箱辉耀夺目，斗大“三峡酒”三个大字赫然醒目，连龟山蛇山也不禁流涎生津。那些楚天酒客黄鹤楼中临江酹“三峡”，酒酣兴浓抒发思古之幽情，赧颜羞问巫山神女曾否春梦阳台……

“318”“209”国道线上巨大的长幅广告架路横跨，当空赫书“三峡醇”，童妪老叟、千门万户、家喻户晓“三峡酒”。如今它既是人们餐桌上的玉液琼浆，也是人们茶余饭后休闲时屏幕出现的芳姿倩影。它无处不在，无处不有。一个谭显爱把它弄活了、弄俏了。那种“好酒不怕巷子深”的陈旧销售观念，受社会与时代的无情嘲弄。树立企业形象，宣传自己的产品，是当今企业发展的必由之路。

把酒酹滔滔，心潮逐浪高，但愿三峡酒，天下共为友。①

［思考讨论］

结合材料讨论，中国三峡酒厂是如何起死回生发展壮大的？

［案例点评］

在社会主义条件下发展市场经济，建立社会主义市场经济体制，是我国改革开放的伟大创举，推进了我国经济、政治、文化和社会发展。建立社会主义市场经济体制，必须坚持和完善公有制经济的主体地位。公有制的主体地位主要体现在：公有资产在社会总资产中占优势；国有经济控制国民经济命脉，对经济发展起主导作用。国有经济对于发挥社会主义制度的优越性，增强我国的经济实力、国防实力和民族凝聚力，具有关键性作用。

① 材料源自恩施州土家族苗族自治州统计局．恩施腾飞的半个世纪（1949—1999）［M］．恩施，1999：143—147.（内部资料）

巩固和发展公有制经济，必须大力发展国有资本，就需要进一步增强国有企业的活力。通过大力推进体制、技术和管理创新，发挥市场机制和国家宏观调控的作用，理顺分配关系等措施，在国有企业建立中国特色现代企业制度，使其成为适应市场的竞争主体，有利于国有企业的做大做强，有利于中国特色社会主义经济的健康发展。

创新是一个民族的灵魂，是国家兴旺发达的不竭动力，对企业来说也同样适用。三峡酒厂之所以能在短短的一年时间里实现复兴，首先是中共湖北省委、巴东县委重视国有企业的发展，选用得力人才担任酒厂党委书记兼厂长；其次是厂党委书记和厂长谭显爱带领全厂职工从解放思想、更新观念起步，大力开展企业的体制、技术和管理创新，包括用人制度改革、工资分配制度的改革、建立干部绩效考评制度、成立科学技术研究所等，以硬管理、高技术、活体制为基础，狠抓生产基础环节，守住质量关键环节，以名牌兴厂稳厂为生产检验准则，层层把关，从地域、历史、习俗、风情等各方面考察探究酒文化底蕴，把握消费者心理，生产出各级各类产品，让消费者喝上放心酒、舒心酒、安心酒、新鲜酒，并通过各种网络媒介进行宣传，建立起一个完整的销售网络，才使得三峡酒能够持久而广泛地占据市场，使得三峡酒厂逐步树立企业形象，起死回生并走向辉煌。

［教学建议］

1. 本章适用于第七章第二节“‘三个代表’重要思想的主要内容”部分内容的辅助教学。

2. 本案例讲述了中国三峡酒厂在湖北省委、巴东县委的重视下，在厂党委书记兼厂长的谭显爱的带领下，进行企业改革，成功走出困境走向辉煌的故事。使用时，要引导学生正确认识我国国有企业的重要意义，深刻思考国有企业要想在激烈的市场竞争中生存必须主动应变，进行现代企业制度改革，从而使学生对我国国有企业的改革前景充满信心。

案例3 立党为公，执政为民
——记利川市汪营镇委书记蒋代成

[材料呈现]

在美丽迷人的清江源头，有一座古老的集镇——利川市汪营镇。在这里，只要一提起镇党委书记蒋代成，大家都亲切地称他为“人民群众的贴心人”“勤政为民的带头人”。

39岁的蒋代成在党务工作岗位上工作了14个年头，积累了丰富的工作经验。在他担任市委宣传部副部长兼机关党支部书记和利川报社社长兼总编辑期间，机关党的建设上了一个新的台阶，报社事业得到跨越式发展，成为全州宣传文化战线上的一面红旗。在他担任原石坝镇党委书记期间，每年两个文明建设综合考评均位于全市前列。

2001年3月，石坝合并到汪营后，蒋代成同志担当起了利川市第一人口大镇汪营镇党委书记的重任。他暗自发誓：要以焦裕禄、孔繁森为榜样，为官一任，变化一方，让老区人民尽快脱贫致富。

把着力点放在基层

蒋代成担任汪营党委书记后，通过近3个月深入调查产生了自己独特的思路。决定把工作的着力点放在村一级。他有一句话，使“一班人”受到震动和信服：“基础不牢，地动山摇。”

农村工作千头万绪，村级组织参差不齐，问题很多。蒋代成召开了主题会议，将农村基层组织建设放到党政工作的突出位置。他说：“农村工作到村级已没有退路，是前线的指挥部和战斗队，事关全镇全局，基础不牢，地动山摇，要下决心抓。”

2001年8月，蒋代成同志抓住全镇村两委普遍换届的契机，对全镇村级班子进行了有组织、有计划的整顿。他充分尊重基层党员的民主权利；村委换届要严格贯彻落实村民委员会组织法；同时提倡村干部在两委中交叉任职。他先后直接参与了7个村的换届选举工作，一大批有作为、有水平的中青年进入了村级领导班子。双岭村党员张守国杀猪摆肉案，每年要挣1万多元，当选为村党支部书记后他说："全体党员的信任，是钱都买不到的！"张守国毅然封刀，他告诉党员和村民们：本届村支部若不能为大家办几件实事，我这个书记就主动辞职！交椅台村养鱼能手张能勋，这次当选为村民委员会主任，他在大会上表态说："我一定要带领全村村民走上科学致富的道路。"扎实的村级班子整建，使汪营镇全镇农村基层组织呈现出勃勃生机。2002年7月，市里派到该镇调查农村基层组织建设的领导，深有感触地说："汪营镇村级班子建设真是抓到了点子上。"

解决了有人管事的问题，蒋代成又带着镇、村干部多渠道筹措45万资金，为全镇各村修建、改建了比较规范的办公室，配齐了电教设备。天山坪、甘泉坝、香树分别修建了一栋办公楼，使村务工作井然有序，赢得了干部群众的声声赞许。在红鹤坝、高坎子将破旧的办公楼整修一新。苏家桥、交椅台别开生面，分别将书记、主任自己的住宅改造成了村级办公室，漂亮又别致。在9个试点村的带动下，全镇其他村（居）委会都以试点村为标准，规范活动阵地；抓制度建设，规范干部行为，为农村经济的发展提供了组织保证。制定了村民议事、财务监督等一系列规章制度，规范了村干部的行为。2001年以来，全镇村民代表讨论形成的决定达250多项，村民代表提出的合理化建议120多条，许多建议不仅对本村，而且对全镇起到了参谋作用。全州村级组织建设工作会议现场参观了石坝、齐跃桥和红鹤坝三个村，并给予了高度评价。

严字当头

蒋代成上任以来，始终坚持"严字当头"。他对所有"吃皇粮"的相关干部要求严，对党员要求严，对"一班人"要求更严。他说：管理党员、管理干部，不是靠"人治"，更不是靠领导发脾气，而是靠党、靠纪律、靠制度。这也叫"法治"。他认真抓了党政机关一系列规章制度。如镇党委制定了党委中心学习小组学习、班子成员信访接待日、民主生活会、勤政廉政、财务管理、干部职工请销假等一系列制度。在工作目标管理上，建立和完善了领导班子成员任期目标制、各项工作目标考核体系和基层组织建设会议、党委班子成员工作联系点等制度，出台了干部年度考核办法和村干部管理办法等。

严字当头，首先是“班长”对自己要求严，他以身作则，率先垂范，使制度落到实处。有一次，镇里开班子会，他因在市里争取项目资金耽误了时间，开会迟到了10分钟，按照规定应处罚20元，他刚一踏进会场向班子成员做出检讨后，主动地将20元的处罚金交给了镇纪委书记。从那以后，凡是班子成员开会，除因有特殊事情请假外，没有一个人开会迟到过。

为了切实转变干部的工作作风，他们规定班子成员每月到联系村指导督促工作必须在10天以上，到村解决问题的情况由村干部签字，班长亲自督查管理，联系点工作的情况每季度向党委汇报，成效与班子成员年底待遇落实相结合，奖勤罚懒、奖优罚劣。班子成员到村工作时间每月一般都在15天左右，蒋代成自己联系的石坝村，每月都在10天以上，并长期坚持写民情日记。为了帮助驻点村新上的700万条编织袋厂的项目，蒋代成要项目、跑资金、找信息、引技术，呕心沥血，正是他的全力扶持才使得这个项目从建厂到出产仅用了3个月时间。在年底全镇评比考核中，石坝村各项工作名列全镇第一。狠抓作风建设这一招，使全镇干部由坐在台上发号施令转到了深入村组倾听群众呼声、解决实际问题上来，密切了干部群众的关系，推动了各项工作的落实。

蒋代成同志在抓严格管理的同时，十分注重思想政治工作，拿起批评与自我批评的武器。他特别关心干部职工的思想、学习、工作和生活，哪个单位班子内部有意见，哪个干部情绪有波动，哪怕是些细微的，都记录在蒋代成工作的笔记本上，惦记在他的心上。他总是要挤出时间登门入户地了解座谈，不厌其烦地疏通，化解矛盾、澄清认识、理顺情绪，使干部职工全身心地投入工作中来，使工作的积极性得到空前的调动。如他了解到一部分干部不适应新时期经济工作，迫切希望提高，他下决心组织了一批又一批的镇、村干部到各类大中专学校学习深造。几年来，全镇到大专以上的学校学习毕业的镇干部有25人，到中专学习毕业的村干部有18人。同时，镇党委每年都要分别举办村主职干部、村级后备干部、镇直部门负责人、党员骨干等一系列培训班，无论自己的工作有多忙，他都要抽出时间亲自授课，从而保证了培训的质量。

兴镇为民

汪营系全州大镇，又是省际边界大镇。抓好集镇建设是历届班子最劳心的一件事，蒋代成十分清楚这一点。兴镇要靠民，首先要为民。必须按“三个代表”要求，一切从人民利益出发，大力发展民营企业，搞好投资环境。

随着市场经济发展，民营业主成了镇的主角。为了把“主角”请进来，蒋代成同志带着镇班子成员，绞尽脑汁，左跳右求，两年多来全镇共向上争取和筹集资金2028万元，重点解决了集镇整治、人口饮水、农网改造、水土保持、公路维建等基础设施建设。用78万元加强了集镇建设，硬化公路面积5000平方米，修建集镇下水道4000米，建设停车场300平方米，同时还建设、整修了水果市场、煤炭市场、黄连市场、材料市场等5大业市场。既方便了农产品流通，又为培植民营企业创造了条件。两年多来，先后引进资金1000万元，创办了后坝页岩砖厂、白果松子化工厂、天上坪立体农业开发场、鱼龙加油站、天然气供气站、天佛食品有限公司、振利科技开发中心、向阳坪林场等民营企业。民营进镇后，镇委十分关心民营企业主政治生活，建立了领导与民营企业的联系制度。从2001年起，镇党委、政府不仅让民营企业主列席人民代表大会、部门行风评议等活动，还召开了民营企业座谈会、走访民营大户等形式，为民营经济构筑了良好发展平台，为民营兴镇做出了贡献。现在，全镇有民营户465户，2002年年入税285万元，占财政收入的45%，其中百万元以上的纳税户1户，10万元以上的纳税户5户，5万元以上的纳税户18户。

一片丹心向人民，换来了汪营的繁荣。2002年全镇农民人均纯收入达到2178元，比2000年增加17%，财政收入实现历史性突破，完成市下达任务数的109%，他的工作也得到了党和人民的肯定，他所在的单位——汪营镇党委曾被省、州、市分别命名为“六好”乡镇党委的光荣称号。2001年7月曾被省委表彰为优秀党务工作者。2002年7月被选为州党代表。如今他正带领全镇9万多人民，在清江源头贺龙曾战斗过的土地上，谱写着一曲新的“清江壮歌”。①

［思考讨论］

1. 通过阅读材料，谈一谈蒋代成的事迹带给我们的启示。

2. 联系蒋代成的事迹谈谈为什么我们党要始终坚持先进性？

［案例点评］

① 材料源自中共恩施州委宣传部，恩施州老区建设促进会．今日恩施老区［M］．恩施，2003：213—217.（内部资料）

办好中国的事情，关键取决于党。中国共产党是中国工人阶级的先锋队，同时是中国人民和中华民族的先锋队，是中国特色社会主义事业的领导核心，肩负着实现中华民族伟大复兴的庄严使命。高度重视和不断加强自身建设，是我们党由小到大、由弱到强，从挫折中奋起、在战胜困难中不断成熟的一大法宝。

中国共产党来自人民，根基在人民，血脉在人民，力量在人民。为人民服务，是贯穿百年党史的价值红线，是我们党坚守初心、永葆本色的价值之“根”。我们党的一切奋斗和工作都是为了最广大人民的根本利益。蒋代成正是秉承着自己“为官一任，变化一方，让老区人民尽快脱贫致富”的初心，践行着人民利益至上的要求，才成为“人民群众的贴心人”“勤政为民的带头人”，是党员干部立党为公、执政为民的楷模。

先进性是马克思主义政党的生命所系、力量所在。保持党的先进性，必须不断推进党的思想建设、组织建设、作风建设、制度建设等，使党的方针政策能够顺应时代和社会发展的需要，使各级党组织的创造力、凝聚力和战斗力不断得到提高，从而不断满足人民日益增长的生活需要。党的基层组织是党的全部工作和战斗力的基础。基础不牢，地动山摇。必须适应新形势新任务的要求，不断加强党的基层组织建设。蒋代成正是坚持一切从人民利益出发，为保持党的先进性，加强了党的各方面建设。一是将农村基层组织建设放到党政工作的突出位置；二是抓制度建设，制定一系列规章制度，规范干部行为，为农村经济的发展提供了制度保证；三是坚持严字当头，以身作则，切实转变干部的工作作风，密切了干部群众的关系；四是组织干部学习深造，以批评与自我批评为武器，切实提高干部的政治思想认识。这一系列措施为全镇建立起了一支立党为公、执政为民、作风优良、纪律严明的干部队伍，保持住了党的先进性，从而赢得了人民的信任和支持，换来了汪营镇的繁荣发展。

[教学建议]

1. 本案例适用于第七章第一节“‘三个代表’重要思想的核心观点”、第二节“‘三个代表’重要思想的主要内容”部分内容的辅助教学。

2. 本案例简述了汪营镇党委书记蒋代成立党为公、执政为民，不断加强党的各方面建设，兴镇为民的事迹。使用时，可以安排学生收集家乡所在城市或者乡村优秀共产党员的故事，小组进行分享，讨论这些优秀党员事迹给予我们的启示，引导学生深刻认识造福人民是我们党的一切奋斗和工作的目的，只有不断推进党的各方面建设，使党始终保持先进性，才能确保我们党不被时代和人民抛弃。

案例4 招商引资见成效

［材料呈现］

一、“九五”招商引资主要成果

“九五”时期，特别是1998年恩施州成立招商局以来，全州招商引资工作在州委、州政府的正确领导下，取得了可喜的成绩。

（一）“九五”招商引资见成效

从1998年到2000年年底，全州共签订招商引资项目合同322个，合同金额24.87亿元，现有230个项目开始实施，128个项目竣工投产，共到位资金6.15亿元。投产企业共安排就业人员3586人，实现营业收入64042万元，缴纳税收2475.4万元，盘活原有企业资产14455万元。自1998年起，州委、州政府连续三年分别在福州、温州、深圳举行了三次大型招商引资活动。1998年福州招商引资洽谈会上签订正式合同项目24个，其中有17个项目合同开始实施，有8个项目竣工投产，现已到位资金14685万元。1999年温州招商引资洽谈会上签订正式合同项目76个，其中有40个项目已开始实施，有19个项目竣工投产，现已到位资金20438万元。2000年深圳招商引资洽谈会上签订正式项目合同26个，其中有13个项目已开始实施，现已到位资金3890万元。

（二）引进了一批优势项目，培植了一批后劲财源

“九五”时期，全州招商引资引进了一批优势项目，培植了一批后劲财源。如全州最大的招商项目——四县二市天然气工程，总投资3.12亿元。该工程现已完成投资1.4亿元，恩施、利川两市天然气工程已于2000年通气点火，现已入户安装用气2000多户。宜昌清河集团租赁州顺达纺织公司纺纱分

厂，两年多来共安排440名下岗职工就业，发放职工工资近500万元，支付租金及养老统筹金130多万元，支付水电费460多万元，缴纳税金42.2万元。宜昌鑫纺贸易公司2000年5月租赁顺达公司织布分厂半年多来，共织布200多万米，出口创汇55万美元，安排245名下岗职工就业，已入税近20万元。两公司盘活了顺达公司3500多万元闲置固定资产。湖北城明集团2000年8月承债式整体并购原恩施制药厂组建了湖北施恩堂制药有限公司。该企业改制重组后，一次性买断职工工龄380多人，支付补偿金、养老金、医疗费等495.5万元，承担银行债务1173万元。该公司决定从2001年开始实施技改扩能计划。技改实行一次规划，分步实施，用三年时间完成5000万元技改任务。技改项目实施后，既能使该企业顺利通过国家GMP验证，成为一家生产中成药、西药、原料药的综合性制药企业，又能使公司每年实现产值2.78亿元，实现利润4970万元，上缴国家税收1830万元，还能安置480人就业。武汉清诚食品集团与日本客商合资在咸丰兴建中日合资咸丰清诚和明魔芋精粉有限公司，2000年4月完成第一期2200万元投资。武汉国有资产经营公司投资控股的湖北稀世宝矿泉水公司生产的稀世宝矿泉水畅销北京、武汉等地。台湾客商在咸丰投资建设的湖北仁仁硒茶公司、河南矛盾集团租赁恩施市日化总厂、浙江客商在建始县创办的琉璃瓦厂等一批企业经营情况良好。一批重点项目正在抓紧施工。湖北方成实业公司和生盛投资公司与鹤峰县合资2.2亿元建设芭蕉河二级电站项目，目前已到位资金6000万元，主体工程即将完工，2001年10月可竣工发电。两公司还与鹤峰县签订了合作开发芭蕉河一级电站的合同。香港捷星公司与咸丰县签订的重钙超微粉加工项目，现已到位资金188万港元。

（三）引来了一大批客商考察、洽谈合作项目，提高了恩施州的知名度

三年内，来恩施州考察洽谈项目的州外客商每年多达200多批次、600多人次。来考察的客商有美国、英国、德国、加拿大和台湾、香港、澳门、浙江、广东、福建、上海、江苏、湖南、四川、重庆、北京、天津等国际国内的客商。这些客商的到来，对恩施州特色资源、优势项目、优惠政策、软硬环境建设等情况有了一定程度的了解，既加深了认识，又建立了联系，也提高了恩施州的知名度。

二、“九五”招商引资主要举措

（一）重点推出一批前期工作扎实，具有吸引力和竞争力的招商引资项目

各县市、州直各部门把项目的筛选、论证、编制作为招商工作的基础工作来抓，重点围绕富硒特色资源、绿色食品资源、丰富的水能资源、名优中药材资源、山地资源、旅游资源以及交通和供水等基础设施建设、房地产开发等领域筛选、论证、编制招商项目，三年共筛选、论证、编制了招商引资项目460多个。并将一批重点优势项目翻译成中英文对照文本，向外推介。通过招商洽谈活动、多媒体网络和产品展销活动等渠道对外推介发布引资项目400多个，收到了很好的效果。

（二）切实加强对外宣传，树立对外开放的良好形象

三年来，通过州内新闻单位和东南沿海新闻媒体多层次、多侧面的宣传，增强了对客商的吸引力。一是编印《恩施投资指南》和《招商广场》，向州内外宣传和推介全州的优势资源、优惠政策、优良环境、优质服务和民族特色产品；二是与《恩施日报》配合，办好“开放强州、招商引资”栏目；三是与鄂西电视台联合制作了《神奇的恩施》《开放的恩施》《西部大开发中的恩施》三部电视专题片，先后在东南卫视台、浙江卫视台、广东卫视台、深圳电视台、广州电视台展播宣传；四是制作大型图片展板和组织一批名优新特稀奇产品展销宣传；五是组织网上宣传，与湖北电信公司恩施分公司联合制作了《恩施招商》主页，将全州招商引资项目、优惠政策、名优新特产品、特色资源、州情简介等进行上网推介，面向全国、面向世界推介恩施，展示恩施州对外开放的良好形象；六是利用各种洽谈会推介项目。

（三）围绕国企改革，全力推进招商引资

引进客商盘活部分企业，使一部分国有企业又重现了生机。城明集团于2000年5月正式承债式整体并购州制药厂，注册组建湖北施恩堂制药有限公司，整体盘活原国有资产4000多万元。1998年10月，与宜都市清河纺织集团多次洽谈，提供周到服务，将顺达公司纺纱分厂租赁给清河集团经营，一举盘活该公司纺纱分厂闲置存量资产2265万元。2000年5月又洽谈增资扩锭技改事宜，双方协商签订合同，清河集团再续租纺纱分厂五年，共计租赁经营

10 年。宜昌鑫纺公司刘一先生租赁顺达公司织布分厂、武汉国有资产经营公司投资控股湖北稀世宝矿泉水公司、河南矛盾集团租赁恩施市日化总厂等，盘活了近亿元的国有资产。

（四）精心办好大型招商洽谈会，集中招商结硕果

经过几年的招商引资，恩施州已探索出一条贫困山区、民族地区开门招商、引进外资推动经济发展的成功之路。1998 年在福州招商引资取得了较为显著的成效。随后又在温州、深圳等沿海开放发达地区举办了两次大型招商引资洽谈会。三次洽谈会上不仅签订了一批合作项目合同，销售了一批特色产品，而且通过展出“华中宝地、世界硒都”大型宣传图片，发送资料，展播电视艺术专题片等一系列宣传推介活动，使恩施州在东南沿海地区受到了普遍关注。

（五）狠抓合同项目实施，努力培植新的经济增长点

全州一边组织对外招商，一边狠抓签约合同项目的实施。在合同项目实施中，一是抓三次集中招商签约项目的开工建设，二是抓重点项目启动督办，三是建好签约项目实施台账，搞好跟踪督办服务。

（六）加大扶持服务力度，为外来企业排忧解难

一是为外来企业提供优质服务。二是协调各级各部门为外来客商创造一个良好的环境。三是不定期召开州外客商座谈会，听取客商对我州招商引资工作的意见和建议，并对客商提出的要求给予解决。四是落实招商引资优惠政策，使客商得到实惠。五是抓重点示范，树榜样形象。坚持把湖北施恩堂制药有限公司、恩施天然气工程、湖北稀世宝矿泉水公司、中日合资咸丰清诚和明魔芋精粉有限公司、鹤峰芭蕉河二级电站、恩施州清河纺织公司和州鑫泰公司等项目作为示范样板企业来培植，使其在州内成为重点示范企业，在州外成为恩施州对外招商的广告牌。

三、“十五”时期发展规划

“十五”时期，全州招商引资工作将以邓小平理论、江泽民同志“三个代表”重要思想为指导，抢抓西部大开发机遇，扩大对外开放程度，提高利用外资水平，拓宽招商合作领域，提升引进项目档次，培植新兴后续财源，增强引进项目竞争力，确保招商项目质量和招商运作水平有很大提高，力争在招大商、招外商、招高新科技之商上有更大突破。具体目标是“82811”，即引进

合作项目到位资金8亿元以上，培植销售收入过500万元的外商重点企业20户以上，5年缴纳税收总额达到8000万元，招商企业安排州内就业人员10000人以上，招商企业出口创汇1000万美元以上。

（一）进一步解放思想，坚定不移地走“开放强州、招商引资”之路

抢抓西部大开发机遇，实施“开放强州”战略，把招商引资作为全州“二次创业”新的增长点来抓，借外力发展，是恩施州经济发展最现实的选择。全州上下必须进一步解放思想、更新观念、树立并形成全方位、多层次、宽领域、高水平的对外开放格局。

（二）进一步加大对外宣传力度，不断增强恩施州对外招商的吸引力

继续与恩施日报社、鄂西电视台、中国电信互联网等新闻媒体紧密配合，办好“开放强州、招商引资”之窗、“招商热点访谈”“招商专题片”“网上招商”等栏目，继续面向全国、面向世界推介恩施，广泛宣传恩施州在西部大开发中的招商引资优惠政策和特色资源、优势项目及民族特色产品，进一步增强对外商的吸引力。

（三）进一步落实政策，优化环境，改善服务

一是提供更加完善的招商引资优惠政策。二是组织清理、整治“三乱”行为，优化投资环境。在全州范围内开展投资环境调查评价活动，并有针对性地对影响开放强州战略的突出问题进行新闻曝光。三是积极在全州落实好20户招商重点企业的挂牌保护工作。四是组建州、县市外来企业商（协）会，组织客商开展自我服务、自我保护活动。五是组建适合州情的州、县市招商引资领导小组成员单位联席办公会，形成“一个窗口对外、一门式办证、一条龙服务、一次性办好”的从简、从快办事机制。

（四）进一步抓紧签约项目启动实施，继续巩固和扩大招商引资成果

一是建立健全集中招商签约项目和常年招商签约项目台账，定期掌握并通报外来客商投资合作动态、资金到位和投产见效情况。二是层层明确和落实确保项目按期启动的责任制，制定责任目标和跟踪督办方案及考核奖惩办法，切实做到一个项目、一个方案、一套班子、一抓到底。三是联合鄂西电视台、恩施日报社等各级新闻单位组成招商项目新闻督办专班巡回访谈督办，并定期通报项目实施进展情况。建立督办、协调、服务机制，切实为项目建设排忧解难，把招商项目建设抓出成效。

（五）进一步突出优势和特色，努力提高项目质量和水平

招商引资工作要上档次、上水平、出特色、出成果，就必须提高项目工作的总体质量。一是要突出优势打好西部大开发牌，唱响西部大开发戏。充分利用西部大开发的政策优势，促进大项目、好项目的编制、整合、推介工作。二是继续打好“世界硒都”牌，唱好特色资源开发戏，进一步推出富硒资源、绿色山地资源、生态旅游资源、廉价劳动力资源吸引投资者。有计划地筛选大型水电能源项目、基础设施建设、医药化工和富硒绿色食品开发项目 50 个以上，编译成外文项目资料送上“恩施招商热线”向海内外推介，寻求国际合作伙伴。三是继续精选 60 ~ 80 种民族特色产品和稀有绿色产品向州外展销。四是在全州组织 30 个开发潜力大、发展势头好、区位和资源优势突出的乡镇和 50 户资产状况较好、主导产品有明显市场竞争力的企业制定开发战略并整体包装推出，用优势资源、存量资产和特殊政策吸引客商和财团进山嫁接、重组、综合开发。

（六）继续办好大型招商洽谈活动，力争在招大商、招外商、招高新科技之商上取得新进展

全州在继续坚持抓好常年招商、全方位招商的基础上，继续在沿海发达地区举办 2 ~ 3 次大型招商活动，集中推出优势项目、特色资源和特色产品，加大宣传力度和扩大恩施州的影响，推动招商引资工作的健康发展。①

［思考讨论］

1. 恩施州招商引资采取了哪些主要措施？取得了哪些成果？

2. 结合材料谈一谈，恩施州是怎样实施“引进来”和“走出去”战略的？

［案例点评］

“九五”时期，州委、州政府带领全州党员干部和各族人民，采取了重点推出一批前期工作扎实、具有吸引力和竞争力的项目；切实加强对外宣传，树立对外开放的良好形象；围绕国企改革，全力推进招商引资；精心办好大型招商洽谈会，集中招商；狠抓合同项目实施，努力培植新的经济增长点；加大扶

① 材料源自中共恩施自治州委办公室．恩施阔步走向新世纪［M］. 北京：民族出版社，2001：165—171.

持服务力度，对外来企业排忧解难等措施，推进恩施招商引资工作取得很好的成效。一是引进了一批优势项目，培植了一批后劲财源；二是引来了一大批客商考察、洽谈合作项目，极大地提高了恩施州的知名度。同时，恩施州也做出了“十五”时期招商引资发展规划，抢抓西部大开发机遇，实施“开放强州”战略，树立并形成全方位、多层次、宽领域、高水平的对外开放格局，继续面向全国、面向世界推介恩施，提供更加完善的优惠政策，优化投资环境，努力提高项目质量和水平，继续办好大型招商洽谈活动。

对外开放是一项长期基本国策。中国要发展、要进步、要富强，就必须对外开放。“引进来”和“走出去”，是我们对外开放方针的两个紧密联系、相互促进的方面，缺一不可。恩施州招商引资工作始终贯彻“引进来”和“走出去”相结合的战略，打好“世界硒都”牌，集中推出优势项目、特色资源、特色产品和州情推介，扩大对外开放程度，加强宣传力度，树立了良好的恩施对外开放形象。一是把握国家西部大开发战略，向外推介天然气、水电、日化等一批重点优势项目，由此从国内外引进一批企业进驻恩施；二是唱好特色资源开发戏，围绕富硒资源、绿色食品资源、廉价劳动力资源、丰富的水能资源、名优中药材资源等筛选项目，向海内外推介，吸引投资者来恩施州洽谈合作；三是精选硒茶一系列民族特色产品和绿色产品，整体包装，通过产品展销活动向州外展销，让特色产品走出恩施；四是制作《神奇的恩施》《开放的恩施》《西部大开发中的恩施》电视专题片，以及“华中宝地、世界硒都”大型宣传图片等，利用电视台、多媒体网络等向外推介恩施，展示恩施特殊州情，树立良好的恩施特色形象。

[教学建议]

1. 本案例适用于第七章第二节“‘三个代表’重要思想的主要内容”部分内容的辅助教学。

2. 本案例介绍了恩施州在“九五”期间通过一系列措施招商引资产生良好成效的事例。使用时，教师可以适当补充当时实施“引进来”和“走出去”战略的背景，引导学生了解恩施州在招商引资工作中实施“引进来”和“走出去”战略的原因、经历以及取得的成效，让学生体会到实施“引进来”和“走出去”相结合的对外开放战略的重要意义。

案例5　春满红土

［材料呈现］

山川秀丽、物产丰富的红土乡，位于恩施市东南边陲，门迎滔滔清江，背依巍巍大山。该乡一脚踏四县，东与建始县官店镇连界接壤，北与建始县景阳镇隔河相望，西与恩施市新塘乡一衣带水，南与鹤峰县中营乡、宣恩县椿木营乡群山相连。古往今来，勤劳质朴的土家儿女辛勤耕耘在这240平方公里的红土地上。

红土乡辖50个行政村，平均海拔为1450米。既是高寒山区，又是一块被烈士鲜血染红的土地，具有光荣的革命传统。早在第二次国内革命战争时期，贺龙元帅率红三军攻克红土溪，五上石灰窑，除恶霸，打富济贫，开展土地革命，建立了石灰窑、马富坝、白果坪、八斗田等10个红色革命政权。在此期间，红军将领陈海波和24名红土籍红军战士在与敌人的英勇斗争中献出了宝贵的生命，其中有8位红军烈士长眠在该乡白果坪村的八角庙。

改革春风吹拂着深山老区的4万多土家儿女，人们期盼发财致富，再不想过那“洋芋白菜拌水煮”的清贫日子。勤劳质朴的红土人民，紧紧依靠党的富民政策，拓宽思路求发展，调整产业增效益，到1998年，全乡农业总产值达到1.3亿元，比改革开放初期的1978年增长了10倍，人均纯收入实现了1410元，财政总收入由1988年的136.3万元增加到619万元，是1988年的5倍，粮食单产由70年代的150公斤上升到500公斤以上，连续10年，全乡粮食总产量人均千斤以上，全乡原有近1000户贫困户，现已整体脱贫，全乡近8个村正向小康迈进。如今，山乡巨变人安康，迎来了春色红满山。

乡镇企业如雨后春笋发展，以清江煤炭公司为龙头的黑色企业，在“安全第一”的原则下，开发了拥有2000万吨的红土煤田，平均年生产原煤约8

万吨，销售金额可达1200万元，创税120万元，产品远销全省各地，成为全省十大乡镇煤矿基地之一和全州煤炭生产的先进乡。

改革开放以来，红土、石窑两大集贸市场繁荣，个体私营经济蓬勃发展，到2001年，个体私营经济工商户已发展到3000余户，实现年营业额达3000万元，与此同时，村级集体经济也不断壮大，基本消除了村级经济“空白村”，村级经济总收入达1522万元。

种植历史悠久的魔芋，是全乡广大农民发家致富的传统优势产品，特别是自1998年以来，实施芋玉套种，连片成块，成为规范种植魔芋生产的第一乡。两烟（白肋烟、烤烟）生产一直是全乡农民增收、财政增效的主要财源支柱，年种植高峰期达2万亩，产量达9万担，产值为2500万元，当年财政收入达350万元。此外，柑柚、板栗、意杨、漆、茶、银杏、厚朴辅之庭院高效经济林果业和以“高岭药庄”为龙头基地的中小药材，总面积已发展到5万亩，已形成规模并初获经济效益。该乡石灰窑一带盛产的名贵中药材——窑归，2001年已在国际农业博览会展出，荣获全省特优名奖。

畜牧业生产是红土农民经济增收的又一主要财源。2001年，全乡共喂养生猪5万头，人均12头，销售商品猪2万头，年总产值达1000万元以上。为加大科技喂养力度和全面发展，近3年来，积极引进良种，狠抓栏圈改造。同时，以湖坪村为试点，实行种草养畜，兴建山羊基地5个，发展山羊2万只，大牲畜9000头，鸡、鸭、鱼的养殖已遍布千家万户。

要致富，先修路，在历届党委政府和上级有关部门的大力支持下，战悬岩，凿隧洞，义务投工捐款，修通了长达250公里的乡、村、组公路。2000年至2001年，完成了对马尾沟至高岭全长100公里的市乡主线公路的改造升级，乡政府组织资金120余万元将红土集镇1.7公里的公路水泥硬化一新。

全乡各类大小车辆发展到400台，初步解决了老区人民历史以来肩挑背驮的落后状况。在国家的扶持下，20年来，共修水渠80条，长达120公里。群众集资220万元，投工10万余个，解决了17个村的人畜饮水和农田灌溉。1998年，乡政府集资10万元，群众自筹资金10万元，解决了红土集镇4500余人的人畜饮水和工业用水难的问题，绝大部分村组及50%的农户吃上了自来水。

曾一度猖獗一时、横行乡里的黑恶势力，通过一年多来“严打”整治综合治理，社会治安稳定，人民安居乐业。通过普法教育，人们的法制观念不断增强，2001 年，被州市表彰为社会治安综合治理先进乡。计划生育工作秩序井然，广大育龄妇女自觉落实国家计划生育政策，人口出生率常年控制在千分之八以下，曾连续四年被表彰为全市计生工作的先进乡。

邮政通信事业发展一日千里，现已建成两个微波数字发射台，安装了 600 余台程控电话，拥有 3000 多部手机。“村村通”电视覆盖面已达 80%，到目前为止，电视已发展到近一万台。文明新村建设正在加快步伐。国家扶持的移民搬迁工程即将全面竣工。

红土乡文化历史源远流长，人才辈出，有“东乡文化圣地”之美称。据统计，在国家、省、州、市工作的红土籍人已达3000 多人左右。自1998年起，政府加大对教育事业的投入，新建了红土民族中学综合大楼、师生宿舍、天落水希望小学、平锦春蕾希望小学、乌鸦小学、石灰窑中（小）学等 10 座学校校舍。乡政府用于教育经费的投资总额达 320 万元，社会集资 200 万元，经省、州、市各级领导检查，红土乡“普九”工作全面达标。红土人谱写了建设老区、发展老区、致富老区的历史篇章，并决心建成全州的强乡之一。①

［思考讨论］

1. 红土乡是如何实现整体脱贫、向小康社会迈进的？

2. 如何理解“总体上达到小康水平”和“全面建设小康社会”的联系和区别？

［案例点评］

经过全党全国各族人民的努力，到 20 世纪末，我国实现了现代化建设“三步走”战略的第一步和第二步的目标，人民生活总体上达到了小康水平，这是中华民族发展史上一个新的里程碑。但是，我国刚刚进入小康的门槛，在世界范围内还属于低收入国家，只是解决了基本生存需要，离富裕还较远，是低水平的小康，同时与人民生活相关的精神文明、政治文明和生态环境可持续发展还存在很多问题，中西部与东部地区发展差距还很大，属于不全面、发展

① 材料源自中共恩施州委宣传部，恩施州老区建设促进会．今日恩施老区［M］. 恩施，2003：136—138.（内部资料）

很不平衡的小康。恩施地区属于西部地区，经济社会发展状况与东部地区相比，存在着很大的差距。

为了摆脱“洋芋白菜拌水煮”的清贫日子，历届党委政府带领红土乡人民战悬岩，凿隧洞，义务投工捐款，修通了长达250公里的乡、村、组公路；紧紧依靠党的富民政策，利用本土丰富的煤田资源，发展了大批乡镇企业；不断发展壮大个体私营经济和村集体经济；注重发展以魔芋、烤烟、中小药材为主的特色优势产品；积极引进良种，发展生猪、山羊等大牲畜及鸡、鸭、鱼的养殖，除此之外，还发展邮电通信、教育、综合治理等事业，多措并举带动了经济发展，使红土乡的百姓同时拥有多种增收方式，使当地百姓腰包鼓起来了，全乡已整体脱贫，正向小康迈进。

我们党对国际国内形势科学判断的基础上，面对21世纪推进中国特色社会主义和中国式现代化建设新要求，继承和发展了邓小平关于建设小康社会的思想，明确提出21世纪头20年全面建设小康社会的发展战略。全面建设小康社会就是要建设真正惠及十几亿人口，使全体人民都过上比较富裕的生活的小康社会，是经济建设、政治建设、文化建设、社会建设、生态环境建设全面发展、全面进步的小康社会。

［教学建议］

1. 本案例适用于第七章第二节“‘三个代表’重要思想的主要内容”部分内容的辅助教学。

2. 本案例展示的是恩施市红土乡脱贫致富奔小康的事迹。使用时，可以播放电视专题片《走进小康》，注意强调小康社会这一中国人的千年梦想，只有在中国共产党领导的改革开放时期才能实现，引导学生区别总体小康与全面小康，深化对小康社会的理解和认识。

案例6 蓄势后发奔小康

[材料呈现]

“十五”时期，是宣恩全面融入西部大开发，扎实推进“二次创业”，实现致富奔小康目标的关键时期。在宣恩振兴发展的历史关头，认真回顾“九五”历程，精心谋划“十五”发展，对于以必胜的信心和拼搏精神，决战“十五”，再创辉煌，意义尤其重大。

“九五”发展回顾

“九五”时期，是宣恩改革和发展史上极不平凡的时期，也是充满考验和挑战的时期。五年来，在省委、省政府和州委、州政府的正确领导和省、州各级各部门的大力支持下，经受住了亚洲金融危机、有效需求不足、财政包袱沉重的严峻考验，克服了工商企业改革脱困和社会稳定的巨大压力和困难，积极探索具有宣恩特色、体现时代特征的县域经济社会发展新路子，胜利完成了第九个五年计划目标任务。

一、国民经济快速增长，综合实力明显增强

2000 年，国内生产总值达到 5.44 亿元（90 年不变价），比 1995 年增长 1 倍，年均增长 15.0%；工农业总产值 7.90 亿元，比 1995 年增长 77.4%，年均增长 12.2%；全社会固定资产投资额五年累计完成 6 亿元，比“八五”时期增长 2.8 倍；财政收入 6108 万元，比 1995 年增长 1.74 倍，年均增长 22.3%，经济规模的壮大，综合素质的增强，为宣恩进一步加快发展奠定了坚实的基础。

二、改革开放逐步扩大，形成了全方位、宽领域、多层次的开放新格局

以民营化为基本取向的企业改革不断深化，县属国有企业 85 家，已完成改制 83 家，改制面达 96.5%。改革，盘活了存量，优化了增量，提高了质量，

推进了两个根本性转变。非公有制经济一改过去“拾遗补缺”的地位，正在成为县域经济的生力军。党政机关和事业单位机构改革、干部人事制度改革、住房制度改革、医疗制度改革、教育体制改革、劳动用工制度改革以及农村一系列改革不断深化，取得了显著成效。对外开放有实质性进展，对外经贸得到较大发展，社会环境和服务环境逐步优化，特别是1997年出台的鼓励个体私营经济发展及县外客商投资的“双十六条”，进一步优化了政策环境，招商引资力度明显加大，以县城为中心，以国省道为轴线，以椒园、晓关、高罗、沙道、李家河为开放点的“一线串珠”的对外开放格局基本形成。

三、结构调整取得明显成效，特色经济初步形成

在国民经济结构中，三大产业比重由1978年的77.8 ∶ 8.4 ∶ 13.8调整到2000年的47.3 ∶ 23.4 ∶ 29.3。农业产业化经营稳步推进，烟叶、茶叶、畜牧业、林果业四大主导产业齐头并进，竞相发展，具有县域特色的农村经济结构新框架正在形成；工业经济结构不断优化，以烟叶复烤、电力、建材、食品加工等为骨干的工业体系基本形成；第三产业和个体私营经济发展方兴未艾，第三产业增加值年均增长20.3%，成为县域经济新的增长点。

四、基础设施显著改善，发展后劲明显增强

新增基本农田10.2万亩，农业基础条件有了很大改观，农业抗御自然灾害能力大大增强。交通、能源事业取得长足发展，新增等级公路180.96公里，水电装机达到3.8万千瓦。邮电通信发展较快，部分乡镇开通了数字移动电话，城市建设和管理不断加强，城市面貌日新月异。通过实施“亮化工程”“美化工程”，环境污染得到治理，市容市貌得到整顿，改善了城市环境，增强了城市功能，提升了城市品位，山水园林城市风貌日益显现。

五、人民生活明显改善，已由整体脱贫向小康迈进

2000年，农民人均纯收入达到1548元，比1995年净增810元；全县22.41万人摆脱了贫困，贫困人口占农业人口的比重下降到1.98%，基本实现了整体解决温饱的目标；城镇居民人均可支配收入达到4800元，年均增4.3%。居民消费结构发生了明显的变化，消费质量进一步提高。据测算，全县小康实现程度达73.2%。

六、社会事业全面进步，两个文明建设协调发展

科技在经济增长中的贡献份额进一步提高，农业科技贡献率为 53.4%，工业科技贡献率为 42.6%。教育结构不断优化，教育质量进一步提高，教育投资力度加大，软硬条件明显改善。“扫盲”“普九”分别通过国家和省验收。农村卫生网络不断健全，饮用卫生水人口比重达 83%，比 1995 年提高 14 个百分点。人口自然增长率由 1995 年的 6.99‰下降为 5.38‰。电视覆盖率达到 79%，比 1995 年提高 35 个百分点。全民健身、群众体育活动蓬勃发展，精神文明建设、民主法制建设和党的建设进一步加强。

回顾“九五”历程，我们的主要做法是：始终坚持党的思想路线，以思想大解放促进经济大发展；始终坚持以经济建设为中心，坚定不移地走发展特色经济之路；始终坚持振奋精神，艰苦创业；始终坚持稳定压倒一切，在稳定的前提下加快改革发展步伐；始终坚持两手抓、两手硬，促进社会全面进步。

走向新世纪的宣恩

21 世纪，是一个充满希望和挑战的时代，西部大开发风起云涌，WTO 正向我们走来，经济全球化进程明显加快。审时度势，抢抓机遇，应对挑战，实现宣恩的振兴发展，已经历史地落在了我们的肩上。我们将高举邓小平理论的伟大旗帜，坚持以江泽民同志“三个代表”重要思想总揽全局，以发展为主题，以结构调整为主线，以基础设施建设为突破口，以改革开放和科技进步为动力，全力实施“特色立县、水电强县、民营富县、开放活县、科教兴县”的战略，用五年左右的时间，扎扎实实地打好基础，攒足后劲，蓄势后发，迈向小康。

一、大力推进经济结构战略性调整，营造后发的产业优势

以发展生态农业为重点，努力推进农业产业化进程。继续“念山水经、唱特色戏、打优势仗”，重点围绕两道（国道、省道）、两河（贡水河、酉水河）布局生产力，坚持市场导向、发挥优势、注重效益、长短结合、创新机制五项原则，打绿色牌、富硒牌、贡品牌，狠抓主导产业的培育发展，推进产业化经营。壮大烟草、茶叶、畜牧、林果、蔬菜、药材六大主导产业，建成四个“十万亩”基地（10 万亩烟茶基地、10 万亩白柚基地、10 万亩干果基地、10 万亩山野菜和中药材基地），实现农业增加值过 4 亿元（90 年不变价），农业

提供的税收过3000万元。

以农副产品加工和特色优势资源开发为重点，加快县域工业经济发展。一是抓好以龙洞电厂为主的中小水电站的改造升级，建成狮子关电站和洞坪电站，做好黑山电站和河源梯级电站开发的前期工作，力争2005年全县电力装机容量达到18万千瓦。二是发展富硒绿色食品饮料加工工业，以大派火腿、野生刺梨汁、伍家台贡茶等为重点，培育知名富硒绿色品牌，大力发展绿色食品支柱产业。三是壮大烟叶复烤工业，搞好技术引进和攻关，加快了工艺设备改造升级和配套更新，提高产品质量，拓宽销售市场，实现产值过亿元。四是发展以生物制剂为主的医药、兽药和农药等具有较高技术含量的药化工业。五是发展水泥、陶瓷等建材和硅铁冶炼、金属镁提取等有色金属加工业。到2005年全县工业增加值超3亿元，税收4000万元。

以优化结构拓宽领域为重点，大力发展第三产业。以明显提高第三产业和从业人员的比重为目标，大力营造发展环境，壮大规模，优化结构，拓宽领域，提高水平，加快发展。以生态旅游为龙头，与农业发展、生态建设和环境保护、民俗文化挖掘紧密结合，形成集自然景观、民族文化、产业品牌于一体的特色旅游产业。积极发展技术密集型、知识密集型产业，努力提高第三产业的档次和公共服务质量。

二、大力加强基础设施建设，营造后发的环境优势

立足改善区位条件，加强基础设施建设。一是切实解决农村人畜饮水困难，加快宣北万亩贡米灌区和宣南10万亩灌区建设，抓好县城防洪工程建设，抓紧小流域治理和病险水库加固。二是全力构筑干支结合、港站配套、水陆相接的"三纵三横"循环公路网络，抓紧国、省道改造，东门关隧洞建设和断头路的贯通，实现县乡公路黑色化，提高村级公路的等级和质量，加快出口路建设及硬化。三是抓住"西电东送"的机遇，加快洞坪电站的建设，尽快完成全县农网和城网的改造，新建35千伏变电站6座、110千伏变电站1座，努力提高我县电气化水平。四是组织实施好广播电视覆盖工程，在实现"村村通"的基础上逐步实现"户户通"。五是建立高速、宽带、大容量、多媒体传输网络，加快移动通信、数字通信、多媒体通信的发展，加快接入网建设，推进政府上网、企业上网、学校上网和家庭上网，提高电话普及率和无线通信开通

率，积极开发电子商务、电子邮政，推进通信现代化。六是以两道（国道、省道）、两河（贡水河、酉水河）为依托，推进县城南扩和老城区改造，完善城镇功能，提升管理水平，建成别具一格的山水园林城和接受恩施州城辐射、与州城功能互补的卫星城，抓好椒园、晓关、沙道沟、李家河等乡集镇建设，搞好以“五改三建两提高”为主要内容的文明新村建设，力争“十五”期末全县城镇化率达到30%。

立足提供优质服务，加强软环境治理。重点围绕吸引投资、产业导向和强化服务，研究制定和修改完善政策体系，切实做到投资对象、投资领域、投资行业、投资方式“四个不限”，实行开明的政策措施。积极推行职能部门公开办事制度、联合办公制度和服务承诺制度，提高服务质量和办事效率。大力倡导文明执法、公正执法，重拳整治“三乱”，严肃查处吃拿卡要，依法惩处敲诈勒索、寻衅滋事、欺行霸市等不法行为，保护投资者、经营者、消费者的合法权益。加强社会治安综合治理，严厉打击刑事犯罪活动，及时化解矛盾纠纷，创造良好的软环境。

三、全面深化各项改革，营造后发的机制优势

全面深化改革，完善社会主义市场经济体制。尽快完成以“两个买断”为基本内容的国有工商企业的民营化改革，积极推进“四创新一配套”（体制创新、机制创新、技术创新、管理创新，配套改革）。培育完善商品市场和要素市场，形成统一开放、公平竞争、规范有序的市场体系。加快投融资体制、财税体制、外贸体制改革，积极推进党政机关、事业单位、干部人事、医疗和社会保障制度等一系列改革，促进经济基础与上层建筑的协调运转。

坚持县域经济以民营化为主体，大力发展民营经济。对民营经济“扶持从优、负担从轻、服务从实、保护从严”，实行经营对象、经营范围、经营方式、经营办证“四个放宽”。加快建立民营企业服务体系，不断提高服务质量，全方位创造有利于民营经济发展的氛围。积极引导一批完成原始资本积累的民营大户，迅速壮大规模，向产业型、科技型、现代型方向发展。

四、坚持经济社会生态协调发展，营造后发的保障优势

实施“科教兴县”战略，大力推进科技创新和教育创新。力争2005年，工业科技进步贡献率达到45%以上，农业科技进步贡献率达到60%以上，在

一些重点产业领域开发新技术产品达到10%以上，初步形成产业优势。努力造就一支高素质的公务员队伍、优秀企业家队伍和科技人才队伍。

加强生态建设和环境保护。搞好封山植树、退耕还林，完成封山育林100万亩，退耕还林27万亩，植树造林20万亩，森林覆盖率达到80%以上。认真实施天保工程，建立天然林及珍稀动植物自然保护区100万亩。实施水土保持工程，完成水土治理面积850平方公里，坡改梯13万亩。

大力推进社会主义精神文明建设和民主法制建设。努力提高国民素质，营造尊重人才、鼓励创业、健康向上、文明和谐的社会氛围，积极建立适应社会主义市场经济体制的思想道德体系和精神文明体系及法治体系。①

［思考讨论］

1. 宣恩"九五"时期取得了哪些成绩？如何取得的？

2. 宣恩面向新世纪的"十五"发展进行了哪些谋划？

3. 从宣恩"九五"回顾和"十五"谋划谈谈带给我们的启示。

［案例分析］

从党的十三届四中全会到党的十六大的十三年中，面对纷繁复杂的国内外形势，以江泽民为代表的中国共产党人团结带领全国各族人民，不断解放思想，坚持实事求是，坚决深化改革，坚定维护稳定，不懈奋斗，形成了"三个代表"重要思想，将中国特色社会主义成功推向21世纪。我国"九五"计划从1996年开始实施到2000年结束，是中国特色社会主义事业能否成功走向21世纪的关键时期。五年中，在党中央和国务院的正确领导下，全国人民团结奋斗，克服了亚洲金融危机造成的影响，战胜了特大洪涝灾害，积极扩大内需，经济稳步发展，全面完成了"九五"计划的主要任务，人民生活水平进一步提高。宣恩县在省委、省政府和州委、州政府的正确领导下，"九五"时期克服各种风险挑战，积极探索具有宣恩特色、体现时代特征的县域经济社会发展新路子，取得了可喜的成绩。一是国民经济快速增长，综合实力明显增强；二是改革开放逐步扩大，形成了全方位、宽领域、多层次的开放新格局；三是

① 材料源自中共恩施自治州委办公室.恩施阔步迈向新世纪［M］.北京：民族出版社，2001：94—100.

结构调整取得明显成效，特色经济初步形成；四是基础设施显著改善，发展后劲明显增强；五是人民生活明显改善，已由整体脱贫向小康迈进；六是社会事业全面进步，两个文明建设协调发展。宣恩县“九五”成绩取得的主要做法：始终坚持党的思想路线，以思想大解放促进经济大发展；始终坚持以经济建设为中心，坚定不移地走发展特色经济之路；始终坚持振奋精神，艰苦创业；始终坚持稳定压倒一切，在稳定的前提下加快改革发展步伐；始终坚持两手抓、两手硬，促进社会全面进步。这些做法就是宣恩县社会主义建设的实践，正是“九五”期间国家社会各层面的社会主义建设实践推动“三个代表”重要思想走向成熟。

“十五”规划就是我们党制定的国民经济和社会发展第十个五年计划，从2001年到2005年。宣恩县从大力推进经济结构战略性调整，营造后发的产业优势；大力加强基础设施建设，营造后发的环境优势；全面深化各项改革，营造后发的机制优势；坚持经济社会生态协调发展，营造后发的保障优势等方面谋划了“十五”发展。“三个代表”重要思想在邓小平理论的基础上，进一步回答了什么是社会主义、怎样建设社会主义的问题，提出了一系列关于中国特色社会主义的发展道路、发展阶段、发展战略、根本目的、根本任务、发展动力、依靠力量等思想，丰富发展了中国特色社会主义理论体系，是推进中国特色社会主义事业的强大思想武器。宣恩县的“十五”发展谋划正是坚持以江泽民同志“三个代表”重要思想为指导而制定的。

［教学建议］

1. 本案例适用于第七章第三节“‘三个代表’重要思想的历史地位”部分内容的辅助教学。

2. 本案例通过介绍宣恩县“九五”时期所取得的成绩及其做法、“十五”时期经济社会发展谋划，展示出“三个代表”重要思想的历史地位。在使用过程中，注意由点到面，将宣恩县的发展与整个国家的发展联系起来；又要由面到点，从国家发展规划领会宣恩县的发展规划，点面分析相结合，引导学生联系现实思考“三个代表”重要思想在理论和实践方面所具有的重要意义，深刻理解“三个代表”重要思想的历史地位。

第八章 08

科学发展观

案例1　奏响科学发展最强音

[材料呈现]

2009年3月，全州深入学习实践科学发展观活动正式启动。按照党员干部受教育、科学发展上水平、人民群众得实惠的总体要求，全州5223个单位、6327个党组织围绕“实施‘三州’战略、推进绿色繁荣”的活动主题，层层构建“书记抓总、班子成员分工负责”的领导体制，组织12万余名党员干部注重实效抓学习，分析检查明方向，上下联动抓整改，奏响了科学发展的最强音。

最宝贵的收获：解放思想求共识

科学发展之路如何走？州委从恩施州的客观实际出发，深刻总结近年来改革发展的实践经验，科学确立了“实施‘三州’战略、推进绿色繁荣”的活动主题。各级党组织紧密围绕这一主题，按照建设学习型党组织的要求，全面深化科学发展观理论和绿色繁荣相关知识的学习。州委常委会开展了产业兴州、绿色繁荣、扩大开放、改善民生以及基层组织建设等重大课题调研，组织了党政主要领导与网友在线交流、与民营企业家座谈交流等活动，广泛问计于民、问需于民、问政于民。各级党组织共确定调研课题1100多个，开展专题调研9800余次，走访座谈基层干部群众8.84万人次。广泛开展各具特色的调研、研讨等活动，掀起了解放思想大讨论的热潮。

热烈地学习研讨，碰撞出思想的火花；坦诚地分析检查，形成了奋进的共识；全面地认真整改，创新了体制机制。通过进一步深化州情认识，全州各级党员干部在“要不要科学发展、怎样实现科学发展”“什么是绿色繁荣、怎样实现绿色繁荣”等重大问题上统一了思想，形成了广泛共识。州委、州政府通过集中民智，紧扣绿色繁荣这一目标，进一步细化了产业建设、项目建设、环境建设、城镇建设等各项工作举措，系统地形成了“实施‘三州’战略、推进绿色繁荣”的科学发展思路，特色开发、绿色繁荣、可持续的发展路子越走越宽阔。

最显著的成效：科学发展保增长

州委、州政府着眼于应对危机、危中寻机，先后制定了支持县域经济发展、推进农村改革发展、强化项目建设、优化发展环境等近20项具体应对措施。州委书记肖旭明，州委副书记、州长杨天然等州领导带头深入经济发展一线调查研究、解决问题，引导广大党员干部正确研判形势，坚定发展信心。各级各部门坚持把应对金融危机作为活动的最大实践，全力以赴调结构、扩内需、保增长。

围绕生态立州，坚持今天的生态就是明天的经济，高度重视生态环境建设与资源保护，夯实绿色繁荣的基础。完成人工造林37万亩，退耕还林成果不断巩固发展，全面完成了省下达的节能减排任务；生态经济和生态能源建设力度加大，绿色消费和健康生活方式进入寻常百姓家。

围绕产业兴州，坚持特色农业、资源型工业、生态文化旅游业三业并举。以“万亩乡镇千亩村”建设为抓手，新发展烟、茶、畜、果、药、菜等特色农产品基地44万亩；集中精力发展壮大矿产、绿色食品加工、能源、烟草、建材、药化六大工业支柱，全年净增规模以上企业99家，占全州规模以上企业总数的近四分之一，2009年规模以上企业工业增加值增长26.9%；以建成鄂西生态文化旅游圈的重要板块和全国知名旅游目的地为目标，加大恩施大峡谷、腾龙洞、神农溪等重点景区景点建设力度，坪坝营被批准为国家4A级旅游景区，旅游产品核心竞争力不断提升，2009年旅游综合收入同比增长20.9%。

围绕开放活州，坚持以改革促开放。深化行政审批制度改革，推行集中审批、监督审批、公开审批和优质服务承诺活动，有5个县市建立了功能齐全、运行规范的行政审批服务中心，51个乡镇建立了便民服务中心，1564个村设立了便民服务代理室，行政审批承诺时间平均提速30%。广泛开展“光彩事业走进恩施州”等大型经贸招商活动，《欢乐中国行·魅力恩施》、恩施生态文化旅游节、纤夫节、摆手节、女儿会、龙船调艺术节等节庆活动好戏连台，全年利用内资、利用外资、外贸出口等指标克服金融危机影响逆势上扬，同比分别增长26.9%、15.1%和53.6%。

真学、真改见真效。2009年，在宏观经济形势极为严峻的情况下，生产总值连续两年实现两位数增长，不少经济指标增速超过全省平均水平。以生态为基础、以产业为支撑、以开放为动力，生态环境优良、特色产业发展的格局加快形成，绿色繁荣正在由梦想变成现实。

最鲜明的特点：人民群众得实惠

全州在学习实践活动中，坚持把人民群众得实惠作为推进科学发展的落脚点，集中解决人民群众关心关注的上学、就医、就业、行路、住房、饮水等问题，赢得了群众的广泛赞誉。

大力发展教育事业。全州新建农村寄宿制学校50所，实施“安教工程”建设项目10个，城镇“超级大班”以及中小学“上学远”、高中阶段“上学难”等问题正在加速解决。

加强公共卫生服务体系建设。新型农村合作医疗惠及农村群众，参合率达到91.5%。启动了社区卫生服务网络建设，各县市相继建成惠民医院，全州10所乡镇卫生院和300个村卫生室得到了改造。

努力解决住房难问题。全州完成廉租房购建3268套，启动了7434户农村危房改造工程。

着力解决群众行路难和饮水难问题。全州完成通乡油路建设250公里，实施通达工程700公里，有115个行政村新通了公路；新解决了35.24万农村人口的安全饮水问题。

千方百计增加就业机会。全州共发放小额担保贷款2360万元，为2230名有志创业的城乡劳动者免费提供了创业培训，城镇新增就业人员3.72万人，组织转移农村劳动力9.48万人。

加快城镇建设步伐。全州实施城建项目185个，总投资35亿元，城镇化率达到27.5%。针对群众反映强烈的州城出口路况差的问题，相继启动了旗峰大道、连珠大桥建设工程，完成了施州大道红庙段、七里坪段道路改造工程。

合力帮扶困难群体。全州各级机关党组织广泛开展“四进四送四访、结对帮扶共建”和“听民声、访民情、解民难大走访”等活动，为群众办实事、办好事99929件，捐款捐物达9930万元。

最重要的成果：创新机制增活力

解决突出问题是赢得群众满意的关键。州委常委会整改方案逐项分解细化，由州委常委牵头，与81个责任单位一起，按方案严格整改。各级各部门严格执行整改工作的责任制、公示制、检查督办制、经验交流制、销号制、责任追究制，扎实推进州、县、乡、村四级联动“大整改”。全州公开承诺整改事项10850个，整改到位10464个，其余正在整改之中。

创新体制机制是巩固整改成效、扩大活动成果的必然要求。全州上下针对制约科学发展的突出问题，加大重点领域和关键环节的改革攻坚力度，集中精力建立完善行政管理体制、干部综合评价机制、人才引进培养和使用机制、软环境建设保障机制、生态建设与保护促进机制、项目生成推进机制和民生保障机制等七大类体制机制，新出台各类政策和制度19262项，修改完善22843项，废止15897项，为经济社会又好又快发展提供了有力的体制机制保证。

最深远的影响：夯实基础抓党建

基层组织是党的执政基础。各级各部门以党的十七届四中全会精神为指导，以“五个基本”“七大体系”建设为核心，深入开展基层组织“大整建”活动。全州新成立党组织59个，整顿软弱涣散党组织152个，理顺党组织隶属关系53个，调整充实班子成员397名；在非公有制经济组织和社会组织中建立党组织499个，确保党的组织、党的工作、党的影响力全覆盖。全面深化农村党建“三级联创”活动，着力建设“四新”乡镇，消除村级“三空”现象，县市党委的创新发展能力、乡镇党委的贯彻执行能力、村级组织的“双强双带”能力不断增强。各基层党组织结合科学发展示范单位大推介、维护民族大团结、先进典型大宣讲等活动的推进，广泛开展争先创优活动，党员干部的工作作风、医生的医德医风、教师的师德师风得到不断改进，党群干群关系更加密切。

此次学习实践活动的开展，为我州加快推进和实现绿色繁荣积累了宝贵经验，奠定了坚实基础。

科学发展无止境，学习实践无终结。本次集中学习实践科学发展观的活动已经告一段落，但践行科学发展观仍是一项长期的战略性任务。全州党员干部要从深入学习实践科学发展观活动中汲取动力、提升能力、凝聚合力，继续深化学习、解放思想，继续强化实践、聚焦发展，继续以改革的精神建立完善长效机制，在科学发展的实践中砥砺前行，加快科学发展的步伐。①

① 材料源自刘梦，樊明．奏响科学发展最强音［N］．恩施日报，2010-04-01.

[思考讨论]

1. 恩施州是如何学习践行科学发展观的？

2. 什么是“科学发展”？如何理解科学发展观的丰富内涵？

[案例点评]

发展是个古老而常新的概念。发展观是关于发展的本质、目的、内涵和要求的总体看法和根本观点。人类历史上传统的发展观，普遍偏重于物质财富的增长，忽视人的全面发展、社会的全面进步及资源环境的承载能力。自 20 世纪中叶开始，人们开始反思人类的发展历史，认识到“增长”和“发展”是两个不同的概念，“增长”常指物质的扩大，包括国民收入提高、经济总量增加等；“发展”是价值、效益、系统的发展，包括经济增长和结构改善在内的以人为本的经济、社会、生态的全面发展。

进入 21 世纪，以胡锦涛为总书记的中国共产党，立足社会主义初级阶段基本国情，深刻总结国内外发展问题上的经验教训，继承我们党三代中央领导集体关于发展的思想，审时度势，提出以人为本，树立全面、协调、可持续的发展观，回答了新形势下为谁发展、靠谁发展、实现什么样的发展、怎样发展等重大问题。

科学发展观的第一要义是发展，发展是人类文明进步的基础，中国一切问题的解决都要靠发展。我们要推动经济社会不断向前发展，以满足人民日益增长的需要；核心立场是以人为本，就是以最广大人民的根本利益为本，体现了立党为公、执政为民的本质要求，坚持以人为本就是要坚持发展为了人民、发展依靠人民、发展成果由人民共享，促进人的德智体美劳全面提升，最终实现人的全面发展；基本要求是全面协调可持续。我们所谋求的发展是辩证的、全面的发展，是既讲质量也求效益的发展，是物质文明、精神文明、政治文明与生态文明的进步，是人与自然、人与社会、人与人的协调、融合与可持续进步；根本方法是统筹兼顾。统筹兼顾是我们党治国理政的重要历史经验，也是我们处理各方面矛盾和问题必须坚持的重大战略方针。我们要按照统筹城乡发展、区域发展、经济社会发展、人与自然和谐发展、国内发展和对外开放的要求，推动国家各项事业向前发展。

恩施州委从州情实际出发，深刻总结改革发展的实践经验，组织各级党组织全面深化科学发展观理论的学习。针对恩施州“要不要科学发展、怎样科学发展”的问题，州委常委会和各级党组织开展了产业兴州、绿色繁荣、扩大开放、改善民生等课题调研，通过调研、讨论、研学等活动，达成共识，统一了思想；通过问计于民、问需于民、问政于民，集中民智，形成了“实施‘三州’战略（生态立州、产业兴州、开放活州）、推进绿色繁荣”的科学发展思路，细化了产业建设、项目建设、环境建设等各项工作措施，创新体制机制，集中解决上学、就业、看病、行动、饮水、住房等老百姓普遍关注的问题，让人民群众获得真正的实惠，赢得了群众的广泛赞誉。

［教学建议］

1. 本案例适用于第八章第一节“科学发展观的科学内涵”部分内容的辅助教学。

2. 本案例介绍了恩施州学习贯彻科学发展观，解决恩施州为谁发展、靠谁发展、怎样发展的难题，加快推进和实现绿色繁荣的各项工作举措。使用时，要注意引导学生分析恩施州的学习整改措施如何体现了科学发展观的内涵，从而使学生明确解决我国经济社会发展中的各种问题都必须遵循科学发展观的基本原则，深化对科学发展观丰富内涵的理论认识。

案例2 恩施教育谱新篇

［材料呈现］

新中国成立60年来，恩施州教育事业在历届州委、州政府的正确领导下，大力实施“科教兴州”“人才强州”战略，紧紧围绕“办人民满意教育”的目标，深入落实科学发展观，全面贯彻党的教育方针，优先发展基础教育，通过各族人民的共同努力，使全州的教育面貌发生了巨大的变化，为进一步深化改革、加快发展奠定了坚实的基础。据统计，全州现有小学813所、教学点572个，在校学生256513人，小学适龄儿童入学率达99.99%；初中150所，在校学生161576人，初中适龄人口入学率达97.46%；普通高中24所，在校学生51768人，中等职业学校22所，在校学生38207人，高中阶段教育学龄人口毛入学率为56.1%；特殊教育学校5所，在校生984人；幼儿园158所，在园（班）人数56379人；普通高等院校2所、成人高校1所，在校生25123人。至2008年，恩施州教育已经形成一个学前教育、基础教育、高等教育、职业教育、成人教育、特殊教育协调发展的，具有一定特色的民族教育体系。

特别是近几年来，全州教育工作者以办人民满意教育为宗旨，抢抓机遇，深化改革，突出重点，克难奋进，强化各项工作措施，大力推进教育事业健康发展，教育工作迈上了新台阶。

（一）“两基”工作取得历史性成就

自1986年《义务教育法》颁布实施后，全州各级党委政府和全州各族人民经过20年的艰苦奋斗和不懈努力，2007年5月，州“两基”工作顺利通过国家检查验收，全面实现了“基本普及九年义务教育、基本扫除青壮年文盲”的目标，标志着全州义务教育步入新的发展阶段。

（二）“以县为主”的义务教育管理体制全面落实

2003年，全州乡镇教育站实质性撤销，农村义务教育“以县为主”的管理体制全面落实，实现了“人民教育人民办”向“人民教育政府办”的历史性转变。2006年年初，恩施州被确定为国家首批实行农村义务教育经费保障机制改革的试点地区，州、县市政府和有关部门不断探索和完善义务教育经费保障机制，新的经费保障机制得到确立。从2008年秋季起，全州义务教育阶段学生学杂费全部由国家承担，真正实现了免费义务教育。全州认真落实“以县为主”的义务教育经费保障新机制，教育经费投入逐年大幅增加。1978年财政对教育的投入（预算内教育经费）仅1767.2万元，2008年则达到了127396.7万元。同时实行“校财局管”的财务管理制度，提高了教育经费的使用效益。2008年，全州共获上级各项教育经费投入42811万元，其中，中小学公用经费14582万元，教科书、贫困生补助资金17055万元，建设发展资金10194万元，远程教育设备价值980万元。此外，恩施州还获得国家和省化解“普九”债务资金补助指标11876万元。

（三）高中阶段教育加快发展

普通高中跨越式发展，中等职业技术教育恢复性增长。据统计，至2008年全州有普通高中24所，在校学生51768人，比1983年增加37338人；中等职业技术学校22所，在校学生38207人。高中阶段在校学生总数89975人，比2002年增加46202人，增长了105.55%。

（四）办学条件明显改善

2003年以来，州、县市政府连续为教育工作办实事，相继实施了“中小学危房改造工程”“农村中小学寄宿制建设工程”“农村中小学如厕难、饮水解困工程”等建设项目，消除、改造中小学D级危房35万平方米，新建中小学校舍79万平方米，建成寄宿制初中100所，解决了584所农村中小学如厕难、227所农村中小学饮水难问题，在319所农村中小学实施污水净化处理及沼气池建设工程，全州中小学办学条件有了明显改善。据统计，2008年全州中小学（含中职）校园面积、校舍面积分别为1227.09万平方米、261.81万平方米，分别比2002年增加35.38万平方米、54.57万平方米，危房面积比2002年减少5.19万平方米。同时，中小学图书、教学仪器、体育卫生设施等条件也得到较大改善。此外，全州还建立了一批省级和州级教育科研实验基地学校，农村中小学现代远程教育工程全面实施，计算机教育基本普及，空中教育资源有效利用和整合，为教师提高业务素质搭建了平台，促进了教学质量提高和教育现代化发展。

（五）师资队伍建设进一步加强

全州大力加强师资队伍建设，通过对义务教育阶段教师全员开展新课改理论与实践培训，中小学教师的素质教育理念、教育教学能力、管理能力等综合素质进一步提高。据统计，全州小学教师中师（含高中）以上学历比例、初中教师专科以上学历比例、普通高中教师本科以上学历比例分别由2002年的96.52%、86.78%和68.15%提高到2008年的98.48%、94.23%、91.38%。此外，通过“转、辞、退”等方式，全州民办教师问题得到了妥善解决。

（六）教育教学质量稳步提升

义务教育阶段新课程改革全面推进，中小学生的思想道德素质以及创新精神和实践能力全面提高，素质教育稳步推进。全州认真贯彻落实中共中央、国务院《关于深化教育改革全面推进素质教育的决定》和《关于进一步加强和改进未成年人思想道德建设的若干意见》，青少年学生的思想道德教育、纪律教育和法制教育得到加强，健康教育、安全教育、心理辅导、“阳光体育”等普遍实施，中小学生的综合素质明显提升。中小学教育教学质量特别是高中教育教学质量显著提高，高考本科上线人数逐年增加。据统计，2008年全州普通高考文理科考生本科上线人数比2002年增加5757人，增长了247.51%；体育、艺术考生本科上线人数也显著增加，分别比2002年增长了218.35%和188.64%。

（七）学校管理水平进一步提高

全州各级教育行政部门和各级各类学校高度重视学校管理工作，强调以提高教育教学质量为中心强化学校管理，进一步加强学校管理，向管理要质量、要效益，学校管理水平进一步提高。各县市积极开展创建“三无”学校（无乱收费、无安全事故、无教师不良言行）、“规范教育收费示范县市”“安全文明校园”“卫生新校园”等活动，学校管理规范有序，校园环境更加优化，校风、教风、学风呈现出新气象和新面貌。

当前，恩施州经济社会发展已进入关键的历史发展时期，教育改革与发展也正面临着新的重要机遇期。全州教育工作将以科学发展观为指导，深入贯彻落实党的十七大和十七届三中全会精神，以办人民群众满意的教育为宗旨，全面贯彻党的教育方针，优先发展基础教育，促进义务教育均衡发展，统筹推进基础教育、职业教育、高等教育协调发展，不断满足人民群众对优质教育资源的需求，促进全州经济社会又好又快发展。到建州 30 周年即 2013 年，初步建成适应全州经济社会发展要求、基本满足人民群众教育需求、布局合理、结构优化、规模适度、发展协调的现代基础教育体系。①

［思考讨论］

1. 恩施州教育的现状如何？恩施州采取了哪些措施来办教育？

2. 恩施州为什么要大力推进教育事业健康发展？

［案例点评］

教育是关乎千家万户的民生工程，决定着人类的今天，也决定着人类的未来。人类社会需要通过教育来传授已知、更新旧知、开掘新知、探索未知，不断培养社会需要的人才，从而使人们能够更好认识世界和改造世界、更好创造人类的美好未来。教育是提高人民综合素质、促进人的全面发展的重要途径，是国家发展、社会进步的基石，对实现中华民族伟大复兴具有重要意义。因此，恩施州坚持优先发展教育事业，全面贯彻党的教育方针，坚持立德树人，发展素质教育，大力促进教育公平，办好人民满意的教育，努力满足人民群众的教育需求。

恩施州位于长江之滨，湖北省西南部，地处武陵山片区，是共和国最年轻的少数民族自治州，是一个集“老、少、边、穷”于一体，倍受党和国家特别关注的地区。国家实施西部大开发战略，将恩施州列入享受西部开发政策的地区范围，给恩施州的发展带来了前所未有的机遇。2004 年，国家启动西部地区“两基”攻坚计划，全州教育工作者以办人民满意教育为宗旨，抢抓机遇，深化改革，突出重点，克难奋进，强化各项工作措施，大力推进我州教育事业健康发展，教育工作迈上了新台阶。1.“两基”工作取得历史性成就。全面实现了“基本普及九年义务教育、基本扫除青壮年文盲”的目标。2. 义务教

① 材料源自恩施州委史志办 . 恩施巡礼：辉煌六十年［M］. 武汉：湖北人民出版社，2009：110—113.

育管理机制全面落实。农村义务教育“以县为主”的管理体制全面落实，义务教育阶段学生学杂费全部由国家承担，真正实现了免费义务教育。认真落实“以县为主”的义务教育经费保障新机制，教育经费投入逐年大幅增加，同时实行“校财局管”的财务管理制度，提高了教育经费的使用效益。3. 高中阶段教育加快发展。普通高中跨越式发展，中等职业技术教育恢复性增长。4. 办学条件明显改善。相继实施“中小学危房改造工程”“农村中小学寄宿制建设工程”“农村中小学如厕难、饮水解困工程”等建设项目，改善办学条件。同时，中小学图书、教学仪器、体育卫生设施等条件也得到较大改善。5. 师资队伍建设进一步加强。通过对义务教育阶段教师全员开展新课改理论与实践培训，中小学教师的素质教育理念、教育教学能力、管理能力等综合素质进一步提高。6. 教育教学质量稳步提升。义务教育阶段新课程改革全面推进，素质教育稳步推进，中学教育尤其是高中教育教学质量显著提高，高考本科上线人数逐年增加。7. 学校管理水平进一步提高。积极开展创建“三无”学校（无乱收费、无安全事故、无教师不良言行）、“规范教育收费示范县市”“安全文明校园”“卫生新校园”等活动，加强学校管理。

［**教学建议**］

1. 本案例适用于第八章第一节“科学发展观的科学内涵”、第二节“科学发展观的主要内容”部分内容的辅助教学。

2. 本案例展示了恩施州 2003 年以来紧紧围绕“办人民满意教育”的目标，全面贯彻党的教育方针，进一步深化教育改革的历程，及由此带来的恩施教育事业的新面貌。使用时，注意引导学生结合我国教育事业区域发展不均衡的现状，深刻领会科学发展观要坚持统筹区域发展等方针原则，全面理解教育是重要的民生工程，从而加深对以改善民生为重点推动构建社会主义和谐社会的认识。

案例3　打好环境保卫战

［材料呈现］

恩施市环境保护局正式组建于2000年，下设办公室、科技科、污控科、综合科、宣教信息中心五个科室和市环境监察大队、市环境监测站、市绿源污水处理有限公司三个二级单位，现有在编职工50人。

改革开放以来，为追求经济快速发展，恩施市的环境曾遭到了一定的破坏。2002年，恩施市城区空气质量超过国家空气质量三级标准，全年空气优良天数只有220天，只占到全年天数的60.2%；饮用水源达标率不到50%；清江河恩施段水质不能稳定达到国家地表水Ⅲ类水质标准；城区区域环境噪声达到中度污染水平，环境质量状况不容乐观。

在恩施市委、市政府的正确领导下，在上级环保部门的大力指导下，恩施市环保局创造性地开展环保工作，不断完善充实环保基础设施建设，加大环境监管力度，在全市大力实施环保"一票否决"制度，严把环境准入关，对不符合产业政策和"三高一资"（高能耗、高污染、高排放、单纯利用资源）企业坚决否决，使环境管理水平不断提升，环境质量不断改善。

为加强水环境治理，恩施市利用国债资金9700万元修建了全州第一座污水处理厂，深入开展环保专项行动，对沿清江河、龙洞河两岸的排污企业实行限期治理，对不能达标排放的9家重污染企业实行关闭。为有效保护饮用水源安全，2006年1月将城区集中式饮用水源地迁至大龙潭库区，并出台相关管理办法，修建了全省第一座藻水分离站。为降低噪声污染，加大对工业噪声和建筑施工噪声的监管力度，确保符合城市区域环境噪声标准。为改善城区空气环境质量，积极推广清洁能源，对新、改、扩建项目严格执行环境影响评价制度，严格控制城区新上燃煤锅炉，实施燃煤锅炉替换奖励制度，到2008年年底，全市已有20台锅炉、33183户居民全部改用清洁能源。

通过以上措施的实施，恩施市在经济社会发展的同时，环境质量逐步趋于好转。到2008年，恩施市城区空气质量优良天数达到310天，占全年总天数的84.9%；饮用水源水质始终保持100%的达标率；城区生活污水处理率达到70%，清江河恩施段水质稳定保持国家地表水Ⅲ类水质；区域环境噪声降至轻度污染水平。

在强化各项业务工作的同时，恩施市环保局积极开展文明创建活动。2008年被恩施州委、州政府授予“最佳州级文明单位”称号；2006年起连续四年在全州环保系统工作目标评比中位列第一；2009年民主评议政风行风“回头看”活动中被评定为“优秀单位”；2008年档案管理工作达到省一级档案管理标准。

恩施市环保局将以邓小平理论和“三个代表”重要思想为指导，以科学发展观统领环境保护工作，努力建设资源节约型、环境友好型社会，促进全市经济、社会、环境全面、协调、可持续发展。①

［思考讨论］

1. 恩施市采取了哪些环保措施？解决了哪些环境问题？

2. 如何理解建设资源节约型、环境友好型社会的意义？

［案例点评］

建设生态文明，就是把可持续发展提升到绿色发展高度，为后人“乘凉”而“种树”，就是不给后人留下遗憾而是留下更多的生态资产，是关系人民福祉、关乎民族未来的长远大计。党的十七大报告首次明确提出建设生态文明的奋斗目标。建设生态文明，实质上就是要建设以资源环境承载力为基础、以自然规律为准则、以可持续发展为目标的资源节约型、环境友好型社会。

资源节约型社会，是指以能源资源高效率利用的方式进行生产、以节约的方式进行消费为根本特征的社会。它不仅体现了经济增长方式的转变，更是一种全新的社会发展模式。环境友好型社会，是人与自然和谐发展的社会，通过人与自然的和谐来促进人与人、人与社会的和谐。具体说来，它是一种以人

① 材料源自恩施州委史志办．恩施巡礼：辉煌六十年［M］．武汉：湖北人民出版社，2009：449.

与自然和谐相处为目标，以环境承载能力为基础，以遵循自然规律为核心，以绿色科技为动力，坚持保护优先、开发有序，合理进行功能区划分，倡导环境文化和生态文明，追求经济、社会、环境协调发展的社会体系。

建设资源节约型、环境友好型社会的意义：1. 有利于促进我国经济平稳较快发展。资源和环境是经济社会可持续发展的物质基础和保障，经济的发展离不开资源和环境的支撑。我国资源相对不足，人均占有量低，粗放型的增长方式造成过量消耗资源，环境严重污染，生态严重破坏。资源和环境与经济社会发展的矛盾日益突出，严重制约着我国经济社会的发展。2. 有利于降低成本，提高经济效益和国际竞争力。我国资源消耗高、利用率低，影响了我国企业和产业的国际竞争力。建设资源节约型、环境友好型社会，提高资源的利用效率，发展循环经济，推行清洁生产，保护环境和生态，能降低生产成本，提高经济效益和国际竞争力。3. 是全面贯彻落实科学发展观的必然要求。建设资源节约型、环境友好型社会，就是使经济发展与人口、资源、环境相协调，就是要在节约资源、保护环境的前提下实现经济较快持续发展，促进人与自然和谐相处。这也正是贯彻落实科学发展观的内容。4. 是实现全面建设小康社会宏伟目标的重要保障。实现全面建设小康社会宏伟目标，必须有资源和环境做保障。全面建设小康社会的一个重要目标就是可持续发展能力不断增强，生态环境得到改善，资源利用效率显著提高，促进人与自然的和谐，推动整个社会走上生产发展、生活富裕、生态良好的文明发展道路。5. 是保障国家安全和提高我国综合国力的重要举措。解决我国建设需要的资源问题，着眼点和立足点必须放在国内。建设资源节约型、环境友好型社会，能够控制和降低对国外资源的依赖程度，确保国家经济安全和国家安全，能够提高我国的综合国力。6. 是推进社会主义和谐社会建设的重要内容。人与自然和谐相处是社会主义和谐社会的基本特征之一，建设资源节约型、环境友好型会，能够实现人与自然和谐相处。因此，建设资源节约型、环境友好型社会，是我国国情的要求、形势的需要，是落实科学发展观、建设和谐社会、确保我国经济社会可持续发展的根本出路。

在恩施市委、市政府的正确领导下，恩施市环保局创造性地开展环保工作，不断完善充实环保基础设施建设，加大环境监管力度，在全市大力实施环保“一票否决”制度，严把环境准入关，对不符合产业政策和“三高一资”(高能耗、高污染、高排放、单纯利用资源）企业坚决否决，使环境管理水平不断提升，环境质量不断改善。通过修建污水处理厂，对排污企业实行关闭或限期治理，迁移城区集中式饮用水源地，修建藻水分离站等，加强了水环境治理，有效保护了饮用水源安全；加大对工业噪声和建筑施工噪声的监管力度，降低了城市区域环境噪声污染；通过对城建项目严格执行环境影响评价制度，推广清洁能源，严格控制城区新上燃煤锅炉，实施燃煤锅炉替换奖励制度等，城区空气质量明显改善。恩施市的环境保护工作正是生态文明建设的生动体现。

［教学建议］

1. 本案例适用于第八章第二节“科学发展观的主要内容”部分内容的辅助教学。

2. 本案例讲述了恩施市环保局针对恩施市的空气、水和噪声污染状况，积极应对，主动作为，使得恩施市城区空气、饮用水源和环境噪声质量趋于好转的事迹。使用时，可以让学生讲述污染环境带给自己身心的不良影响，引导学生从浅到深、从感性到理性，明确生态文明建设的重要性，认识到良好生态环境是人与社会持续发展的根本基础。

案例4　山乡巨变

［材料呈现］

黄金洞，因境内一神奇秀美的天然溶洞而得名，地处恩施、利川、咸丰三县交汇处，国家级自然保护区——星斗山坐落于此，省道智利线由东南向西北穿越而过。国土面积215平方公里。

这里，书写了一段红色灿烂的革命历史。在这里，黑洞神兵除暴安良、骁勇善战，留下了许多神奇动听的传说；在这里，建立了咸丰县第一个红色苏维埃政权；在这里，红军八进黄金洞，收编黑洞神兵，为红四军的发展壮大起到了十分巨大的作用。

这里，谱写着一曲建设社会主义的豪迈壮歌。全乡20个行政村，6747户，2.5万土苗儿女，在党和政府的领导下，艰苦奋斗，开拓创新，新农村建设取得辉煌成就，党的十一届三中全会后特别是近几年来，黄金洞乡走上了跨越式发展的轨道，经济实力显著增强，农村面貌日新月异，社会事业协调发展，人民生活蒸蒸日上。巍巍笔架山，悠悠唐岩河，共同见证着山乡巨变。

一、农村经济快速发展

黄金洞乡是一个以农业为主的乡镇。解放初期，农民主要种植水稻、玉米、红苕、洋芋等传统农作物，仅能解决温饱。1978年，全乡国民生产总值为258.58万元，仅相当于现在白果树村一个村的总产值，农民年均纯收入仅为71元。随着改革开放推行集体土地联产承包责任制后，农村经济飞速发展。2008年，全乡国民生产总值为8874.77万元，是1978年的34倍、1983年的26倍。

产业结构调整步伐加快，茶叶、烟叶、畜牧成为三大支柱产业。以农副产品加工为主的新兴工业蓬勃发展，新龙茶业有限责任公司壮大为州级农副产品加工龙头企业。全乡共培植农副产品加工企业12家、矿产品加工企业3家，其中产值过1000万元以上的1家，500万元以上的1家，200万元以上的1家，100万元以上的3家。完成工业总产值3224万元，是1983年的54倍。

民营经济快速发展，全乡民营经济总户数达到547户，营业总收入达到5132万元。

大量富余劳动力输出，打工收入成为农村经济的一项重要来源。2008年，农民外出务工收入达到1100多万元，为家乡的发展注入了新的活力。

2003年，党的反哺农业政策进一步调动了农民生产积极性。逐步取消农业税、农业特产税、“三提五统”等税费，农民负担进一步减轻。良种补贴、粮食补贴、农机具补贴、农资综合补贴等国家补助资金足额发放，让广大农民享受到了更多的农村改革成果。农民的生产热情高涨，闲置土地，充分利用，庭前舍后，寸土寸金。

二、乡村面貌焕然一新

公路建设突飞猛进。中华人民共和国成立初期，全乡无一条公路，只有一条通往咸丰县城的骡马道。而今，建成了以利咸路、黄大路为主，村级路为辅的交通网络体系，实现了公路“村村通”。全乡通车里程达197.5公里，其中省道35公里，县级公路12.5公里，村级公路150公里，公交客运站1个，候车亭10个，村级公路硬化里程达86.096公里。

农业基础设施建设加快。五谷坪农业综合开发、大沙坝小农田基本改造，给这片靠天保收的农田注入了生机，多年荒芜的土地重新种上了庄稼。

实施烟水配套工程，建水池106口，蓄水量2万立方米，架设管道6.7万米，覆盖面积9800亩，为烟叶产业的发展提供了保障。

集镇建设卓有成效。黄金洞、石人坪两个集镇规模不断扩大，原来一条巷，现在几条街，楼房林立，街面整洁，功能渐趋完善，黄金洞集贸市场、古贤民营小区初具规模，商贩云集，物流活跃。

新村建设彰显特色。调檐垛脊，美化房屋，户连路硬化，建花栏，房前屋后清洁卫生，农家居舍错落有致，与青山绿水交相辉映，一幅秀美的田园山水画。

电力通信设施更趋完善。农村电网实行改造，水泥杆整齐划一，电表统一安装入户，实现了同网同价、城乡同价，拉近了城乡差距。35千伏变电站在洞口前落成，正式入户全国大电网。

通信条件得到改善。全乡建基站近 20 座，通信信号覆盖率 100%。邮路畅通，运行快捷。

三、人民生活显著提升

2008年，农民年均纯收入2073元，是1978年的29倍，是1983年的21倍，仅信用存款达 2700 多万元。

经济的发展改变着人们的生活。居住环境进一步改善，新式楼房比比皆是，明窗净几，舒适安逸。以车代步更为风行，乘“长安之星”、坐“豪天”摩托。全乡有私家小车 12 辆，农用车 76 辆，摩托车 1124 辆。家用电器增多，户均家电拥有量达 2 台。农村用电量达 365 万千瓦。沼气池达 1800 多口。移动电话 8800 多部。卫星电视接收器如繁星点缀，有线电视入户率达 18%。

社会保障体系正在逐步建立。村级卫生室如雨后春笋，93% 的村民享受合作医疗；100 名五保老人安居福利院乐享晚年；1513 人享受农村低保；学生入学率 100%。实现了病有所医，老有所养，困有所济，学有所教。

四、民主法制得到加强

“五五”普法深入人心，遵纪守法蔚然成风，社会风气明显好转，人民安居乐业，自觉守法经营，依法维护自己的合法权益。村民自治进入正轨，自觉履行村规民约。更加注重民主化，政务、村务公开，实行民主决策、民主管理、民主监督。自觉执行计划生育基本国策，婚育新风进万家，优生优育成为时尚。

成绩只能代表过去。乡党委、政府将继续引领全乡人民，不懈奋斗，以科学发展观为统领，全面落实党的十七大精神，围绕“三州战略”和县“三园一都”发展思路，牢固树立“产业富民、企业强乡，物流活乡”的发展理念，努力实现经济社会又好又快发展。①

［思考讨论］

1. 黄金洞乡近几年来取得了哪些发展成就？

2. 黄金洞乡的发展对社会主义新农村建设有哪些启示？

---

① 材料源自恩施州委史志办．恩施巡礼：辉煌六十年［M］．武汉：湖北人民出版社，2009：316—317.

［案例点评］

建设社会主义新农村是党的十六大以来以胡锦涛同志为总书记的党中央从全面建设小康社会全局做出的重大决策，是贯彻落实科学发展观的必然要求，是为解决农业、农村、农民问题而做出的重大战略部署。中共十六届五中全会明确提出“生产发展、生活宽裕、乡风文明、村容整洁、管理民主”的建设社会主义新农村的总要求。生产发展，是新农村建设的中心环节，是实现其他目标的物质基础；生活宽裕，是新农村建设的目的，也是衡量我们工作的基本尺度；乡风文明，是农民素质的反映，体现农村精神文明建设的要求；村容整洁，是展现农村新貌的窗口，是实现人与环境和谐发展的必然要求；管理民主，是新农村建设的政治保证，显示了对农民群众政治权利的尊重和维护。这20个字，内涵丰富，不仅勾画出了现代化农村的美好图景，也指明了社会主义新农村建设的前进方向，表明社会主义新农村的经济建设、政治建设、文化建设、社会建设和党的建设，是一个有机的整体。咸丰县黄金洞乡2.5万土苗儿女，在党和政府的领导下，艰苦奋斗，开拓创新，取得了经济的快速发展、乡村面貌的焕然一新、农民生活的显著提升的成就，较好地展示了社会主义新农村建设的美好图景。

黄金洞乡成功走上跨越式发展轨道的原因就在于，按照党中央确定的建设社会主义新农村总体要求，贯彻落实科学发展观，既注重发展农村生产力，又注重调整农村生产关系，推动农村经济、政治、社会建设向前发展，尤其是始终坚持发展依靠农民、发展为了农民的思路。咸丰县黄金洞乡从本地实际情况出发，因地制宜建设社会主义新农村的实践可以为其他地区进行社会主义新农村建设提供有价值的参考。

［教学建议］

1. 本案例适用于第八章第三节“科学发展观的历史地位”部分内容的辅助教学。

2. 本案例介绍了咸丰县黄金洞乡人民在党和政府的领导下，艰苦奋斗，开拓创新，新农村建设取得辉煌成就的事迹。使用时，教师可以提前安排学生以小组为单位搜集相关的新农村建设事迹，课堂展示分享，引导学生通过比较分析，总结社会主义新农村建设要从本地实际出发，既遵循党中央的总体要求，又要有因地制宜的意识，明确全面建设小康社会必须以科学发展观为根本指针，深化对科学发展观历史地位的认识。